陇上学人文存

LONGSHANG XUEREN WENCUN

陇上学人文存

马曼丽　卷

马曼丽 著　冯　瑞 编选

甘肃人民出版社

甘肃·兰州

图书在版编目（CIP）数据

陇上学人文存. 马曼丽卷 ／ 李兴文总主编 ；马曼丽
著 ；冯瑞编选. -- 兰州 ：甘肃人民出版社，2024. 10.
ISBN 978-7-226-06172-5

Ⅰ. C53

中国国家版本馆CIP数据核字第2024XD9378号

责任编辑：张　菁
封面设计：王林强

陇上学人文存·马曼丽卷
LONGSHANG XUEREN WENCUN MA MANLI JUAN

李兴文　总主编

董积生　景志锋　副总主编

马曼丽　著　冯瑞　编选

甘肃人民出版社出版发行

（730030　兰州市读者大道 568 号）

兰州新华印刷厂印刷

开本 890 毫米 × 1240 毫米　1/32　印张 10.125　插页 7　字数 255 千
2024 年 10 月第 1 版　　2024 年 10 月第 1 次印刷
印数：1~1000

ISBN 978-7-226-06172-5　定价：60.00 元

（图书若有破损、缺页可随时与印厂联系）

《陇上学人文存》第十一辑

总　序

　　陇者甘肃，历史悠久，文化醇厚。陇上学人，或生于斯长于斯的本地学者，或外来而其学术成就多产于甘肃者。学人是学术活动的主体，就《陇上学人文存》（以下简称《文存》）的选编范围而言，我们这里所说的学术主要指人文社会科学研究。《文存》精选中华人民共和国成立以来，甘肃人文社会科学领域成就卓著的专家学者的代表性著作，每人辑为一卷，或标时代之识，或为学问之精，或开风气之先，或补学科之白，均编者以为足以存当代而传后世之作。《文存》力求以此丛集荟萃的方式，全面立体地展示新中国为甘肃学术文化发展提供的良好环境和陇上学人不负新时代期望而为我国人文社会科学事业做出的新贡献，也力求呈现陇上学人所接续的先秦以来颇具地域特色的学根文脉。

　　陇原乃中华文明发祥地之一，人文学脉悠远隆盛，纯朴百姓崇文达理，文化氛围日渐浓厚，学术土壤积久而沃，在科学文化特别是人文学术领域的探索可远溯至伏羲时代，大地湾文化遗存、举世无双的甘肃彩陶、陇东早期周文化对农耕文明的贡献、秦先祖扫六合以统一中国，奠定了甘肃在中国文化史上始源性和奠基性的重要地位；汉唐盛世，甘肃作为中西交通的要道，内承中华主体文化熏陶，外接经中亚而来的异域文明，风云际会，相摩相荡，得天独厚而人才辈出，学术思想繁荣发达，为中华文明做出了重要贡献。

　　近代以来，甘肃相对于逐渐开放的东南沿海而言成为偏远之地，反而少受战乱影响，学术得以继续繁荣。抗日战争期间作为大后方，接纳了不少内地著名学府和学者，使陇上学术空前活跃。新中国成立之后，人文社会科学领域的专家学者更是为国家民族的新生而欢欣鼓舞，全力投入到祖国新的学术事业之中，取得了一大批重要的研究成果，涌现出众多知名专家，在历史、文献、文学、民族、考古、美学、宗教等领域的研究均居全国前列，影响广泛而深远。新中国成立之后，人文社会科学几次对当代学术具有重大影响的争鸣，不仅都有甘肃学者的声音，而且在美学三大学派（客观派、主观派、关系派）、史学"五朵金花"（史学在新中国成立之后重点研究的历史分期、土地制度史、农民战争史等五个方面的重点问题）等领域，陇上学人成为十分引人注目的代表性人物。改革开放以来，甘肃学者更是如鱼得水，继承并发扬了关陇学人既注重学理求索又崇尚经世致用的优良传统，形成了甘肃学者新的风范。宋代西北学者张载有言："为天地立心，为生民立命，为往圣继绝学，为万世开太平"，此乃中华学人贯通古今、一脉相承的文化使命，其本质正是发源于陇原的《易》之生生不已的刚健精神，《文存》乃此一精神在现代陇上得到了大力弘扬与传承的最佳证明。

《文存》启动于中华人民共和国成立六十周年之际，在选择入编对象时，我们首先注重了两个代表性：一是代表性的学者，二是代表性的成果，欲以此构成一部个案式的甘肃当代学术史，亦以此传先贤学术命脉，为后进立治学标杆。此议为我甘肃省社会科学院首倡，随之得到政界主要领导、学界精英与社会各界广泛认同与政府大力支持，此宏愿因此而得以付诸实施。

为保证选编的权威性，编委会专门成立了由十几位省内人文社会科学领域著名学者组成的专家指导委员会，并通过召开专题会议研讨、发放推荐表格和学术机构、个人举荐等多种方式确定入选者。为使读者对作者的学术成就、治学特色和重要贡献有比较准确和全面的了解，在出版社选配业务精良的责任编辑的同时，编委会为每一卷配备了一位学术编辑，负责选编并撰写前言。由于我院已经完成《甘肃省志·社会科学志》（古代至 1990 年卷，1990 至 2000 年卷）的编辑出版工作，为《文存》的选编提供了坚实的基础和基本依据，加之同行专家对这一时期甘肃人文社会科学发展的研究，使《文存》能够比较充分地反映同期内甘肃人文社会科学的基本状况。

《文存》自 2009 年启动，截至 2023 年，用 15 年时间编辑出版 10 辑共 100 卷，圆满完成了《文存》启动时制定的宏伟计划。如此长卷宏图实为中华人民共和国成立七十周年以来甘肃人文社会科学全部成果的一个缩影，亦为此期间甘肃人文社会科学学术业绩的一次全面检阅，堪作后辈学者学习先贤之范本，是陇上学人献给祖国母亲的一份厚礼。百卷巨著蔚为大观，《文存》和它所承载的学术精神必可存于当代，传之后世，陇上学人和学术亦可因此而无愧于我们所处的伟大时代，并有所报于生养我们的淳厚故土。有鉴于此，我们赓续前贤雅范，接续选编《文存》第十一辑，将《文存》编选工作延续下去，将陇上学人精神传承下去。

因我们眼界和学术水平的局限，选编过程中必定会出现未曾意料的问题，我们衷心期望读者能够及时教正，以使《文存》的后续选编工作日臻完善。

是为序。

李兴文

2024 年 9 月 19 日

目 录

编选前言 ·············· 冯 瑞

第一辑 欧亚探险家与西北史地研究

瑞典探险家斯文·赫定与中国西北 ············· 003
英国探险家斯坦因的中国西北寻宝活动 ············· 034
日本大谷光瑞考察队及其敦煌、于阗探宝 ············· 070
公元前的丝绸之路开拓家——张骞 ············· 086
震惊东南亚的中国佛门千里驹——玄奘法师 ············· 102
中国著名少数民族旅行家与政治家——耶律楚材 ············· 120

第二辑 民族史研究

评噶尔丹与俄国的关系 ············· 151
四卫拉特联盟初探 ············· 163
明代瓦剌与西域 ············· 178
论吐谷浑与周邻的关系 ············· 193
从汉简看汉代西北边塞守御制度 ············· 207
论成吉思汗的奖惩机制 ············· 219

第三辑 文化与理论研究

论中国发展民族学的理论框架与视角特色 ············· 235

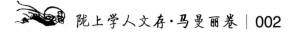

历史上的中华经济文化圈 ···················· 253

弘扬和美共荣的华夏文明
　　——关于开展中华民族的"民族自信力"讨论的建议 ······ 267

从成吉思汗经略西北边疆的成败看文化力的作用 ············ 274

从成吉思汗的成功看蒙古族的优秀思想文化传统 ············ 284

附录　马曼丽主要论著目录 ···················· 296

编选前言

"江南弱女巾帼情,苦守边疆度人生,荆棘坎坷总相伴,笔耕不辍著等身。"这就是我的博士生导师兰州大学马曼丽先生学术生涯的真实写照。

马曼丽教授,1934年农历五月二十二日出生于浙江宁波。1957年毕业于北京外国语学院俄语专业。兰州大学中国边疆安全研究中心教授,民族学博士生导师,中心学术顾问。兼任甘肃省国际文化传播协会副理事长,甘肃省丝绸之路研究会副会长等职,同时担任世界华人交流协会(香港)研究中心研究员。主要从事西北边疆民族及中亚民族问题研究。

1957年夏天,马曼丽教授以全优成绩从北京外国语学院俄文师范翻译系毕业。据马老师回忆,那时"不少女同学都在北京快速确定对象,争取留在北京工作,好过舒适的生活"。但马曼丽教授却在毕业分配填报志愿一栏中写下了"服从分配,到边疆去"。当马曼丽教授被问及为什么会选择去边疆就业时,她这样回答:一是当时国家号召到边疆、到艰苦的地方去;二是大学时代受俄罗斯文学影响较深,如《钢铁是怎样炼成的》《青年近卫军》《乡村女教师》等作品中人物的革命精神影响。她说:"我当时受苏联抗战文学的影响,而且自己读大学时也是学校文工团的负责人和共青团员,是个有理想、思想单纯、追求进步的少女,对艰苦也没有切身的体会,只是立志自己要与众不同,报的志愿就是笼统的新疆、云南等边疆地方,服从国家统一分配,一心想着要像苏联电影里的乡村女教师和小草那样，到艰苦的地方去开创艰苦的、但有意义的人生。"据马先生回忆，大学毕业时兰州大学来了两名苏联专家，急需翻译人员，时任兰大教务长的陆润林亲自到北京外国语学院来急选俄语翻译，就这样马曼丽先生义不容辞地到兰州大学为苏联专家做口语翻译。

1959 年，苏联专家回国，马老师就在兰州大学当了俄语教师。1973 年中苏关系紧张时期，外交部组织了西北五省专家共同编写《沙俄侵华史》中的《沙俄侵略西北边疆史》。由于编写这部著作需要查看很多的俄文资料，外交部就将先生借调到《沙俄侵华史》的编写组，主要负责查、译俄文资料。从此，就开始接触俄国的有关史籍，为编写人员提供有关俄文史料的汉译文。为了找到有价值的历史资料，她不得不自学历史，同时用这方面的史料开始写一些关于沙皇俄国侵华的学术论文。最初先生发掘到《准噶尔汗国史》和《秘而不宣的使命》两个珍本，是沙俄侵占我国新疆和乌梁海蒙古地区的真实写照，特别是前者的价值突出，加上其作者兹拉特金引用了不少古俄文的原始档案，翻译难度较大，商务印书馆就约先生全书翻译并出版。由于读者对《准噶尔汗国史》非常满意，接着出版社又约马曼丽先生翻译出版了《秘而不宣的使命》。通过翻译这两本书和发表的沙俄侵华以及西蒙古（卫拉特蒙古）史方面的学术论文，先生在学界也有了一定影响，后来跟北京的马大正、马汝珩两位历史学术名家并称为开拓卫拉特蒙古研究的"三马"。就这样，先生与民族史研究结下了不解之缘，并逐步扩大到对西北各民族的研究。

1993 年先生应邀去俄罗斯和中亚考察。当时苏联的解体使先生十分震惊，便有了这样的思考：这么大的一个社会主义国家为什么会骤然解体？在考察中，不仅看到刚解体几年的苏联计划经济所留下的经济弊病：如国营企业的"干好干坏都一样"的平均主义体制使人们没有工作的积极性,广大人民缺钱,缺生活用品;而且看到原说"在苏联帮助下加盟共和国经济得到了很大发展、已经形成统一的苏联人民"的中亚国家的一些民族,在有些场合却喊出了"俄罗斯人滚出去"的口号,而且先生私下了解到他们不仅不感激俄罗斯人,反而认为是俄罗斯人夺走了他们的一切。潜伏的民族矛盾令人不寒而栗:是不是民族关系导致了苏联的分裂? 基于对这些问题的思考,回国后,先生的学术思路就明确转向了关注国家统一、边疆安全和边疆聚居少数民族历史与现状等现实问题的研究。

马曼丽先生在 1995 年出版的《中亚研究——中亚与中国同源跨国民族研究》一书中提出了与当时学界的主流提法"跨界民族"不同的"跨国民族"这个概念。是因为先生认为,苏联闹独立的各民族并不都是传统的边界两侧争夺领土的跨界民族问题,而是跨居多国的民族的民族性问题,是跨国民族问题的许多非传统安全因素的原因,应该引导跨居他国的民族在各所在国和平地生活。所以,提出了"和平跨居"论。后来"和平跨居论"在马曼丽教授的弟子——时任云南大学民族学与社会学学院周建新教授出版的著作《和平跨居论》中得到完善和发展。

2001 年,先生尝试从经济文化视角来研究边疆民族的稳定发展,在《中国西北边疆发展史研究》一书中提出了构建"中华经济文化圈"结构的主张,主要观点曾被《中国民族报》以《统一所依,振兴所托——中华经济文化圈漫谈》转发。2003 年此书获得了甘肃省第八次社会科学优秀成果二等奖。随后又根据该书中建构现代中华文化的观点写了一篇论文《论西域文化的重大变迁及其对建设现代中华文化的启迪》。此文是探讨阿拉伯文化对新疆民族文化的变异和影响的,2001 年获得了世界华人交流协会在香港颁发的"国际优秀论文奖"。该文主要思考了新疆民族历史文化和古西域领土丢失的深层关系,论证了作者的主要观点:军事占领、政治管辖无非是一定时期起作用的因素,……必须充分认识,文化却往往是久远地决定民族兴亡与国家权力能否千秋万代长存的内在因素。

转向研究跨国民族研究以后,马曼丽先生先后主编了《中国西北跨国民族研究丛书》五本,出版了《中国西北跨国民族文化变异研究》《跨国民族理论问题综论》等著作。中国社会科学院民族学与人类学研究所所长、中国民族学会会长郝时远在《中国西北跨国民族研究丛书》的序言中给予了这样的评价:中国西北地区,不仅是一个地理概念,而且也是一个历史、文化、民族互动交汇的概念。因此相对于内地,西北是一个边地,相对于中原文化,西北是一个文化多样性的舞台。从历史的视野来看,西北这一人文地理区域,在中国历史上是种族、民族、文化、宗教等方面互动频繁且影响深远的地区。世界闻名的东西方古道"丝绸之路"和影响中国乃至世界的许多重大历史事件源自西北;从现实的视角观察,西北这一人文地理区域,关系到中国现代化发展的进程、欧亚大陆桥的贯通和国家外部安全环境的建构,可为西部大开发战略的重点。所以,加强西北地区的历史与现实研究具有重大的理论价值和实践意义。马曼丽教授主编的《中国西北跨国民族研究丛书》,基于西北地区诸多历史民族的跨国而居现状,从生态地理、人口分布、民族渊源及其流变形成的跨国现象入手,以族别分卷对西北跨国各民族的社会经济文化进行了系统研究,堪称我国跨国民族研究方面的力作。

第一次世界大战结束时,随着奥匈、奥斯曼等帝国的解体和中东欧在大国主导下的国家重组,使 1600 万人成为脱离其民族母体而置身于其他国家的少数民族;再如,20 世纪 90 年代苏联解体和东欧剧变引起的国家重组,同样造成很多同一民族多国归属的现象,仅俄罗斯就有 2500 万居住在俄罗斯联邦以外的其他苏联加盟共和国而成为新的跨国民族,等等。中国也是一个跨国民族众多的国家,除了移民海外的华人群体外,在中国陆路边疆及其毗邻的周边国家之间,存在 30 多个跨国(或跨界)民族,其中西北边疆地区是跨国民族较多的一隅。20 世纪 90 年代以来,中国民族学界对跨国民族现象的研究显著加强。中国学界对跨国(或跨界)民族问题的研究,是同中国改革开放的形势密切联系在一起的。特别是 1992 年邓小平在南方视察的重要讲话发表以后,中国的陆地边疆地区成为对外开放的前沿。通过边民互市、边境贸易、文化交流和探亲访友等形式不断加强着中国同周边国家的联系, 其中具有历史上亲缘关系的跨国民族群体之间的交往也日益密切,因语言相通、文化习俗相似等便利条件为中国和周边国家关系的发展建立起民间交往的桥梁。与此同时,在发展周边关系的过程中,也不可避免地出现了一些问题,如利用边贸的渠道贩运毒品、拐卖人口等违法犯罪活动也相继出现,尤其是在冷战后世界性的民族主义浪潮影响下,美国等西方势力也利用民族、宗教问题干涉包括中国在内的他国内政,使极端民族主义、极端宗教势力和国际恐怖主义问题也成为影响中国边疆稳定和改革开放的重要因素。

因此加强跨国(或跨界)民族研究,对于中国来说不仅具有推动民族学等学科深入发展的学术价值, 而且也具有很强的现实意义和理论意义。正是基于这样一种形势思考,兰州大学、新疆大学西北民族研究中心编写的《中国西北跨国民族研究丛书》,不仅开辟了系统研究西北地区跨国民族研究的先河,而且该丛书特辟一卷专门就跨国民族问题的理论进行了梳理与研究。事实上,近年来在跨国(或跨界)民族研究方面,中国学界虽然已经取得了相当的成绩,但在跨国民族理论方面的研究仍处于滞后状态。马曼丽教授辟出专卷研究和探索跨国民族理论,应该说具有重要的创新意义和可敬的理论勇气。

对于中国陆地边疆与周边国家之间普遍存在跨国(或跨界)民族

现象的现实而言,除了跨国民族形成的原因探究以外,对跨国民族的民族主义、跨国民族与国家关系、跨国民族的交互影响、跨国民族的社会经济和文化交往等一系列问题,不仅需要做出实证性研究,而且需要从理论上做出解读和阐释。这套丛书在这方面的用功是令人敬佩的,特别是编著者能够从中国西部大开发战略的实施和全球化进程的视野来研究中国跨国(或跨界)民族问题,并结合国际政治学等学科对跨国(或跨界)民族直接相关的地缘政治、国家安全和构建和平跨居模式等问题的探讨,不仅体现了立足本土、放眼世界的学术视野,而且体现了理论联系实际、学术服务于现实的应用特点。

我们面对的世界是一个已经进入了全球化时代的世界,西方国家的发展已经展现了诸如欧洲联盟这样的超国家形态,欧盟国家的弱化边界、统一货币、经济整合等方面,已经迈出了引人注目的步伐,由此也产生了"民族国家衰落""主权让渡"和构建"欧洲民族"等说法。然而欧盟现象虽然表现了全球化时代国家模式演变和民族整合走向的可能性,但是对于广大发展中国家来说主权独立、领土完整仍是实现现代化进程中一项安身立命、独立自主的基本原则,需要在至今仍以西方发达国家为主导的全球化进程中坚持和维护。因此包括跨国民族研究在内的涉及中国历史、周边关系、疆域领土、地缘战略、地区安全等方面的问题,必须引起学术界的重视。从这个意义上说,这套丛书的出版,不仅会推动民族学等相关学科对跨国民族现象、理论和实证的研究,而且会对我国边疆地区的改革开放、社会稳定和发展同周边国家的关系以及建立地区安全机制等方面提供有益的参考。可见,学术界对先生的"跨国民族"理论进行了全方位的肯定和认可。

1995年先生退休以后,继续完成了"中国与中亚同源跨国民族综合研究""中国与中亚同源跨国民族文化发展与政策比较研究""中亚与中国同源跨国民族经济发展比较研究""新疆跨界民族外迁的历史与现状研究"等跨国民族方面的国家社科基金项目课题。

在人类学民族学 2011 年年会"边疆民族与国家安全"专题会议上，马曼丽教授以《论跨国民族的发展道路三论》为题对跨国民族的论题作了如下的观点表达：一是"跨国民族"已经是后殖民主义全球化时代民族共同体的普遍形态；这就意味着：民族国家追求不同亚文化的民族和族群融合为均质的、一体化的现代民族的进程实际已经终结，资本主义的"现代民族"历史发展阶段已经进入了"跨国民族"的发展阶段；二是这种划时代的变化下，我国的民族政策和内政外交需要有与时俱进的变化；三是关于"殊途同归论"，这简单地说，即认为今后世界的发展是无论什么制度的国家、什么文化的民族，其最终都应同归于追求"人的安全发展"，同归于"人类的发展"以及"全球的和平发展"。当然，这还会经过很多曲折，但毕竟，以和平民主为主流的全球化时代是一个在矛盾冲突中寻求和谐发展的时代。所以，只有大家"殊途同归"于为追求"人的最大发展"而共同努力，世界各民族才能达到和谐共生，因此"殊途同归"是现实可行的发展道路。

党的十八大以来，习近平总书记深刻把握党和国家事业发展对维护国家统一、民族团结、社会稳定提出的新任务新要求，强调"在新的时代条件下，弘扬爱国主义精神，必须把维护祖国统一和民族团结作为重要着力点和落脚点"。2019 年 9 月 27 日，习近平总书记在全国民族团结进步表彰大会上强调："各民族之所以团结融合，多元之所以聚为一体，源自各民族文化上的兼收并蓄、经济上的相互依存、情感上的相互亲近，源自中华民族追求团结统一的内生动力。""一部中国史，就是一部各民族交融汇聚成多元一体中华民族的历史，就是各民族共同缔造、发展、巩固统一的伟大祖国的历史。"今天在中国各民族共同走向中国特色社会主义现代化，为实现中华民族伟大复兴共同努力奋斗的新时代,在铸牢中华民族共同体意识、增进各民族的共同性的大方向下,处理好共同性与差异性的辩证统一,处理好民族因素和区域因素的有机结合,是当前做好民族工作和理论研究的保证。马曼丽先生对跨国民族研究的未来学术关怀,可以说是对"人类命运共同体"构建的又一学科意义的注解。

一个人的学术生命不是以退休为衡量标准的。只要想做科学研究,在身体允许的情况下一直可以持续。马曼丽教授退休后发表的论文和出版的著作数量并不比她在职时少的事实就证明了此点。她曾在徐黎丽教授为她召开的 80 华诞暨学术研讨会上说过:"回顾 80 年人生路,我体会到,有时,艰难坎坷和有压力的环境可以比顺境更能催人进取,所以人只要学会应对逆境,它就会给我们难得的动力。"这种百折不挠地向着"无限风光在险峰"迈进的境界,就是先生的学术品格。虽然马曼丽教授谦虚地将自己定位为"草根学者",但她"无限风光在险峰"的学术探索精神却是我们晚辈后学们前行的榜样。今年 6 月,在马曼丽先生 90 寿诞暨马曼丽先生学术思想座谈会上,先生回顾了在兰州大学从教 70 年的学术生涯并且系统总结了个人学术思想形成发展的过程。兰州大学党委常委、副校长沙勇忠教授就马曼丽先生对边境民族学的贡献给予了高度的认可。

《陇上学人文存·马曼丽卷》共分三辑。第一辑是对欧亚探险家与中国西北史地研究;第二辑是民族史研究;第三辑是文化研究。每辑基本按照作品的先后顺序编排,这样可以比较全面系统地梳理马曼丽先生的学术历程和思想观点,也是对其一生主要学术思想的全方位、多角度的展示。

作为先生的关门弟子,能在甘肃省社会科学院组织的《陇上学人文存》大型丛书编著工作中为我的导师尽一份学生的职责,也是我今生最大的愿望和荣幸。再次感谢马廷旭教授和赵敏主任的大力支持。

最后需要说明的是，编者前言的撰写参考了原载《广西民族大学学报》2013 年 1 期《致力于西北边疆研究的学术之路——马曼丽教授访谈录》和兰州大学徐黎丽教授《西北地区民族学家口述史——马曼丽教授》等文章，在此一并致谢。

冯 瑞

2024 年 9 月于兰州

第一辑
欧亚探险家与
西北史地研究

瑞典探险家斯文·赫定与中国西北

一、走上探险之路

斯文·赫定（1865—1952）出生在瑞典斯德哥尔摩的一个中产阶级家庭。在他在12岁时，受当时欧洲兴起的探险和环球旅行热潮的影响，就立志长大后要当一个旅行家去从事探险活动。他用了很多时间阅读有关北极探险的图书，甚至画出了他所知的各探险队的路线图，并有意识地锻炼身体，等待着能有机会到北极去探险。

20岁的斯文·赫定从中学毕业了。在离校的那天，校长突然把他叫了去，对他说瑞典著名化学家诺贝尔投资了在中亚巴库的一座炼油厂，从瑞典当地聘请了一位总工程师，这位总工程师要请一位家庭教师，随他全家到巴库，教他们的小孩，任期半年。校长希望斯文·赫定能应聘前往。斯文·赫定听到了这个消息，感到这是实现自己旅行和探险理想的最好机会，于是一口答应了下来。

他说服了父母，随同总工程师的夫人和孩子踏上了去里海的路程。他们乘船渡过波罗的海和劳兰湾，又从彼得堡乘车南下，到达里海海滨的巴库。

斯文·赫定在这里除了给孩子授课外，还观察了这伸入里海的阿普歇伦半岛上的亚洲风情。他利用晚上的时间，学会了鞑靼语和波斯语。这为他以后事业的发展提供了很大的方便。

家庭教师的合同很快就期满了，他赚得了三百卢布的薪金。他决心利用这为数不多的钱,深入亚洲,去实现渴望已久的旅行和探险。

1886 年 4 月,他乘船离开巴库南下,在巴列维港进入伊朗,游历了腊什特,然后越厄尔布尔士山脉的西端,到达加兹温,这里是古代波斯的重要城市。波斯王坦马土一世在 1548 年迁都于此,当时称作达里萨尔坦内特("皇座"之意)。40 年后,波斯王大阿拔斯将京城迁至伊斯法罕,此地才逐渐萧条下来。在德黑兰,斯文·赫定得到任波斯皇宫御医的瑞典人海本涅特的帮助,使他得以饱览德黑兰的名胜。

斯文·赫定在领略了波斯湾的风光后,又乘船西北溯底格里斯河,到达历史上和文学中的古代名城——巴格达。此城建于公元 762 年,当时称达·厄斯·塞兰姆(即和平之地的意思);1258 年曾毁于蒙古军的西征,1401 年又为帖木耳劫掠一空。在斯文·赫定游历此城时,昔日宏伟的建筑和繁荣的市容,只能在想象中加以描绘了。

在巴格达,斯文·赫定的口袋里总共只剩 150 个克朗(瑞典货币的基本单位),当他到达伊朗的克尔曼·沙赫(伊朗西部城市)时,已是身无分文,连买一块面包的钱也没有了。在他毫无办法的时候,忽然想起,曾听人说过,此城有一名叫亚加·穆罕默德·哈森的大商人,他的产业遍布欧亚,为人又极慷慨,经常对受困之人解囊相助。于是他登门求见,果然得到了此人的慷慨资助,使他得以回到斯德哥尔摩。

这次旅行,共费时五个月,游历了伊朗西部的名城、古刹和古代遗址,参观了两河流域古代巴比伦时期的遗址。初次的游历生活,对斯文·赫定以后的探险生涯是一次重要的实习。

1886 年年底斯文·赫定返家后,先后进入瑞典乌普萨拉大学、斯德哥尔摩高等学校和德国柏林大学学习地理等专业。德国学者李希霍芬当时正在柏林大学任教,斯文·赫定受教于他,对他今后专门从事欧亚大陆的探险活动有很大的影响。

1890年瑞典政府派往伊朗、土耳其的使臣需要一位兼通波斯语和土耳其语的翻译官。掌握了波斯语和土耳其语的斯文·赫定,被选中了。他欣喜若狂,决心充分利用这次机会,实现自己的愿望。

1890年4月使团启程,先到达土耳其的首都君士坦丁堡——当年威震欧亚的拜占庭帝国的政治中心。受到土耳其皇帝阿卜都·哈米德二世的接待。然后到达德黑兰,受到伊朗国王那士勒登的接见。

出使任务很快就完成了,摆在斯文·赫定面前的问题却尖锐起来。通过这次出使,他完全可以跻身于瑞典外交官员的行列,但斯文·赫定却一直惦念着那对欧洲人、对地理学术界来说是神秘禁区的亚洲腹地。想要在地理学上作出贡献的理想和信念终于战胜了一切俗念的诱惑,他在使团回国之前,向瑞典国王发电报,请求允许他从波斯启程东行,到亚洲腹地进行游历和探险活动。瑞典国王鄂斯加很快表示赞成,并供给了他所需要的全部费用。

从此,斯文·赫定就踏上了迈向中亚和神秘中国的探险之路。

斯文·赫定在我国西部沙漠高原地区的游历和探险共有八次,足迹遍及新疆、青海、甘肃、宁夏、西藏、内蒙古等地,特别是多次深入我国新疆、西藏等人迹罕至的沙漠、荒原地带,他的许多著作,对研究我国新疆、西藏等西北地区的地理、考古、历史等问题,是十分宝贵的资料。

他的第一次探险是在1890年6月到1891年春。这次探险的大部分时间是在俄国在中亚一带的地域,在我国境内的时间很短。大约是1890年年底,他经过俄国费尔干纳盆地诸城到达俄国边境伊尔克什坦木,再沿克孜勒苏河进入我国乌恰县和喀什。在这里逗留几天后,从喀什向西北溯恰克马克河从乌恰县的托鲁加尔特山口出境,横穿察提尔库里湖,游历了伊塞克湖,于1891年春返回斯德哥尔摩。

斯文·赫定回到瑞典后,立即着手准备以我国沙漠高原为目标的第二次游历和探险活动。同时,他继续听完了李希霍芬有关中国和亚洲地理的课程,准备了550多张我国西北地区的地图。经过充分准备后,于1893年10月16日从斯德哥尔摩动身,经中亚,来到帕米尔高原。他对帕米尔高原的许多湖泊进行了测量和考察后,由哈克拜塔尔山口进入我国境内,并对慕士塔格山进行了考察。慕士塔格山又被称为冰山之父,在塔什库尔干塔吉克自治县和阿克陶县的交界处,是昆仑山的高峰之一,当地柯尔克孜人和塔吉克人把慕士塔格山看作圣山,有许多神话传说。斯文·赫定曾三次试图登上那7700多米的高峰,结果都失败了,但他考察了慕士塔格山的数条巨大冰川,登到了5000多米的高度,并在覆盖着万年积雪的山坡上,度过了一个难忘的高山之夜。以后他又来到叶尔羌河右岸的麦盖提县,从这里向东北横穿塔克拉玛干大沙漠到达和阗①河。在这次横穿沙漠的探险活动中,他损失了全部仪器,自己也只是很侥幸地保住了性命。

斯文·赫定对我国西北地区的第三次探险是1895年底。在第二次探险中遭到损失后,他未曾回国,而是到俄国中亚地区继续进行探险考察活动,等候新的仪器的到来。1895年年底仪器运到后,他从喀什起程,考察了我国新疆许多地方,在地理学和考古学上都有重大发现。

1896年5月斯文·赫定结束第三次考察,回到和阗,经过一个多月的准备,又开始了他的第四次考察活动。这次他由新疆到达青海,经武威北上,过贺兰山西经内蒙古到北京。在北京曾受到当时主持清政府总理各国事务衙门的李鸿章的接见和宴请,然后经蒙古、西伯利亚取道俄国于1897年5月回国。

①今为和田,本书均用当时名称和阗。

　　归国后,斯文·赫定受到瑞典国王的接见,并给予他崇高的荣誉。他很快成了闻名全欧洲的人物。

　　但是,沙漠高原和对欧洲人神秘莫测的我国西北名山大川吸引着他。在他回到斯德哥尔摩两年之后,于1899年6月再一次离开家乡,对我国西北进行第五次探险活动。这次他得到瑞典国王鄂斯加和著名的诺贝尔在经济上的支持。这次探险活动主要是沿塔里木河到达罗布泊洼地,发现了楼兰遗址,并对罗布泊洼地进行了探察。然后又从新疆东南部,越阿尔金山入西藏,于1902年1月27日返回斯德哥尔摩。斯文·赫定在家中度过了三年时间,整理他旅行和探险所得资料,写出了八卷本(包括两卷地图)的《中亚细亚的一个旅行家对科学的贡献》一书,同时积极准备着下一次的旅行。

　　1906年8月底,斯文海定第六次到我国进行考察活动。这次考察的目标主要是中国西藏。他在谈到这次考察的目的时说:直到"1906年皇家地理学会所出版的地理杂志上的最近的西藏地图中,那河流(雅鲁藏布江——引者)的北面的空白上只有'未经考察'几个字。我的志愿是要消灭地图上那几个字,再补上山脉、湖泊、河流准确的名字,而且尽力从各方面经过那空白处"①。为了达到这个目的,他从克什米尔的列城出发,越过喀拉昆仑山,进入我国西藏北部,经藏北高原南下至日喀则,受到了九世班禅的接见,然后沿冈底斯山西行,于1907年7月返回拉达克。

　　斯文·赫定在西藏的探险和游历,在世界上又一次引起了极大的兴趣,有更多的国家邀请他讲演、访问,他曾成为日本明治天皇、英王

---

　　①斯文·赫定著,孙仲宽译:《我的探险生涯》,《西北科学考查团丛刊之一》,1933年,250—251页。

爱德华、德国总统兴登堡、俄国沙皇尼古拉二世、意大利皇帝等的座上客。

这次探险之后,他的考察重点暂时离开了中国。1916 年他又到俄国中亚,中东和小亚细亚等地进行了探险和考察。1917 年他去意大利访古。1923 年又到过美洲。

1926 年斯文·赫定到达北京,希望中国政府同意他在我国西北继续进行考察。当时我国正处于军阀混战之时,北洋奉系军阀张作霖控制着北京的北洋政府,几经商谈后,当时的中国学术团体协会(成立于 1927 年)出面与他商定共同组成"西北科学考查团",对我国西北地区进行综合性科学考察。这个考查团由斯文·赫定和徐旭生共任团长,中方参加者十人,其中包括著名的地理学家袁复礼、考古学家黄文弼等人。瑞典方面参加四人,其他欧洲国家的人员十余人[①]。考查团于 1927 年 5 月由北京出张家口,经内蒙古到额济纳河流域考察了居延遗址,于 1928 年到达乌鲁木齐。但由于我国当时军阀割据,考察经费又难于筹集,考查团无法继续活动。到 1930 年在各方的支持下,"西北科学考查团"的活动始得恢复。在 1930 年到 1935 年之间,他们走遍了我国新疆、甘肃、宁夏和内蒙古等地,进行了大规模的气象学、古生物学、考古学、地理学等方面的综合考察。

此后斯文·赫定把精力主要集中到整理自己的考察报告和写作方面。1952 年病逝。

斯文·赫定一生大部分时间是在探险考察中度过的,同时他也在不断写作。有关我国沙漠、高原的著作有:《中亚考察报告》《西藏南部》《西藏西部》《冈底斯山》《戈壁沙漠横渡记》《浪迹无定的湖泊》《丝

①徐旭生:《徐旭生西游日记》,大北印书局,1930 年。

绸之路》《中亚战迹》《中瑞科学考察报告》《我的探险生涯》《长征记》
等等。

下面我们就斯文·赫定在我国沙漠、高原探险、考察的一些主要
活动情况,简略地加以评介。

二、九死一生

1895年初,斯文·赫定第三次进入我国新疆,他决心深入塔克拉
玛干大沙漠,进行一次探险活动。

塔克拉玛干(维吾尔语"进去出不来"之意)大沙漠是我国内陆最
大盆地——塔里木盆地中部的一个沙漠,也称塔里木沙漠,位于今新
疆维吾尔自治区天山以南,它的南北边缘地带,是古代丝绸之路的主
要通道。由南向北流入沙漠的和阗河、克里雅河、尼雅河、喀拉米兰河
等河的沿岸,古代曾有不少绿洲,并兴建过城镇、堡寨。以后由于沙石
的侵袭和战乱的影响,这些古代城镇没于沙海之中。由于沙漠浩渺,
水源难寻,暴风无常,塔克拉玛干沙漠一向被人们视为禁区,真有进
去出不来的危险。公元399年,我国西晋高僧法显到印度求取佛经
时,曾由焉耆(今新疆焉耆、库尔勒、尉犁一带)西行时,斜穿塔克拉玛
干沙漠。在沙漠中行走一个月零五天才到达于阗(今和田)。据法显
说,这30多天在沙漠中"涉行艰难,所经之苦,人理莫比"①此后由于
当地群众经常在沙漠中发现古代遗留下的各种器物、钱币,再加上行
程艰险,所以附近居民对塔克拉玛干沙漠有许多神秘的传说,从而给
它围起了一幅使人望而生畏而又神秘莫测的帷幕。斯文·赫定在喀什
逗留期间也听到了这些神奇的传说,他说他当时听这些传说"比小孩

---

①法显:《佛国记》。

子听神话还要聚精会神",这些传说不仅没有使他却步,反而使"穿到沙漠内部去的念头与日俱增。这种奇异的引诱,我竟不能遏止了","我决定牺牲一切去穿过它"。①

1895 年 3 月 19 日,斯文·赫定到达麦盖提(塔克拉玛干沙漠西端的一个县,县城就叫麦盖提,位于叶尔羌河以东几里处),在这里筹备进入沙漠的各种物资。4 月 10 日,斯文·赫定向沙漠挺进。随同他进入沙漠的有雇佣的四个人,其中三人是当地的群众。他们用八匹骆驼驮着测量气候、地形的仪器、食品和饮水等物。这次探险的路线预定由麦盖提向东北,穿过塔克拉玛干大沙漠的西北角,目标是通过沙漠到达和阗河。早在 1885 年,英国人、俄国人都曾到达过和阗河。他们向欧洲人介绍过和阗河的位置。根据这些人的介绍,斯文·赫定认为,由麦盖提东行,一定会到达和阗河。他还根据普尔热瓦尔斯基的报道,认为和阗河以西的麻札塔格山(在今墨玉县境内,"圣人墓之山"的意思)和叶尔羌河以西的麻札塔格山(在今巴楚县境内),是塔克拉玛干沙漠西北角的一条东西方向的山脉的两端。他这一次在塔克拉玛干沙漠探险的目的,一方面是亲自体察一下这个沙漠真实的面貌,另一方面就是要进一步证实和阗河的位置和他对两座麻札塔格山的推测。

斯文·赫定谨慎小心地沿叶尔羌河向东北进发。经过十一天的行程,到达塔克拉玛干沙漠西部边沿的卓尔湖(又称沙湖,在今巴楚县境内),并终于发现,墨玉县境内的麻札塔格山与巴楚县境内的麻札塔格山虽然名称相同,却并不相连,墨玉县境内的麻札塔格山在沙漠中逐渐隐没,它并不伸延至叶尔羌河及其以西。4 月 23 日,斯文·

---

① 斯文·赫定著,孙仲宽译:《我的探险生涯》,《西北科学考查团丛刊之一》,1933 年,122 页。

赫定从卓尔湖出发,一直东行,以实现其穿越沙漠直达和阗河的探险计划。

塔克拉玛干沙漠并不轻易让人揭开它的神秘面纱,斯文·赫定一行人每向东深入一步,都要付出很大的代价。在一望无垠的沙海中,他们看到的只是细粉似的黄沙,挡在他们面前的是一座接一座的沙山,白天骄阳似火,热浪炙人,连呼吸都感到灼烧;夜里月光似冰,寒气彻骨,万籁无声,犹如进入了没有生命的世界;有时风和日暖,万里无云,有时狂风大作,飞沙走石,满天沙尘遮天蔽日,人畜难行。在他们进入沙漠四五天之后,斯文·赫定发现,由于他的粗心,饮水带少了。返回已不可能,他们不得不限制喝水,甚至卡断对牲畜的供水。每天每人也只能得到一小杯用水。由于缺水,骆驼一只接一只地死去。4月30日,即他们由卓尔湖深入沙漠的第十天,所带的水全部用完了。斯文·赫定后来回忆说:"那天夜间,我写了几行据我想大概是最末一次的日记,走上一个高沙山,我们用望远镜向东观察,各方都是沙山,没有一根草,也没有任何生物。"①他们在沙漠中挖了许多井,但力气都白费了,没有一口井有水,死亡的阴影笼罩着他们。求生的欲望使他们想了许多办法。他们杀了仅有的一只鸡和羊,想用它们的血解渴,但它们的血一流出就凝结成块。有人喝骆驼尿,结果反而导致中毒,引起抽筋、呕吐,更加无力行走。

5月1日,两位雇工渴死在沙漠之中。斯文·赫定和另两位雇工带着五头骆驼继续前进。到5月4日,另一位雇工昏迷倒地,无法行走,骆驼无一幸存。斯文·赫定和一名叫卡西姆的雇工,在沙海中顽强地向东爬行。5月5日夜,只有斯文·赫定一人继续爬行。在爬行中,

---

①斯文·赫定著,孙仲宽译:《我的探险生涯》,《西北科学考查团丛刊之一》,1933年,137页。

他突然发现自己已爬到了一条河床中，这就是他冒着生命危险要寻找的和阗河！但是，这却是一条滴水皆无的干河床。他虽失望极了，但终于通过沙漠到了和阗河，这也算他死亡前得到的最大安慰。他在半昏迷状态中，顽强地在干河床中爬行。在朦胧的月色中，他突然看见一只飞起的水鸟，竟然还听到水鸟飞起时翅膀拍水的声音。这个意外的发现使他欣喜若狂。他鼓起最后一点力气，拼命朝着水鸟飞起的方向爬行，一个有二十多米长、五米多宽的水池，终于出现在他的面前。斯文·赫定在死亡的边缘得救了。对这个时刻，他自己有一段描述。他说："即使你是一个具有惊人天才的文学家，我想你也许不能描摹出我当时忐忑着的感情的激动！……当我面对着那清凉新鲜的塘水，我怔住了，接着我用手摸着我的脉搏时，我清楚地记得，那时我的脉搏微弱到一分钟只有四十九下……此时此地的水，它的味道，没有过将要渴死经验的人，是无法想象的。"

在这个池边，斯文·赫定尽情地喝足水之后，用所能找到的唯一盛水的工具，即他穿在脚上的靴子，装了两靴子水，循原路在沙漠中找到了奄奄一息的卡西姆，用两靴子水救活了他。不久，他们又在附近找到维吾尔族牧民和沿和阗河到阿克苏经商路过这里的商人，并在他们的帮助下，经阿克苏回到了喀什。

斯文·赫定这次从麦盖提出发到达和阗河，用了二十五六天的时间，行程大约300多公里，他和两名雇工幸免于难，其他两位雇工和八匹骆驼以及全部物资，都为沙漠所吞噬。

斯文·赫定此行总算亲身触摸了神秘的塔克拉玛干大沙漠，考察了叶尔羌河和和阗河在大沙漠中的流向和地位。对和阗河的情况，有了更具体的了解。他从当地得知，和阗河的水源主要靠喀喇昆仑山和昆仑山的雪水，七月左右雪水融化后，和阗河的流量增大，这时它由南向北经塔克拉玛干大沙漠直泻而下，与阿克苏河、叶尔羌河汇合，流入塔里木河。但七月以前,流量甚少,加上河水渗入荒漠和太阳的蒸发,下游长期处于干涸状态,仅有少量水洼,形成大小不等的池塘。斯文·赫定此次探险,正值和阗河下游干涸之期,幸好偶然碰到不多见的一个水洼,遂得死里逃生,真是不幸中的万幸。

三、沙漠中的骄子

当他回到喀什后,立即电告瑞典再为他送来一套测量仪器和经费,他决心再次深入塔克拉玛干沙漠,继续探索它的奥秘。他选择的探险地点在和阗河北的塔克拉玛干沙漠,目的是找寻那被沙掩埋了的古代于阗遗址,并经过沙漠到达塔里木河。

1896 年年初,斯文·赫定由喀什经莎车到达我国新疆著名的城市和阗。

和阗在古代西域历史中,占有十分重要的地位。公元前 2 世纪时期的于阗国, 就是以现在和阗县北部为中心而建立起来的。东汉时期,于阗十分强大,东起今民丰,西至葱岭,皆为所属①。古代于阗是丝绸之路南道的咽喉要地, 也是东西方文化交流的枢纽。公元 4 世纪时,这里已是佛教盛地,僧人达数万人,而且"家家门前皆起小塔,最小者可高二丈许"②。于阗城内有一座叫瞿摩帝的寺院,有僧众三千。在其都城以西七八里之处还有一座寺院,称王新寺,它经过三个国王长达八十年的修建,方才完成,规模十分宏大③。玄奘从印度回国时,也经过这里。他沿用印度人的称呼,称于阗为"瞿萨旦那"(为"地乳"

①《后汉书·西域传》第一一八卷。
②法显:《佛国记》。
③法显:《佛国记》。

之意)。当时匈奴人称于阗为"于遁",胡人,即突厥人称"豁丹"①。"于遁""豁丹"都是于阗的译音。13世纪时,马可·波罗曾经过此地,他称这里为"忽炭",并说这里的"居民崇拜摩柯末",境内"百物丰饶,产棉甚富"②。据考证,古代于阗都城在今和阗县城西边九公里处的约特干。斯文·赫定在约特干附近收买了不少古于阗时代的文物,其中有泥烧的弹琵琶的猴子、半狮半鹰的怪物、佛像以及欧洲古代钱币、十字架等物。他还从和阗人口中得知沙漠中保存着不少古代城镇的遗址。大量的古代文物和沙漠中的遗址吸引着斯文·赫定,使他又要冒着生命危险二进塔克拉玛干大沙漠。

在当地政府帮助下,斯文·赫定的新探险队组成了。他又雇了四位工人和两位向导,带着骆驼和其他必需品,于1896年1月14日从和阗向北进发。他们最初沿着和阗河的东支流玉龙喀什河北进,不久,就离开玉龙喀什河向东北方向深入沙漠。他们在沙漠中艰难地行走了四天,找到了第一个遗址,当地人把这个遗址也叫"塔克拉玛干"。这个遗址已被沙埋了一半,遗址中有一些佛像,有的仍十分完好,残壁上留下了不少壁画。根据这些遗物推测,这是公元前古于阗的一座遗址。斯文·赫定在他的考察报告中说:"至今没有探险家发现过这个古城。我已经将一个千年来长眠着的古城唤醒。"他在这里没有进行大规模挖掘,但仅散布在沙漠表面的文物,其中包括古代珍贵文书,就够装满几大箱了。斯文·赫定发现的这个古代遗址,以后又有斯坦因在这里进行了系统的考察和挖掘,他称这个遗址为丹丹约里克,其具体位置在今克里雅河下游,于田县与策勒县交界之处。

①冯承钧译:《马可·波罗游记》(上册),中华书局,1954年,上册,154页。
②斯文·赫定著,孙仲宽译:《我的探险生涯》,《西北科学考查团丛刊之一》,1933年,168页。

　　斯文·赫定在这个遗址只停留了一天,继续沿克里雅河(又称于阗河)北行。2月2日,他们顺利地在沙漠中找到了另一个遗址,这个遗址当地人称为喀拉当格(黑山之意)。在这里他们停留了两天,测量了被沙掩埋的房屋和其他建筑,又继续前进。

　　在这段行程中,他们第一次看到了沙漠中的骄子——野骆驼。对这种珍奇动物的情况,当时人们了解得很少。1877年普尔热瓦尔斯基把一张野骆驼皮标本带回彼得堡,引起欧洲生物学界的极大兴趣。这种生物,至今仍只有在塔克拉玛干大沙漠中才能找到。它特耐干旱,夏天喝足一次水,整个冬天滴水不进亦不在乎。它们喜群居,一般总是三五成群,配偶季节,雄骆驼之间要展开激烈的争斗,胜者即可占有一群雌驼。野骆驼听觉差而嗅觉极灵敏,顺风可在20里外嗅到烟火和其他动物的气味,体形较家驼大,毛少而粗,奔跑十分迅速。猎取野骆驼都要逆风接近它,斯文·赫定一行曾打死数十只,他带走了野骆驼的皮和野骆驼的骨架,粮食缺乏时,也猎取野骆驼为食。

　　斯文·赫定探察喀拉当格遗址后,向东北又回到克里雅河,但这一段已是克里雅河的下游,河床干涸,而且逐渐隐没于沙漠之中。1896年2月19日,他们所带的水又用完了,塔里木河仍踪影未见,前一年"全军覆没"的惨景不断在他头脑中出现。出乎意料的是在断水两天之后,他们终于走到了塔里木河边,从结着厚冰的河面走过,进入沙雅县,最后又从沙雅绕道库尔勒、若羌、且末等地回到和阗,结束了对塔克拉玛干大沙漠的第二次探险。

　　斯文·赫定这次在塔克拉玛干沙漠中的行程较第一次远,将近400公里,但比第一次要顺利得多。他考察了两个古代遗址。这是欧洲人对人迹罕至的塔克拉玛干沙漠古城遗址的第一次考察,他的有关报道发表后,在欧洲引起很大震动,也刺激了一批冒险家对塔克拉玛干大沙漠的极大兴趣。

四、塔里木河初航

1899年6月，斯文·赫定到我国喀什准备进行第五次探险活动。这次的计划是在塔里木河进行一次航行，以探察塔里木河是否适于航行及其沿途情况。

塔里木河是我国最大的内陆河。"塔里木"，有人说是维吾尔语"田地、种田"之意，也有人说是"脱缰野马"之意。或许这两种意思兼而有之。因为塔里木河确实为南疆地区农业生产带来极大的灌溉之利，沿河是南疆最好的农业区。同时，这条河又像一匹脱缰的野马，奔腾千里，气势汹涌，不易驯服，人们对它十分敬畏。这条河位于塔克拉玛干大沙漠的北部边缘，上源有三河：一条是源自天山的阿克苏河，另两条是源自喀喇昆仑山的叶尔羌河和和阗河。这三条河在阿瓦提县肖夹克附近汇合后，始称塔里木河，全长2100百多公里。这条河在我国古代文献中就有记载。《汉书·西域传》在说到西域地理形势时说：南疆地区"南北有大山，中央有河"，"其河有两源，一出葱山，一出于阗"。所谓南北的大山，是指昆仑山和天山，中央有河即指塔里木河。由于当时地理知识的局限，该书以为塔里木河仅有两源。到西晋时，称塔里木河为北河。南北朝时，又被称为计戍水或计试水[1]。唐代称为赤河。梵语又称徙多水，清代官书称塔里木河，其下游为额尔勾河[2]。我国一些典籍还以为塔里木河发源于葱岭，东流入罗布泊，然后潜流地下，至积石山而出，即为黄河。这一说法唐代人杜佑就曾提出过疑问。随着地理知识的扩大，现在此说早已不攻自破了。但塔里木河的流量究竟有多大，能否通航，最后流向哪里等问题，19世纪时还不清楚，特别是

①《魏书·西域传》，卷一〇二，中华书局，1974年。
②《西域图志》，第二七卷，商务印书馆，1982年。

对于欧洲地理学界,塔里木河与塔克拉玛干沙漠一样,都是一个很大的谜。所以斯文·赫定决定乘船在塔里木河中航行一次,以探虚实。

1899 年 9 月 17 日,斯文·赫定带着六个人,分乘一只长十三公尺、宽两公尺的大船和一只七八米长、一米宽的小船,从麦盖提县城附近,顺叶尔羌河向北航行。据他当时测量,那时塔里木河上游的叶尔羌河最宽处 160 多米,3 米多深,流速每秒一米多。

这是一次很有趣的航行,而且这种规模的航行,在塔里木河上,确实还是有记载的第一次。叶尔羌河身有时水深,岸狭,奔腾直泻;有时水又十分浅,大船不易通过,他们只好将木船拖过浅滩,有的地方两岸芦苇、树丛茂密,野鹅、野鸭游弋飞翔,野猪、梅花鹿不时在岸上出没,一派生气;有的地方两岸却是一片碱滩,寸草不生,他们经过 40 天的航行,终于达到叶尔羌河与和阗河汇流处,下面一段河道,就是塔里木河了。塔里木河由于汇合了两条河,所以流量极大,水流也湍急。但由于天气渐冷,航行也愈加艰难。11 月 14 日,他们一觉醒来时,船身已被封冻在河里。此后他们不得不破冰航行。

经过两个月零十天的连续航行,1900 年 2 月 7 日,斯文·赫定的船只到达塔里木河下游,在今尉犁县境内的英库勒(新湖之意)以北的河面停住,并把这里作为他的大本营,继续从陆地上进行考察。他的第一件事是准备从英库勒向南行,穿过塔克拉玛干大沙漠最东端的部分到且末。这部分沙漠又称为克拉克沙阿哩库姆沙漠,从英库勒经这段沙漠到且末,约 310 多公里,在此以前,没有关于有人穿越的记载。12 月 20 日,斯文·赫定带着四个人、七只骆驼、一匹马,开始穿越克拉克沙阿哩库姆。这个沙漠是斯文·赫定所遇到的最难行走的沙漠。这段沙漠的沙层下,多是松灰土,骆驼经常在一尺多深的浮土中艰难地前进。特别在有风的时候,松土被风吹得遮天蔽日,细尘弥漫,连呼吸都感困难。这块沙漠的沙山也较西边更为高大、众多,一个接一个，好像没有尽头。这又是一次艰难危险的旅程。幸好是冬天，他们带了许多冰，人不致遭断饮之厄，但骆驼的饮水问题仍很严重。他们在这种松软的沙尘中走了20天，方才走过这段沙漠，到达了环绕塔克拉玛干大沙漠西南端的且末河（即车尔臣河），又沿河到达且末。当时的且末只有500户人家。

到达且末后，斯文·赫定考察塔克拉玛干大沙漠最东端——克拉克沙阿哩库姆沙漠的愿望完全实现了。于是他又沿且末河返回塔里木河上的大本营——英库勒。

1900年3月5日，斯文·赫定又从英库勒出发，向北去考察由科兹洛夫发现的一条干河床。这条干河床当地人称库鲁克河（即干河之意），据说这条河早在1500年之前就干涸了。这里需要说明，当时的库鲁克干河床就是现在孔雀河流过的河道，而当时的孔雀河则在现在的孔雀河之南，并与塔里木河相汇，向西南流去，孔雀河改道成为现在这个样子，那是20世纪20年代的事，这件事后面我们将要提到。这次斯文·赫定专程考察库鲁克干河床的目的，是想要查清楚古代库鲁克河曾经流向何处，它与罗布泊有无关系。

斯文·赫定从英库勒北行，越过当时的孔雀河，找到了库鲁克干河床，并沿干河床向东南，进入若羌县境内一个大洼地的边缘。当时他并未从这个考察中得出什么结论，不过这个考察对他以后确定罗布泊的位置，提供了一定的根据。

三月底，在他继续考察库鲁克干河床的过程中，在沙丘中发现了几所房屋和佛塔的遗迹，并找到了几枚中国铜钱、几把铁斧和几块有雕像的木板，但他们在这里只待了一天。当他们离开这里，走到下一个宿营地准备挖井找水时，发现铁铲被遗忘在那个遗址中了。铁铲是探险队必不可少的工具，斯文·赫定不得不派工人科达·科拉去找寻。当科达·科拉带着铲子回来时，还带来了一个惊人的消息：他在遗落铁铲的附近，又发现了一个更大的古代遗址，那里有众多的雕刻着美丽花纹的木板和古钱。他还带回了几件样品。雕刻品之精美把斯文·赫定惊呆了，他预见到这是发现了一个极其重要的古代遗址。但是，他们的饮水已经不多，不可能再返回沙漠进行挖掘，只好先回大本营再作计较。这个由科达·科拉发现的遗址，对我国历史研究以及对国际考古学界和史学家了解我国西北地区的历史，都有重大意义。斯文·赫定曾说："忘记了铲子是何等的幸运呀！不然我决不能回到那古城，实现这好像命定的重要发现，使亚洲中部的古代史上得着出乎意料的新光明。"①

自 1900 年 3 月斯文·赫定等发现了这个古代遗址后，他们又到阿尔金山以南及西藏北部进行了一次探察，绘制了那里的地图，耗时半年有余。1900 年年底，斯文·赫定经过充分准备，正式前往前一年发现的古代遗址。这一次他以若羌为大本营，带着九个人、十一匹骆驼、十一匹马从若羌出发。但他的路线并不是一直向北到达遗址，而是有意地转了一个大圈，以考察遗址附近的地形。

他从若羌出发后，沿阿尔金山北麓东北穿行于人迹罕至的山岭之间，经一个星期，到达青海西北部的布仑·吉尔科尔湖（今称小苏干湖）。然后他们向西北，进入了一个沙漠。斯文·赫定在他的著作中说，这个沙漠是无人知晓的。实际并非如此。他所进入的沙漠就是我国历史上有名的白龙堆沙漠，现在称库穆塔格沙漠。唐代颜师古曾指出：敦煌"正西关外有白龙堆沙"②。其所以被称为白龙堆，是因为这里是西域沙漠的东头，且有龙像，故"象形以名其沙"③。三国西晋时称此沙

---

①斯文·赫定著，孙仲宽译：《我的探险生涯》，《西北科学考查团丛刊之一》，1933 年，266 页。

②《汉书·地理志》第二八卷下，敦煌郡条注。

③《西域图志》第八卷，商务印书馆，1982 年。

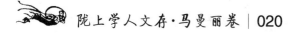

漠为三龙沙①。晋代高僧法显曾经过这里,他称此沙漠为"沙河",他说:"沙河中多有恶鬼、热风,遇则皆死,无一全者,上无飞鸟,下无走兽,遍望极目,欲求渡处则莫知所拟,唯以死人枯骨为标帜耳。"这些描述都是非常实际的。斯文·赫定作好了准备,是有意要冲过这个沙漠的。据他说,这个沙漠不像克拉克沙阿哩库姆沙漠那样布满了大小不等的沙梁,它的大部分如湖泊一样平坦。斯文·赫定的考察也是正确的。白龙堆沙漠是我国羽毛状沙垄唯一的分布区,从它的形成和外形上,都与塔克拉玛干大沙漠有很大不同。斯文·赫定他们在这个沙漠中艰难地走了20多天,在最后的12天中,骆驼没有水喝,人也已有五六天滴水未进。在十分危急之时,他们幸运地找到了一口井,渡过了难关,走出了白龙堆沙漠。

五、古代楼兰和罗布泊

斯文·赫定走出白龙堆沙漠到了罗布泊以北20多公里处的阿尔特梅什布拉克(布拉克为泉的意思),在这里休息几天后,于1901年3月3日南行,不久他们就找到了一年以前遗忘铲子而由科达·科拉发现的那个古代遗址。

这个遗址位于罗布泊的西部靠北的地方,面积很大,但斯文·赫定不是一个考古学家,他在这里也没有进行系统的大规模的发掘,仅就驻地附近的十几所房屋和一些佛塔遗迹进行了测量和发掘。他所看到的房屋都是木结构,墙垣用柳条编成,或在柳条上再涂泥土。这里的庙宇雕梁画栋,富丽堂皇,庙堂内还残存不少直立或坐式的佛像。其中出土的古代文物极其丰富,有各种武器,仅弓箭就有猎箭、战

---

①《三国志·魏志》第三十卷。

箭、火箭等,有各种装饰品、日用品,还有西亚或欧洲运来的玻璃杯,印度波斯式的狮头碗碟,更有大量丝织品和中国古代钱币。特别重要的是,从这个遗址中发现了大量带有汉文、佉卢文和其他民族文字的木简和纸片。从带有年号的纸片上看,它们最早是后汉,最迟是4世纪初,即东晋初的遗物。这些木简和纸片上的文字都多少反映了这个地区政治、军事、行政、生产、生活、民族等方面的情况,对研究这个时期西域的历史,有极其重要的价值。

斯文·赫定所发掘的这个古代遗址是什么地方呢?它就是闻名于世的古楼兰遗址。

楼兰是公元前2世纪以前西域三十六国中的一个,居民以牧业为主,公元前2世纪以前即有铁制手工业。在西域诸国中,是文化比较先进的地方。楼兰国的区域有多大,在何处?据《史记》记载:"楼兰、姑师邑有城郭,临盐泽。"[1]盐泽即罗布泊。按《史记》的说法,楼兰国的城郭在罗布泊的边上。据《汉书》记载:"楼兰国最在东垂,近汉,当白龙堆,乏水草"[2],这个记载更加明确。白龙堆,我们前面已经提到,就是罗布泊东部的沙漠,楼兰国应在白龙堆沙漠以西,罗布泊一带皆在楼兰国境内。以后据我国的西北史地专家冯承钧先生的考订,楼兰国界"东近阳关,南接婼羌,西尽巴什仕里,北边移民也曾到过哈密、辟展(即今焉耆——引者)"[3]。自张骞通西域后,丝绸之路畅通,楼兰国正处于丝绸之路的要道,东西方使者、商人"相望于道",特别是汉朝的使者、商人路过时,楼兰还得派向导,供应食宿和用水,楼兰不胜其

---

① 《史记·大宛列传》第一二三卷。
② 《汉书·西域传》第九六卷。
③ 冯承钧:《楼兰鄯善问题》,载《埔仁学报》三卷三期。

扰,遂"攻劫汉使"①。汉朝破奴将军乘用兵姑师之际,命王恢率兵七百,掳楼兰王,楼兰归服于汉朝,但也常贡献于匈奴。汉昭帝时,楼兰王受匈奴唆使,多次"遮杀汉使"②。元封四年(前77),汉朝派平乐监傅介子杀楼兰王,立王弟尉屠耆为王,并改楼兰国名为鄯善,建都于扞泥城。汉朝政府又派司马(后改为都尉)一人,吏士四十人屯田伊循城,镇抚该地。至北魏太平真君六年(445),北魏遣万度归袭击鄯善,俘虏其王真达,并以交趾公韩拔为假节征西将军领护西域校尉、鄯善王,镇鄯善。③不久其国又为吐谷浑所占,鄯善国遂灭亡④。

斯文·赫定在遗址中发现的文书,最迟也就是鄯善国灭亡的时期,这说明,这个遗址在鄯善国灭亡后,就完全废弃了。斯文·赫定等发现的这个遗址是楼兰国的什么城镇呢?斯文·赫定把从遗址中攫取的大批文物相继交德国汉学家喀尔亨利和孔拉特研究,他们从文书中发现有"楼兰"字样,于是确定此遗址为楼兰城,即楼兰国的都城。这一论断在欧洲学者中几乎已成定论,至今仍为大多数学者所沿用,但我国一些学者则提出了不同看法。

据王国维先生考定,这个遗址是《汉书·西域传》及《魏略·西域传》中所说的居庐仓,《水经注》所说的龙城,在南北朝时期,这里又称海头,为当时西域长史的驻地,是这时期西域的政治中心⑤。王国维先生此说虽有道理,但也有不到之处,最大的疏漏是他将斯文·赫定所发现的古城遗址的方位搞错了。在罗布泊沿岸曾发现古代遗址多处,

①《汉书·西域传》第九六卷。
②《汉书·西域传》第九六卷。
③《魏书·世祖本纪》第四卷。
④《魏书·高祖本纪》第七卷。
⑤《海宁王静安先生遗书·观堂集林》第十七卷。

斯文·赫定最早发现的被称为楼兰的古遗址,在罗布泊以西靠北的地方,而他却错将此遗址置于罗布泊东北,并着重从方位上考证其非,这就使他的考订不够完善。《水经注》中有一段记载说:"河水又迳注宾城南,又东迳楼兰城南而东注"罗布泊。此处所说的河水,或指塔里木河,或指孔雀河,从其流经路线看,是先至楼兰城而后东流入罗布泊。这里所说的楼兰城,显然就在斯文·赫定所发现的遗址处。因此说斯文·赫定发现的遗址就是古楼兰城遗址亦未尝不可。但到北魏时期,这个遗址诚如王国维先生考订的那样,已称作海头了①。那么楼兰改名为鄯善以后的都城扞泥城与这个古楼兰遗址有什么关系呢?据学者们考定,扞泥城在今若羌县卡克里克地方②,在楼兰改称鄯善并将国都由楼兰迁至扞泥后,楼兰城仍在,但已不是鄯善国的中心了。

总之,斯文·赫定发现的这个古城遗址,是楼兰国改称鄯善国以前的都城,称作楼兰,以后称海头;是西域长史的驻地,曾一度是西域地区政治、军事中心。自斯文·赫定考察此遗址并发掘出许多古代文物后,这里成为世界汉学家注目的地方。特别是斯坦因,曾三次来到这里,窃走大量文物,并在这里又发现了一些遗址。这些我们在介绍斯坦因时还要提到。

楼兰遗址的发现,可以说是斯文·赫定探险活动中最具有历史意义的一件事。与楼兰遗址的发现相联系,还有斯文·赫定对罗布泊的探察和研究,也是引起有关学术界巨大关注的一个问题。

①黄文弼先生则认为,此城既非古楼兰国都,亦非海头。在此遗址以东百余里之地,尚有另一遗址,这才是海头。见黄文弼:《楼兰与汉代之关系》,载《地学杂志》,1930年第4期。
②冯承钧:《楼兰鄯善问题》,载《埔仁学报》三卷三期。

在新疆若羌县北部,有一块东西约 300 公里,南北约 130 公里的荒原,由于这里地势较周围为低,所以被称为罗布洼地。历史上的罗布泊,就在这块洼地上。罗布泊是我国古西域的一个著名湖泊。它的名称很多,如《史记》称它为"盐泽",《汉书》称它为"蒲昌海",《水经注》称它为"渤泽",此外还有"牢兰海""辅日海""临海"等称呼,由于历史上这里水道变迁很大,有一个时期,罗布泊实际上成为一片干涸的盐滩。而且还因为塔里木河、且末河不时泛滥,在罗布洼地还形成一些其他湖泊,于是历史上著名的罗布泊的具体位置究竟在哪里,我国历史古籍的记载中就有一些不同之处。《汉书》说:"盐泽去玉门关、阳关三百余里"①,又说"敦煌郡正西关外有蒲昌海"。②《水经注》说蒲昌海在"鄯善之东北",这里所说鄯善,是指鄯善国的都城扜泥,即今卡克里克,这个记载与上述两个记载的位置基本相同,大约在今若羌县北部。但清代前期的记载,与上述记载有很大不同。如《西域图志》说罗布泊"在博斯腾淖尔正南二百里,东南距噶斯淖尔(今青海西端格孜湖——引者)二百里"③。根据这个记载,罗布泊的位置应在今尉犁县铁干里克一带。可见我国历史上对罗布泊的位置就有不同看法。

我们在介绍普尔热瓦尔斯基时提到,他于 1876—1877 年以及 1883—1885 年到塔里木河下游进行了考察,并宣称台特玛湖及其附近的小湖才是历史上的罗布泊。当时由于欧洲人对罗布泊并不了解,所以在普尔热瓦尔斯基宣布自己发现了真正的罗布泊之后,在欧洲

---

①《汉书·西域传》第九六卷上。
②《汉书·地理志》第二八卷下。
③《西域图志》第二七卷。《河源纪略》也置罗布泊于此地,并说:"淖尔东西二百余见,南北百余里。"

引起很大震动。地理学家贝姆评价说："笼罩在罗布淖尔周围的雾霾终于被驱散了。我们不久就可以在地图上看到以真正面目出现的罗布淖尔[①]。但是不久，德国地理学家李希霍芬即对普尔热瓦尔斯基的这个所谓"发现"提出了质疑。他指出，普尔热瓦尔斯基发现的所谓"罗布泊"，并不是中国历史上的罗布泊。中国历史上的罗布泊又称盐泽，这说明真正的罗布泊应是一个盐水湖，而普尔热瓦尔斯基"发现"的这个湖，却是一个淡水湖。他还根据中国文献的记载[②]认为，历史上的罗布泊应在塔里木河一直向东流的尽头，比普尔热瓦尔斯基所"发现"的湖更要靠东、靠北。李希霍芬还提出自己的解释说，"塔里木河经常变动它的流向和位置，它离开了它那旧的蓄水湖而流入目前的这个湖泊，如果是这样，（普尔热瓦尔斯基发现的湖）便是一个比较新的湖泊"[③]。普尔热瓦尔斯基对这个批评进行了反击[④]。于是在欧洲地理学界就产生了一个关于新旧罗布泊的争论问题。此后不少欧洲地理学、考古学家相继到罗布泊地区进行考察，如 1885 年的英国人卡莱和达尔格里夫，1890 年的本瓦罗特和奥尔兰的亨利亲王，1894 年的普热尔佐夫等。1893—1894 年俄国的科兹洛夫也到罗布泊进行考察，在库鲁克塔格山南麓发现了那条一直往东的干河床，他曾经极力为自己的恩师——普尔热瓦尔斯基的观点进行过辩护。

　　罗布泊问题的争论，曾引起青年时代的斯文·赫定的很大兴趣，他从事更多探险事业后，也从未忘记这个问题。1900 年 3 月，他专门

---

　　①斯文·赫定：《游移的湖》，英译本，1940 年。

　　②《汉书·西域传》记载：塔里木河"东注蒲昌海"。

　　③斯文·赫定：《游移的湖》，英译本，1940 年。

　　④《关于李希霍芬对〈从固勒札越过天山到罗布泊〉一文所提意见说几句话》，载《俄国地理学会通报》，1880 年，第 15 卷第 1 期第 2 分册。

就库鲁克干河床进行了考察,他认为原来的塔里木河和孔雀河,都很可能从这条干河床向东流入罗布泊,他又探察了楼兰遗址东南一带,发现这里是一个大洼地,在洼地中还保存着大量的芦草根和介壳。他确认这是一个干涸了的湖泊,并认为这就是历史上著名的罗布泊。

但是,斯文·赫定又认为,罗布泊是一个"游移湖"。他认为,从库鲁克塔格山到阿尔金山之间的沙漠地带,海拔很低,而且十分平坦,因此,地形的稍微变动,对河流的影响很大。他认为原来流入罗布泊的河道就是库鲁克干河道,由于这个河道和罗布泊长年的淤积和其他的原因,河道和湖底逐渐增高,于是迫使河水南流,并在南流之后的凹地形成另一个湖泊,即普尔热瓦尔斯基所"发现"的科什灭提库勒和喀拉布兰湖(今称台特玛湖)。而原来的水道和湖泊就逐渐干涸了,这个过程是反复进行的,其周期约为一千年。由于斯文·赫定到罗布村看到的科什灭捉库勒和喀拉布兰湖已较普尔热瓦尔斯基看到的这两个湖小多了①,所以他还预言,南边的新罗布泊已处于逐渐干涸的过程,而真正的罗布泊不久将重新成为名副其实的湖泊。他的这个看法提出后,曾遭到很多人的批评,但是一个惊人的地理上的变故支持了他的观点。1921年左右,孔雀河离开了它旧有的河道,进入了库鲁克河的干河床,一直向东流去,并使罗布泊有恢复生机的希望。这个消息使斯文·赫定极为高兴。他写道:"这消息使我大为震惊,他不仅证实了我在二十八年前提出来的那套理论是正确的,而且表明我那罗布泊和塔里木河将会马上返回他们北部故床的预言已经应验。"②于是罗布泊是游移湖的说法,在学术界得到了更多人的承认。1930年西北科学考查团的黄文弼先生听说罗布泊再次进水之后,曾专程前

①斯文·赫定,夏雨译《新疆古城探险记》,东南出版社,1941年,199页。
②斯文·赫定:《游移的湖》。

往考察,他记述当时考察的情况说:"至六十泉,远望罗布淖尔已海云相接,极目无际。""南行三十里,累过高仰土层地带,即遇溢水。沿水东北行,水势渐大,终乃达一较宽阔之水面,即古之所谓蒲昌海也。"①黄先生也赞成罗布泊为一"游移湖"之说。根据他的研究,历史上罗布泊曾发生过几次大的迁移。汉代的罗布泊约在东经 89°80′~90°80′ 之间,即斯文·赫定以及现在一般所说罗布泊的位置,三国、西晋时,罗布泊则约在东经 89°20′~90°20′,北纬 39°50′~40°30′ 之间;唐代的罗布泊约在东经 88°20′~89°30′,北纬 39°50′~40°40′ 之间,清初罗布泊的位置又移至博斯腾淖尔以南,北纬 40°~41°20′ 之间②。对这种看法,反对者亦大有人在。而且 20 世纪 30 年代出现的罗布泊复生现象并未维持多久,现在它仍是一个堆满盐块、全部干涸的大洼地。

　　这里我们想离开主题谈一谈新中国成立后我国地理学家的研究和探索。

　　我国许多地理学家过去都接受了斯文·赫定对罗布泊的看法,认为它是一个"交替湖"或"游移湖",在两千年中,它曾三度游移于北纬 39°~40° 和 40°~41° 之间。但是最近中国科学院新疆分院的地理学家们已经完成了对罗布泊洼地的综合考察,并初步揭开了罗布泊洼地的自然之谜。我国科学家多次考察了东达敦煌,西至塔里木河下游,北达库鲁克塔格山,南至阿尔金山北麓的整个罗布泊地区,还在罗布泊洼地的中心进行了钻探,打了五口试井,从地质、地貌、土壤、植物、动物等各方面进行了综合研究,并得出结论,否定了"交替湖"或"游移湖"的说法③。目前,科学人员正在进一步整理资料,深入研究,不久

---

①黄文弼:《罗布淖尔水道变迁》,载《禹贡》,第五卷第 2 期。

②黄文弼:《罗布淖尔考古记》,《中国西北科学考查团丛刊之一》,1948 年。

③《罗布泊洼地自然之谜初步揭开》,载《新疆日报》,1981 年 10 月 25 日。

将有正式报告发表。

斯文·赫定关于罗布泊是"游移湖"的说法虽有愈来愈多的证据证明是站不住脚的,但他对历史上罗布泊位置的确定,是有贡献的,而且他对罗布泊洼地的考察及有关推论,对研究这一地区的地理和历史,都有很大的参考价值。

六、闯入西藏

斯文·赫定曾先后三次到我国西藏进行探险。

第一次是1901年,在他考察罗布泊洼地后,经若羌向南,翻越昆仑山喀拉米兰山口,进入西藏。在那曲地方为西藏地方政府所阻。他本应循原路返回,但又偷偷潜往西藏中部的奇林湖,对这个海拔4400多米的高原湖泊进行了测量。据他当时测量,这个湖最深处约48米,然后一直向西,于12月中旬,从班公湖北岸进入克什米尔。

1906年斯文·赫定第二次对我国西藏进行考察。当时欧洲一些国家出版的权威的地图在西藏大部分地区标着"未经考察"的字样,他这次进入西藏的目的就是要亲自察看欧洲人未曾到过的西藏大部分地区,并寻找印度河、雅鲁藏布江的发源地。

这一次他在西藏游历了两年零一个月,到了欧洲人从未到过的许多地方。他这次游历的出发点仍是当时英属克什米尔。他翻越喀喇昆仑山,穿过和阗阿克赛钦地区进入西藏。他乘自带的帆布小船航行了西藏西北角的里田湖。根据他当时的测量,这个湖是西藏境内最深的湖泊之一,其深度约在65米以上。在这个湖上,斯文·赫定又险遭灭顶之灾。当他乘船在湖上航行时,湖面风平浪静,正在他悠然自得欣赏着藏北高原风光的时候,突然远处天空飘来遮天蔽日的黄沙,一霎时晴朗的天空中,狂风怒吼,飞沙走石,湖水沸腾,它们的小船犹如一片树叶,被巨浪抛上抛下,一场船翻人亡的惨祸看来已似乎无法避免了。但是这只小船在巨浪中经过七八个小时的漂泊，竟没有沉没，并终于被冲上了岸。他们从里田湖脱险后，继续东行，然而极其荒凉而气候多变的藏北高原，仍威胁着斯文·赫定一行的生命。他们连续80多天没有碰到一个人。粮食吃完了，只好靠打野牦牛和其他野兽为食，驮东西的马，因为没有草料而不断死亡。在他们后面经常有一些狼远远地跟随着，头顶上也经常盘旋着一些秃鹰，等待着美餐他们抛下的死马，甚至整个探险队。但是，他们终于在古罗公巴附近遇到了藏族牧民。1907年元旦前夕，他们渡过波合藏布江到达昂则湖（又称昂则错，"错"为藏语湖的意思），并得到九世班禅的允许，越冈底斯山进入日喀则。

在清代，我国西藏实行政教合一制度，达赖喇嘛是地方最高政教首领，驻在拉萨。但实际上当时的西藏分为前藏、后藏和阿里三部分。达赖的势力主要在前藏，后藏和阿里的政治、宗教中心是日喀则，班禅驻守此地。因此，他实际上是后藏和阿里的政治、宗教首领。据说，达赖喇嘛是千手观音的化身，为今世佛，而班禅为无量光佛的化身，属未来佛，教众以班禅为未来理想世界的主人，所以在宗教地位上，班禅又高于达赖。班禅居住的札什伦布寺，位于日喀则西南，修建于1445年，规模十分宏大，当时寺院内有喇嘛3800多，是藏传佛教四大寺院之一。

斯文·赫定在日喀则时，住在九世班禅的弟弟谷秀克家中，受到班禅的几次接见，游览了札什伦布寺，并参加了寺内举办的盛大的藏历年庆祝活动。他在日喀则住了47日，在欧洲，斯文·赫定是得到这种荣幸的唯一一人。

1907年3月27日，斯文·赫定离开日喀则继续他的考察旅行。他曾进入拉孜以北的密朱河谷，这是西藏风景最秀丽的河谷之一。这里有壮丽的瀑布，茂密的森林，还有不少华丽的寺院。在这里的深山幽谷中，他们还不时发现建造在山岩上的一些封闭的小屋，那里住着修行的喇嘛。

斯文·赫定游历密朱河谷后,向西南行到了雅鲁藏布江,溯江西行,准备弄清雅鲁藏布江的江源。

雅鲁藏布江是我国地势最高的大河之一。它从我国西藏境内发源,向东流经藏南河谷地区。西藏著名的拉喀藏布、布鲁仓藏布、年楚河、拉萨河等河流,全部流归雅鲁藏布江,然后经喜马拉雅山东端的洛瑜地区,南入印度、孟加拉国,注入孟加拉湾。雅鲁藏布江进入印度、孟加拉国后,称为布拉马普特拉河。雅鲁藏布江全长2900公里,在我国境内的部分长1782公里,流域面积达241500多平方公里,是西藏的最大河流,沿河是西藏的主要农业区,也是人口最密集的地方。雅鲁藏布江的江源,在国外学者中是一个有争论的问题。1865年印度学者拿因僧曾到西藏游历,他曾企图解决这个问题,但未获成功。斯文·赫定到雅鲁藏布江上游测量了流入雅鲁藏布江各支流的流量,认为库必藏布河的流量比其余支流的流量合起来还要大三倍。他溯库必藏布河南下,至喜马拉雅山一冰川,库必藏布江即由此冰川融解而成,他认为这就是雅鲁藏布江的江源。但这一结论似乎也是值得讨论的。雅鲁藏布江上游称马泉河,流入马泉河的支流很多,主要的有三条,北部的一条称昌钦河,发源于冈底斯山南玛龙木山口以北,西南部有两条支流,靠北的一条称杰玛河,靠南的一条就是库必藏布河,这两条都发源于喜马拉雅山的冰川,这三条河中究竟哪一条是雅鲁藏布江的主要源头,看法仍有不同。现在也有认为雅鲁藏布江的主要源头在冈底斯山南玛龙木山口以北的冰川。

斯文·赫定在考察雅鲁藏布江江源后,于7月26日到了西藏的圣湖玛法木错湖。这个湖西藏人又称楚玛凡湖或楚灵宝奇,外国人称马纳萨罗发湖。这是一颗镶嵌在群山环抱中的绿珠,湖岸景色秀美,是西藏高原难得的淡水湖。在它的西边不远处,并列着另一个湖泊,西藏人称兰戛错湖,外国人称剌卡斯塔尔。这个湖与法木错湖正相反,被认为是魔鬼的住所,所以是西藏有名的魔湖。这一"圣"一"魔"两湖并列,都享受着西藏人的崇奉和祭祀,两湖四周有八座庙宇,不少喇嘛在这里念经、修行。斯文·赫定乘帆布船航行到了这两个湖,并在这里逗留了近一个月的时间。

在这两湖的北方,屹立着一座高耸入云、常年积雪的山峰,这就是著名的冈底斯山,外国人称开拉斯山,当地人又称坎仑保奇。这座山在教徒的眼中是世界的中心,天堂之所在,是圣山,在传说中也叫须弥山。斯文·赫定离开"圣湖"和"魔湖"后,直奔这座圣山。此山形状极其庄严肃穆,远远望去,像一座四面棱形的水晶石,它吸引着众多的人,长途跋涉到这里顶礼膜拜。

考察过圣山之后,斯文·赫定开始实现他探寻印度河河源的计划。

印度河是南亚的一条大河,流经克什米尔、巴基斯坦,流入阿拉伯海。它发源于我国西藏境内。当时人们只知其河源在冈底斯山,但究竟如何,并不清楚。传统的看法,以为印度河河源似在冈底斯山脉南麓、冈底新山峰的北坡。斯文·赫定从当地人口中得知,印度河源在星季卡巴(师口之意),此地位于冈底斯山脉的北麓。于是他从冈底斯山峰继续北上,找到了星季卡巴,在这里有一块平山石,底下有四个泉源,涌出大股清水,汇合后向西南流去,形成师泉河,这就是印度河上游最大的支流,也即印度河河源的所在地。

斯文·赫定当时能亲自考察雅鲁藏布江和印度河的上游,是十分自豪的。他曾说:"我觉得非常高兴,因为我是第一个白种人到过上古以来已经注明的雅鲁藏布江和印度河的源流,这两条河流如同蟹钳似地围绕着世界上最高的喜马拉雅山系。"①

---

①斯文·赫定著,孙仲宽译:《我的探险生涯》,《西北科学考查团丛刊之一》,1933年,449页。

斯文·赫定在西藏虽然考察了很多地方,但是他还不满足,还有一些他曾经打算去的地方,由于我国西藏地方政府未批准而未果。因此,他在考察印度河源之后,从班公湖北岸到了克什米尔,并立即着手再次进入西藏。

1907 年 11 月,斯文·赫定非法进入我国西藏,这是他第三次进入我国西藏。他这次从喀喇昆仑山进入我国新疆,声言要到和阗,实际上于 1908 年年初进入藏北高原。他在这里看到了成群的野驴。这也是一种很珍贵的动物。野驴比家驴大,它们成群结队而行,有时数群聚在一起,有上千只,每群一般有几十只到百余只(有斯文·赫定所绘野驴群列队齐跑的情景图)。它们跑动时,有时排成十分整齐的单行队形,呈 S 形跑动,好像是被无形的骑士操纵着列队前进。

5 月,斯文·赫定又从藏北高原到达今阿里地区的东南部,考察了一个呈三角形的盐水湖——特里纳木错(皇山中的天湖之意)。这个湖在海拔 4000 多米处,景色秀丽,它的西南方竖立着莎金沙山,东南方是塔古干格里山,南方和西方是冈底斯山脉;这些山的山顶上都覆盖着万年的积雪,山根是各种颜色的岩石。青蓝色的湖水,四周衬托着各色岩石的山峰,形成了一种五光十色的仙境,使人心旷神怡。外国人曾传说过这个美丽神奇的湖,但从未有人看到过它。所以斯文·赫定说:"我是第一个看见并证实那湖的探险家。我是知足了的。"[1]

此后他一直向西行,探察了卡伦错、沙服错、昂拉仁错等湖泊,这些都是欧洲人未曾到过的地方。斯文·赫定终于把欧洲人绘制的西藏地图上的"未经考察"这几个字抹去了。

---

[1]斯文·赫定著,孙仲宽译:《我的探险生涯》,《西北科学考查团丛刊之一》,1933 年,486 页。

斯文·赫定三次进入我国西藏，从藏北高原到藏南河谷地区，曾八次从不同地段穿越冈底斯山脉，探察了数十个高山湖泊，涉过我国西藏的十几条大河，亲自探察了雅鲁藏布江、印度河的源头，在西藏的考察方面取得了外国人从未取得的成就。另外，他还以当时西方人惯有的高傲、横蛮的态度，把冈底斯山取名"外喜马拉雅山"，这个名称虽然是荒唐的，但外国一些地图中却采用了它。

斯文·赫定在我国西北的考察活动，重点是在地理学方面，并取得了相当大的成就。在历史学方面，由于他缺乏必要的历史知识，虽然也考察了一些古代遗址，但并没有进行深入的研究，只是把我国西北沙漠中的一些遗址向欧洲进行了介绍，引起更多外国考察家和研究者对我国西北的注意和重视。在考察中，他采用各种办法，包括用窃取的手段，攫夺了我国大量古代文物，以致今日这些无价之宝仍流散在欧洲一些国家中。

（原载《外国考察家在我国西北》，河南人民出版社，1983 年）

英国探险家斯坦因的中国西北寻宝活动

马克·阿弗勒尔·斯坦因(1862—1943)原为匈牙利人,1862年生于布达佩斯,在匈牙利受中等教育后,曾到维也纳、莱比锡、次维考等地游学,1940年加入英国籍。在欧洲东方学家的影响下,他很早就立志研究印度、伊朗的历史和文化,曾投身于德国东方学家冯·罗特门下,后来又留学于牛津大学和伦敦大学。1885年从英国返回布达佩斯后,又受到测量学方面的训练。1889年经英国东方学家劳林逊的推荐,斯坦因来到印度,被任命为拉合尔东方大学的校长。在此期间,他用了11年的时间,翻译、注释、校勘了《克什米尔诸王史》一书。1899年他调任加尔各答玛然拉斯大学校长,还担任过英印当局印度西北边境的总视学。1904年又进入印度古迹调查局任职。他具有考古学、测量学、语言学等方面的知识,懂得梵文、波斯文、突厥文等。在我国西北地区考察并窃取大量历史文物后,就长期从事于这方面的写作和研究工作。

我们前面已经介绍过,在斯坦因考察我国之前,已有不少外国人在我国西北地区进行过考察,并攫取了许多珍贵文物,其中不少是各种文字的文书。这些古文书在欧洲学术界引起很大的震动。19世纪80年代末,英国人鲍威尔到我国新疆考察,他在库车西面的一座古代佛塔和当地居民手中,骗购到不少印度梵文古文书。1890年他将这些古文书送给在印度的英国学者霍林勒研究,以后又送至欧洲,被认定是公元5世纪以前的古写本。不久,又有许多古印度语写本从我国喀什、和阗等地流入印度,这引起当地梵语学者的极大关注。但对这些写本的真伪、出土地点等问题,却有各种不同的看法,给这方面的研究工作带来很大不便。于是这些学者呈报英印当局教育部,要求派人前往我国新疆进行考察。懂得梵文和其他多种文字的斯坦因遂被选中。从此斯坦因就把主要精力放在对我国西北地区的寻宝考察方面。

斯坦因曾先后四次到我国西北进行考察。第一次是 1900 年 5 月至 1901 年 4 月,约一年的时间,活动地区主要在新疆南疆的塔克拉玛干大沙漠。回印度后他写出了《古和阗》这部享有世界声誉的巨著。第二次考察是 1906 年 4 月到 1908 年 11 月。这次考察除了新疆外,还到了甘肃河西一带及内蒙古额济纳旗等地。记述这次考察结果的主要著作是《沙漠契丹废址记》。1913 年到 1916 年,他在我国西北进行了第三次考察,这次活动范围主要是塔里木盆地南北,河西南、北山。考察结束后,他陆续完成了《西域考古图记》《亚洲腹部考古记》和《斯坦因西域考古记》等著作。1930 年,斯坦因第四次到我国进行考察,由于当时新疆和西北地区政局紊乱,斯坦因此行收获不大,从此也就结束了对我国西北地区的考察。我们这里介绍的,是斯坦因前三次考察活动的一些主要方面。

一、帕米尔古道探索

斯坦因对我国西北的几次考察,都是从印度出发,越兴都库什山,经帕米尔高原进入塔里木盆地,因此他曾有计划地对帕米尔高原进行了多方面的考察。

帕米尔高原位于我国西南,历史上是我国领土,现在分属苏联、阿富汗和我国。这个高原从地形上看,是亚洲中部著名的天山、昆仑山、喀喇昆仑山和兴都库什山的山结,这四条山像四条巨蟒,从各方面交汇纽结于此，形成它特有的那种山脊与平原交错相间的自然面貌。无怪乎有人认为它是中亚高原体系的中心①。帕米尔高原的范围，一般认为北以外阿赖山脉（在苏联塔吉克加盟共和国的东北部）为界，东以喀什噶尔山脉（在新疆阿克陶县和乌恰县境内）为限，南界兴都库什山（在阿富汗北部），西至阿姆河上游的喷赤河（欧洲人又称奥瑟斯河）谷地，或称瓦汉谷地。帕米尔高原的最高峰是我国境内的7719米的公格尔山（在新疆阿克陶县境内）。19世纪在帕米尔高原探险的西方学者和游历家，根据当地的地形，将整个帕米尔高原又分为八个部分，即所谓八个帕米尔，简称"八帕"。

帕米尔一名，最早见于《大唐西域记》。该书所说的"波迷罗"，就是帕米尔的又一种译音。对"帕米尔"一名的来源和词义，有许多说法。有人认为"帕米尔"是梵文"乌帕梅鲁"的缩简②，意思是梅鲁山上的地方，梅鲁山是印度神话中的圣山，是世界的中心，因此以这个山名来表示此高原的高峻和神圣，有人说"帕米尔"是柯尔克孜语，为"高而寒之地"的意思③，也有人说"帕米尔"为波斯语"帕米勒尼耶"的缩简④，"帕米"是屋顶之意，"勒尼耶"为世界之意，合起来就是"世界屋顶"，还有人说"帕"是波斯语"脚印、山麓"之意，"米尔"为波斯语公爵、长官之意，因此帕米尔可直译为"公爵的脚"或"诸山之脚"⑤。

---

①英国《大英百科全书》，1958年第四版，帕米尔条。
②柯宗：《帕米尔和奥瑟斯河仇河源》，载《英国地理学刊》第八卷一期，1896年7月。
③傅角今：《帕米尔应为中国领土说》，载《国防新报》，1924年，17—18期。
④鲍里斯·塔格耶夫，薛蕾译：《在耸入云霄的地方》，商务印书馆，1975年，23页。
⑤捷连季耶夫：《征服中亚史》，第二卷，圣彼得堡，1906年，396页。

　　帕米尔高原虽然山多地高，气候严寒，但这里却是古代我国与中亚、西亚、地中海沿岸以及印度进行交往的通道，即丝绸之路的要道。由于帕米尔高原山脉多是东西走向，因此一般说来，在两座高大山脉之间，就自然形成一条通道。其中主要的通道有三条：在北部，是由新疆喀什沿阿克苏河西行，沿帕米尔北部边缘的阿赖谷地到中亚；在中部，从喀什西南行，越乌孜别里山口或萨里塔什山口，经帕米尔中部西行；在南部，是从塔什库尔干西南行，溯莫尔加布河上游阿克苏河，进入瓦汉河谷过帕米尔。在这三条通道中，由于古代几位经过帕米尔而又有记载的旅行者，多是经过第三条通道，即瓦汉河谷这条通道，因此对这条通道的记载最为丰富。

　　帕米尔高原是我国古代所说葱岭的一部分，对古代帕米尔的情况，我国古代文献中早有记载。汉代，这里有无雷国、休循国①等。这两国都归汉朝西域都护管辖。到北魏时期，又称钵和国、竭盘陀国等。北魏和尚宋云到印度去时曾经过这里，他形容帕米尔是"山路欹侧，长坂千里，悬崖万仞，极天之阻，实在于斯。太行盈门，匹兹非险，崤关垅坂，方此则夷"②，写尽了帕米尔高原的险峻、巍峨。到唐代，竭盘陀国仍在，南部又出现了护密国，或称达摩悉铁帝国。玄奘到印度去时，曾路过竭盘陀和护密国。唐朝中期，安西副都护高仙芝率大军一万，经帕米尔南部讨伐占据小勃律的吐蕃，对这次进军，《新唐书》《旧唐书》也都有简略的记述。直到清乾隆时期（18世纪中叶），在平定大小和卓的叛乱时，清军进入帕米尔，随后又派官员对帕米尔各处进行了实地勘察，绘制了地图，使帕米尔高原的山川河流，第一次比较准确地公之于众。

---

①《汉书》第九十六卷《西域传》。
②《洛阳伽蓝记·城北》第五卷。

　　近代随着探险事业和地理学的发展,欧洲人对帕米尔高原也产生了极大兴趣。不少探险家、游历家不断出现于这个长年为积雪覆盖的山地。1837年,英国海军中尉伍德从喀布尔北上进入帕米尔,溯喷赤河东行,到达索尔淖里(又称维多利亚湖)。他返回后,将沿途所见写成书,引起了欧洲许多地理学家和旅行家对帕米尔的注意。此后的50年中,有几十位欧洲人陆续从各方面进入帕米尔,对那里的山岭、湖泊、道路进行了深入的考察。其中1887年法国游历家邦瓦洛特、卡普斯和佩潘,从俄国费尔干纳盆地出发东南行,越阿赖岭,到位于帕米尔东北部的喀喇库尔湖,然后沿萨雷阔勒岭谷地——帕米尔高原上唯一的一条南北走向的谷地,到瓦汉走廊,又往西经查克马克湖,沿瓦汉山南麓中部,越兴都库什山进入印度。他们从北到南,绕行东部帕米尔半圈。他们的游记发表后,引起了更大的震动,到帕米尔高原考察的人接踵而来。1889年,英国人圣·乔治·利特尔戴尔夫妇,也由北向南纵穿帕米尔进入克什米尔。利特尔戴尔夫人,是有记载的唯一的一位游历帕米尔的欧洲女性[1]。在19世纪八九十年代,英、俄在帕米尔的矛盾进一步尖锐,争相派人侵入帕米尔。特别是俄国人,他们利用地理上的便利条件,大量派遣人员侵入帕米尔进行考察,最后竟派遣武装人员强占了中国帕米尔的大片土地。

　　我们从下述情况可以看到,虽然帕米尔高原地势险要行路困难,但由于它地处要津,自古以来,有许多游历家、探险家都曾不顾艰险,攀登于其间。由于大量近代探险家涌向帕米尔,所以有人认为"帕米

---

①参阅柯宗《帕米尔和奥瑟斯河的河源》,载《英国地理学刊》,1896年9月第8卷3期。

尔也许是亚洲高原上勘察得最完善的地区"①。但是古代中外游历家在帕米尔地区所经路线以及他们著作中提到的地名、湖名、山川名，由于年代久远，对近代人来说，却成了一个个谜。于是近代考察家们都根据自己的体验和理解，对古代中外游历家在帕米尔的活动路线提出了许多说法，成为欧洲学者竞相探索的一个重要课题。

　　早在斯坦因到我国之前，就曾多次读过由法国汉学家沙畹翻译的宋云、玄奘、高仙芝等人的史料，并熟知欧洲学者关于中国游历家在帕米尔行走路线的各种论证和观点，而且他本人就十分热衷于这种考证。因此他在越过兴都库什山，三次途经帕米尔高原的旅行中，对宋云、法显、玄奘在帕米尔的旅行路线，进行了实地考察。

　　这里我们主要介绍他对高仙芝进军路线的实地考察。

　　高仙芝是唐朝的一位军事将领。开元末年，他升任安西副都护、四镇都兵马使，是当时西域地区的最高军事长官之一。唐朝安西都护府的辖区，东起高昌(即今吐鲁番一带)，西尽波斯②，十分辽阔。唐代中期，吐蕃兴起，势力逐渐侵及西域。开元年间，吐蕃势力沿印度河西北发展，相继控制了唐朝届囿大勃律、小勃律等地。小勃律位于兴都库什山南麓雅兴河上游，地处帕米尔古道的要冲。吐蕃控制小勃律后，唐朝"西北二十余国皆为吐蕃所制"，"贡献不通"③。唐朝政府曾三次出兵，都因道路难行，劳而无功。天宝六年(747)，唐朝政府命高仙芝率军一万征讨小勃律，驱赶吐蕃势力。据《新唐书》记载，高仙芝率一万步、骑兵从龟兹出发，西行经拨换城(今阿克苏)、疏勒(今喀什)登帕米尔，又经葱岭守捉(今塔什库尔干)西行二十余日到播密川，又

---

　　①霍尔迪奇:《帕米尔》，见《大英百科全书》第 11 版，1911 年。

　　②《新唐书·地理志》第四十卷。

　　③《旧唐书·高仙芝传》第一三五卷。

西行二十余日到特勒满川,然后分兵三路,一路走北谷道,一路走赤佛堂道,一路由高仙芝亲自率领走护密道,三路军队会师于连云堡,高仙芝又乘胜南下,军行三日过坦驹岭。这个岭绝壁断崖,上下有四十里,将士多畏难不愿继续前行。高仙芝使军士假扮小勃律国人前来迎接,唐兵士气大振,将士始冒死翻越坦驹岭,平定小勃律国。于是,拂林(即东罗马帝国)、大食(阿拉伯帝国)等七十二国又恢复了与唐朝的关系①,这是古代帕米尔高原上规模最大、最宏伟的一次进军,也是对帕米尔高原上丝绸之路通道最详细的记载,但高仙芝军队所经地区的具体路线、具体地名是今日的何处,一直不很清楚。

斯坦因十分推崇高仙芝的这次进军,他认为,帕米尔地区"高山峙立,缺乏一切给养,……即使这一个问题,便足以把现代任何参谋部难倒了"②。他在许多年前读高仙芝传时,曾假定高仙芝及其一万人军是经瓦汉走廊,越巴洛古尔和达科特两个山口到小勃律的。为了证实这一假设,他于1906年5月17日逆高仙芝进军方向,由南向北,再由西向东,顺瓦汉谷地横跨帕米尔南部,对高仙芝所经路线的主要地区进行了实地考察。他发现《新唐书》的有关记载,几乎在一切细节上都是可信的,但同时他又提出,《新唐书》关于高仙芝军到特勒满川后始分兵三路南下的记载③,与其他有关记载和当地实际均有矛盾。他认为根据其他记载和地形,"这次行军不是全军一起进行的,而是分成三个纵队从喀什出发,陆续分批在经由葱岭守捉的鲫肖基地的

①《旧唐书·高仙芝传》第一三五卷。
②斯坦因著,向达译:《斯坦因西域考古记》,中华书局,1946年。
③《旧唐书·高仙芝传》第一三五卷。

几条路上走的"①,只有这样,高仙芝才能解决一万大军在荒无人烟的高原行军的后勤供应问题。

根据他的这个看法和实地考察,他认为高仙芝大军到葱岭守捉后,分军三路。高仙芝所率一路沿帕米尔河(即《新唐书》所说播密川)到喷赤河大转弯向北流的锡格南地区(即《新唐书》所说特勒满川),然后通过以今伊什克希姆为中心的古代护密国,进军连云堡,走北谷道的那支军队到帕米尔河后,通过尼古拉斯山的诸山口达连云堡;走赤佛堂道的那支军队溯塔什库尔干河,通过瓦赫吉尔山口,沿瓦汉河到达连云堡。从这三支军队的进军路线看,高仙芝是从东面(即赤佛堂的那一路)、中间(即走北谷道的那一路)和西面(他自己的那路),形成三面进逼连云堡的形势。连云堡是现在什么地方呢?说法很多。法国汉学家沙畹曾提出,连云堡是位于瓦汉走廊中部,瓦汉河南岸的萨尔哈德。斯坦因根据自己的考察,结合史料的记载,认为沙畹的看法是十分正确的。

高仙芝三路大军会合于连云堡的北边,在唐军与连云堡之间隔有大河一条,这条河就是瓦汉河,唐书又称婆勒川。《新唐书》记载,当时连云堡有吐蕃军万名把守,唐军必须渡河,始能攻克连云堡。但河水高涨,唐军无渡河工具,军心惶恐,高仙芝即在河岸设供桌,杀牲祭祀,祈求神灵护助。祭罢,遂命士兵各带三日口粮,准备于次日晨渡河。次晨大军集于河岸,果见河水减退,兵士争相渡河,竟得"人不湿旗,马不湿鞯"②,全部安全渡过。对这个记载,信其有者,多认为是神助,反之,则皆以为是虚构。但据斯坦因实地考察,认为此事并非杜

①《英国地理学刊》,1922 年 2 月,第五九卷第二期。
②《旧唐书·高仙芝传》第一百四十卷。

撰。他在《在通过帕米尔的古道上》一文中曾有这样一段记述："喷赤河上的冰川和雪坡受夜间的影响，使河的流量减少了。同时也应注意到，在萨尔哈德的对面，河水在一片宽阔的河床上是分散流淌的。我于1906年5月来到萨尔哈德时，我证实了这点。只要在凌晨时涉渡，总是可以成功的。"①高仙芝攻占连云堡后又翻越了坦驹岭，攻入小勃律。坦驹岭是什么地方？根据斯坦因的考察，坦驹岭就是现在的达科特山口。达科特山口是兴都库什山南麓的一个山口，这里的山峰海拔5000多米，山口海拔4600多米，从山口到谷底是长达数十公里的冰川，翻越此岭十分艰险困难。《新唐书》说高仙芝率军到达此地后，兵士看到"坦驹岭岭峻绝下四十里"②，不敢翻越。他即派数名士兵，假扮当地人前来迎接大军。军心安定后，高仙芝先派千名精锐部队冒死越岭，攻入小勃律。斯坦因认为《新唐书》的这个记载与达科特山口的情况完全相同。"因为达科特的南坡正如我于1913年攀登时所发现的以及所有以前的记载中所正确地着重指出的，是非常陡峭的。这条路大部分是卵石和光秃的岩石，中途有一段很多裂缝的冰川同它交叉，在五英里略多一点的距离内下降几乎五千英尺，才通到一处'达尔班德'遗址。""当我于1906年5月1日从山顶上往下瞭望，透过朵朵浮云的间隙，看到了似乎无底深渊的河谷时，我就很能理解高仙芝的谨慎的勇士们不愿再继续前进的原因了。这种印象在向南看到了高耸在亚辛河谷上端的超越三千英尺的冰结山壁，以及在北面与我前面的深渊相对照的大片广袤的缓坡斜倾的万年积雪的冰川时，显得更加强烈。考虑到了中国的记载与达科特的地形如此符合，我们就不应

①《喜马拉雅学刊》第四卷，1932年10月。
②《旧唐书·高仙芝传》一三五卷。

再踌躇不决地承认,'坦驹'一定是'达科特'以前的一个别名,是根据不完善的中文译法的尽可能正确的音译。"①

斯坦因在实地考察高仙芝整个进军路线之后,对这次进军所表现出的非凡勇气赞叹不已,他以后回忆说:"在那时我觉着可惜的是,这位勇敢的中国将官竟不在达科特隘口建立纪念碑之类的东西以志此事。就所遭遇的困难而言,横越达科特及帕米尔,较之欧洲史上从汉尼拔以至于拿破仑同苏沃洛夫诸名将之越阿尔卑斯山,还要困难呢!"②

斯坦因在考察了高仙芝在帕米尔的行军路线后,走出瓦汉走廊,向塔什库尔干前进。在路途中,他考察了另一个古代遗址。这是一个古城堡,当地群众称"公主堡"。关于这个公主堡的来源,从唐代以来就流传着一个动人的传说。当年玄奘从印度归国,路过竭盘陀(今塔什库尔干),听到这个传说,以后被记在《大唐西域记》中。这个传说的大体内容是:这里本是葱岭中一片荒原,很早以前波斯国王聘娶了一位中原的公主,派人专程前往内地迎娶。公主等行至此地,适逢兵乱,交通断绝,不能前行。迎亲官兵遂在一孤峰上修建住室,将公主置于其中,峰下四周设置警卫,昼夜巡逻,以防不测。一晃三个月过去了,乱事平定,迎亲队伍准备启程。突然发现公主已身怀六甲,迎亲使臣和官兵惊慌恐惧,不敢西行。大家反复商议,仍一筹莫展,不知所措。正在这时,公主的使女对诸迎亲使臣说:每天正午,有一男子从太阳中乘马飞行至此,与公主相会,遂得怀孕。这是天神之事,与你们无关。迎亲使臣听此言后,明白了事情的原委,但仍不敢回国交令。最后

---

①《英国地理学刊》,1922 年 2 月,第五十九卷,第二期。

②斯坦因著,向达译:《斯坦因西域考古记》,中华书局,1946 年,31 页。

大家商定,以公主为王,建国于此。于是大家在这里修筑房屋、城寨,制定各项制度,设立各级官吏,遂成揭盘陀国。公主产期到后,生一男孩,长大后继其母为国王。此人有"飞行虚空,控驭云风"之能,远近居民皆愿归附于他。玄奘到揭盘陀国时,当地人都说揭盘陀国王族即此人的后代。由于他的母亲是中原汉族,父亲是从太阳里来的天神,所以揭盘陀国的统治者自称是"汉日天种"。

斯坦因对这个故事很感兴趣,因此他在到塔什库尔干去的路上,一直在设法寻找"汉日天种"的遗迹。他从当地居民中了解到,在塔什库尔干附近有一个叫"公主堡"的遗址,并且真的找到了它,这个古遗址位于塔什库尔干河上游左岸,在塔什库尔干以南六七十公里处。遗址果然建造在又高又陡的石崖山脊顶上,塔吉克语称"基兹库尔干"。这就是传说中那个公主住过的堡垒。在唐代,这个遗址就应该存在。它用土砖与松枝相间垒成,与汉代城堡建筑的方法完全一样①。其修建的时间,大约在汉、魏之际。波斯王迎娶中原公主的事虽不见于记载,但这个传说说明,帕米尔地区确实从很早以前就是陆路交通的重要通道。

二、埋藏在沙海中的瑰宝

我国新疆南疆地区气候温和,雨量充足,虽有沙漠居中,但绿洲片片,河流纵横,地势平坦,宜农宜牧,而且地处亚洲中部,自古以来是东西方交通的枢纽,是各种文化荟萃交融之地。早在公元前,在塔里木盆地中,环绕塔克拉玛干沙漠的一些绿洲上,就建有许多城镇,农业发达,商业兴旺。随着丝绸之路的发展,锁罗亚斯特教(即祆教)、

①斯坦因著,向达译:《斯坦因西域考古记》,中华书局,1949 年,34 页。

佛教、伊斯兰教等在这里交相流传。特别是佛教,在 10 世纪以前十分兴盛,各地寺院林立,佛塔遍地,建筑金碧辉煌,规模宏伟。但是由于战乱的破坏以及自然条件的变化,一些河湖枯竭,沙漠日益扩大,居民向塔里木盆地边沿迁徙,原来的许多城镇淹没于沙漠之中。多年来,在塔克拉玛干沙漠中被埋没的古代遗址和遗物,附近的居民时有发现,并经常有人前往"找宝"。随着找宝队伍的扩大,我国古代文物大量被外国人骗买或窃走。这些流落国外的文物曾引起外国考古学家的巨大兴趣,同时也有一些外国人,如普尔热瓦尔斯基、斯文·赫定等,都曾发现过和考察过不少掩埋在沙漠中的古代遗址,并窃走了许多文物。斯坦因作为一个考古学家,正如我们前面曾说过的,他第一次来我国西北考察,其目的就是要亲自考察流传到外国的那些文物的发现地并继续寻宝。因此在他的考察活动中,探察塔克拉玛干大沙漠中的遗址,占着首要的地位。他在三次考察中,集中力量对塔克拉玛干大沙漠中的丹丹乌里克遗址、尼雅遗址、米兰遗址以及楼兰遗址等都进行了考察,发掘出了大量绚丽灿烂的古代瑰宝。

1. 在丹丹乌里克遗址

新疆于阗县境内有一条发源于昆仑山,向北流入塔克拉玛干大沙漠的河流,叫克里雅河,又称于阗河,丹丹乌里克遗址就在克里雅河下游西部的塔克拉玛干大沙漠中。斯文·赫定根据和阗人的指引曾到过这里,并将这个遗址的简略情况向欧洲学术界作了报导,引起欧洲学术界的极大兴趣。

1900 年底,斯坦因到达和阗,考察了古代于阗国的首府约特干(在县城西十几公里处拉依喀附近),又于 1901 年初从和阗出发,向东北进入沙漠,经十多天艰苦行程,找到了丹丹乌里克遗址。

这个遗址当时南北长两公里多,宽约一公里,遗址已处于被沙土半掩埋的状态,在低沙丘里,疏疏落落地耸立着一些小的建筑遗物。

由于常有找宝人光顾，许多地方已被挖掘得坑坑洼洼。斯坦因从垃圾堆中找到的铸有开元、天宝年号的古钱①，准确无误地表明，这个遗址最迟是公元 8 世纪的建筑。

斯坦因在这里挖掘了 14 天，他发现这个遗址中大部分是佛教庙宇。他们在这里找到的很大一部分遗物是佛教壁画，还有不少画在木板上的版画，这些版画显然是木结构庙宇中的装饰物。这种佛教画像，一般都表现有特定的佛教故事。斯坦因在这里发现的一块版画上面画着一个奇异的鼠首人像，与其他神并列于版画之上。佛教徒虽各地均有自己民族、地区的特点，但供奉鼠首人像的，倒是少见。后经斯坦因等人研究，认为这幅画与《大唐西域记》中记载的一段故事很有关系。这个故事说：古代西域地区对鼠及鼠王十分尊敬，某次匈奴人大举入侵，群鼠将匈奴人的马具啮断，致使匈奴军大败，此国得以保全②，所以当地人将鼠奉为保护神。此外，《新唐书》也记载，和阗西边沙迹中，鼠大如猬，毛色金黄，相随于人后，无人敢伤害它③。这幅画画的正是当地人尊奉的鼠神。直到斯坦因考察和阗的那个时期，由此沿袭下来的这类故事还在当地居民中广泛流传，只是其内容和形式都有些变化，成为适应于伊斯兰教，并掺杂了伊斯兰教内容的一种故事。

斯坦因在这里发现的另一块版画也很引人注意。画版中央画一盛装贵妇，花冠长发，端坐于中，左右各有一妇踞坐两旁，左侧之妇左手指着贵妇人的花冠。贵妇与左面妇女间，有一盂或篮，盛满圆形果实类物品，贵妇与右面妇女之间，画有一长方多面形物品，画版中

---

① 斯坦因著，向达译：《斯坦因西域考古记》，中华书局，1946 年，3 页。
② 《大唐西域记》第十二卷。
③ 《新唐书·西域传》二二一卷。

后方还有一高坐于上的四臂神像。这块版画显然表达着某种内容。斯坦因后来经反复思考,始得解释出这幅版画的内容与《大唐西域记》中的另一段记述有关。《大唐西域记》记载玄奘经过于阗时,听到当地人关于养蚕业传入于阗的传说故事。这个故事说:瞿萨山旦那国(即于阗)原来不知养蚕缫丝之事,后来听说东国会养蚕,即造使求蚕种。但东国君对蚕种及养蚕法密而不赐,并严令禁止国人将蚕种携出。瞿萨旦那国王想出一条妙计,派人至东国,请东国国王将公主下嫁瞿萨旦那国王。东国国王答应了这个请求。在迎亲时,瞿萨旦那国使臣密告公主说,我国无养蚕缫丝之业,请公主自带蚕种,否则将无丝锦绸缎可用。公主知国中严禁蚕种外传,遂于临行时命将蚕种暗藏于花冠之中,躲过边关的检查,带到了瞿萨旦那国。由公主亲自择地种桑,育蚕,又缫丝织绸。自此植桑养蚕、缫丝织绸之法遂传入这里。数年之间,于阗成为西域丝织业的中心。这个故事也被写入我国"正史"①。上述版画上反映的正是这件事。中坐者是那位公主,左边侍女左手指向公主的花冠,绘画者用此来表示公主花冠下藏有蚕种。左边篮中所盛之圆形果实,显然是蚕茧,右边一长方多面物是二架纺车。这一幅画是用来说明养蚕缫丝业传入于阗的传说。在当时佛教盛行的情况下,这些传说又被披上神秘的外衣,成为佛祖赐化万物的佛教故事,并被画上了寺院的墙壁。这些版画的发现说明,《大唐西域记》的记载,如实地反映了当地的情况和传说,是一部完全可信的著作。

还有些版画也很有特色,对研究古代西域历史有很大用处,如斯坦因住在一座小寺院时发现一块当作供养用的、保存完好的画板上,

---

①《新唐书·西域传》二二一卷。

画着一位服饰很特殊的菩萨,他身着一件锦缎外衣,腰间紧束皮带,足着高统黑皮靴,腰悬一柄短而弯的腰刀,头缠一条金色高头巾,极像波斯萨珊朝万王之王的帽子,围巾从颈部垂下缠绕着腰部,长而红的脸,鬈发,浓眉,黑而密的胡须,盘腿坐于绣墩之上,在这个形象的下面,还绘有一个三头魔王。从整个佛像的形态、长相和装束看来,这幅像完全属于波斯风格。15 年以后,斯坦因在第三次考察我国西北地区之后,曾到伊朗进行考察,他在伊朗东南部锡斯坦省的科伊卡瓦哲小山古代遗址中,找到一幅壁画,这幅壁画中画有 7 世纪著名的波斯史诗的主人公罗斯坦。这个人物在古代波斯人中很有影响,他被描写得十分英勇强悍,法力无边,曾战胜群魔并使之为其效劳,是波斯人十分尊敬的神话英雄。而伊朗遗址中的这个罗斯坦,竟与斯坦因在丹丹乌里克发现的这位波斯菩萨的装束、形态相近。显然正是这位波斯神话英雄在波斯受到普遍尊敬的时期,也被画家搬到了七八世纪的于阗佛教寺院中,并被赋予佛的形象。版画中那个三头魔王的形象,也很清楚,就是被罗斯坦征服的群魔。这幅版画生动地表明,唐代我国与波斯和其他地区确有十分密切的经济、文化交流,这不仅有大量文字记载,而且得到实物的证明。

在丹丹乌里克遗址中,斯坦因还发现有大量的古文书,他在一些遗址的沙迹堆的底层,发现了长条单页的纸质写本,还有捆成小捆的纸片。斯坦因靠他丰富的文字知识,很快就认出其中有古印度婆罗谜字母写的,也有古印度梵文佛经,另外还有一种他不认识的文字,以后研究者称这种文字为于阗语文字,这是一种在公元 5 世纪流行于古于阗国的文字,有人认为它与贵霜语言类似[1]。在发现的古文书中,

---

①羽田亨著,耿世民译:《西域文化史》,新疆人民出版社,1981 年,51 页。

最多的当然还是用汉文写的各种文书。汉文文书主要是一些借款、还款的字据以及当地官吏的呈文等等。从这些文书上看到,这个地区被称为乐谢,遗址中的一座寺院名为护国寺。文书大部分写有年代,自建中二年(781)到真元七年(791)不等。这足以证明,这个遗址至少至8世纪后期仍然是一片人烟稠密的城镇,这个遗址当时为什么会废弃呢? 欧洲学者一般主张,塔克拉玛干大沙漠中的古代居民遗址,大多是由于地理和气候的突变所造成的悲剧。斯坦因几次到达这里也都一直在考察这个问题。他发现此地之所以能建立城镇,供人们居住,全靠有完整的灌溉系统,他发现丹丹乌里克遗址的灌溉支渠整齐而密集。很显然,这么多修筑在沙漠中的灌溉渠道,需要有经常而严密的管理制度,一旦管理松弛和混乱,这里的居民只有南迁,这就是这个遗址被废弃的原因。那么这种情况出现在什么时候呢?斯坦因认为就是在他发现的文书上所载最后年代的那个时期。这个推测是有一定道理的。斯坦因发现的文书上的年代,最迟是唐朝贞元七年(791)。这一年在西域确实发生有一件重大事件。吐蕃在7世纪强大以后,利用安史之乱的机会,势机向北推进,占据甘肃河西一带,切断了安西都护府、北庭都护府与朝廷的联系。但西域官员仍通过蒙古的交通线与唐政府保持联系,并坚守西域各地。到贞元七年,吐蕃大兵进攻北庭(今吉木萨尔),攻占北疆,北庭都护杨袭古又被杀,安西都护也与唐朝政府失去联系,南疆各地遂陷于混乱之中。在这种情况下,丹丹乌里克一带行政管理混乱,官员逃走,灌溉系统无人管理,最后使这里的居民南迁他处,而这座曾经繁华一时的城镇逐渐沦为沙海。

丹丹乌里克遗址是古代的什么地方呢? 在唐代,这里属于阗国。斯坦因曾在丹丹乌里克遗址以南60多公里处,发现一个叫乌曾塔地的遗址。据斯坦因考证,似为《大唐西域记》所说之媲摩,丹丹乌里克

也很可能是媲摩城郊的一处佛教圣地。"丹丹乌里克同媲摩的废弃，都由于同样的原因，即这些突出(于沙漠中)的居住地方不能维持有效的灌溉。"①

2. 尼雅遗址

1901年斯坦因考察丹丹乌里克遗址之后，又到了尼雅遗址。这个遗址在尼雅河下游塔克拉玛干沙漠中，位于民丰以北100多公里处，斯坦因从丹丹乌里克横越沙漠东行，三天后到达克里雅河，然后溯克里雅河南行，到达今于阗(又称克里雅)。在克里雅，斯坦因从当地老人中听说在尼雅(即今民丰县)以北沙漠中的大麻札不远处，有埋于沙中的古代房屋，于阗和尼雅当地的老百姓经常前往寻宝。斯坦因还从当地居民中得到从那里取来的两块木板，木板上写有佉卢文字。这使斯坦因极为兴奋，并决计立即前往亲自考察。

从民丰沿尼雅河北行三日到大麻札。"麻札"是圣地之意。传说伊玛目(原意为领袖，伊斯兰教中为教长、宗教首领之意)札法沙狄克马萨埋葬于此，被当地群众尊为圣地，经常有礼拜者来此朝拜。尼雅遗址就在大麻札以北十多公里处。斯坦因到遗址后，很容易地找到了大量写有文字的木片，在有些房间中，佉卢文木片一堆一堆、一捆一捆地堆放在墙角，更多的则散埋在沙土中。这些木片在当地的气候条件下，保存很好。

佉卢文又称佉卢虱底或驴唇体文，属塞姆(闪)语系的阿拉米文系统，是古代印度的一种文字，用来表达古代印度俗语，在孔雀王朝时期(公元前4世纪至前2世纪)，盛行于古代印度西北部及阿富汗一带。公元四五世纪时因受梵文排挤，逐渐绝迹。在印度、巴基斯坦等

---

①斯坦因著，向达译：《斯坦因西域考古记》，中华书局，1946年，50页。

地虽有一些佉卢文的铭文，但数量很少。这种文字自右向左读，由于字体过于弯曲，发音和语义均无定准，因此识别十分困难。斯坦因在到我国西北探险前，在印度曾对佉卢文进行过研究，他在我国西北地区发现这个早已绝迹了的文字，真是喜出望外。从在尼雅以及后来在安得悦、楼兰等地的发现来看，由于古代中西文化的交流，在公元前后直到公元三四世纪的这段时间内，佉卢文曾经成为我国西域东南部一带的通用文字。斯坦因把从我国窃去的佉卢文交由英国剑桥大学马拉普逊教授、巴黎的塞纳先等人共同研究解释，并将原文编辑成册，于1902—1928年陆续出版，又由贝罗将其译成英文于1940年出版。

斯坦因两次在尼雅遗址发掘出数量庞大的佉卢文木片，其中有长方形的，最长的达3米，而更多的则是楔形木片，长自18厘米至38厘米不等，每两块紧缚一起，下面一片写有文字，上面那片盖在有文字的那面之上，有时下面一片写不完，上面一片靠里的一面也有文字。上面木片外部刻有几条凹形槽，便于绳索捆缚，有些木片在发现时仍捆在一起。在绳子上还拓有封泥，封泥上印有印章和其他标记，很明显，上面这块木片以及绳索、封泥等起着信封的作用。这种两片紧缚在一起的文字木片，就是中国古代的信。由于两片木片紧缚，下面一片木板上的文字墨迹依然"犹如昨日所写的一般"[1]。这种信上的封泥也很有意思，有的封泥上印有希腊女神雅典娜的像，以及其他一些希腊风格的像，也有汉字"鄯善印记"之类的印章。

斯坦因所收集的遗物中还有一些写在羊皮上的佉卢文，羊皮作长方形，一般制作精细，大小不等，均卷成小圈。斯坦因1901年第一

---

[1] 斯坦因著，向达译：《斯坦因西域考古记》，中华书局，1946年，55页。

次到尼雅时,发现汉文木简很少。1906年第二次到尼雅时,除了继续发现了大量佉卢文木片外,还发现了不少汉文木简。斯坦因将这些木简等拿到欧洲,经一些学者考证,知道其内容十分复杂丰富,除了有私人书信之外,大部分属于公文。其中有给地方官的报告、上级官员给下级的命令,内容涉及地方上的管理、社会秩序、申诉书、传票、过所(即护照)、逮捕文书、各种记录、账目、名单等等,还有私人契约、借卷以及佛经等。

斯坦因发现的这个遗址是历史上的什么地方呢?尼雅遗址十分庞大,南北达22公里多,东西宽6公里多。遗址由好几处组成,这些遗址中有佛教庙宇,有大小不等的各种单间的或成套的房屋,其中有一栋房屋中间的大厅长达20多米,宽约9米,雕梁画栋,十分华丽。花园的遗址也十分清楚。街道整齐宽阔,道路两旁种有各种树木,其中有大量的白杨树以及桃、果、梅、杏、桑等树。还曾发现巨大的果园一座,各种果树同葡萄架的行列都很整齐。特别是发现了一座长达30多米的桥,桥下有一条十分明显的干河道的痕迹。这干河床的痕迹可以追寻3公里多。在这个遗址中还发掘出大量的武器、毛织物、丝织品和家具等。毛织物残片和木制家具残件都十分精美。一块“很美的毛织残片上作细致的几何形图案,配以和谐协调的颜色,稍加拂拭,便呈露出原来的灿烂”①。一张只剩底座和四条腿的木椅,雕满各种花卉,从它的华丽精致可以想见,使用这把椅子的人一定是当时身份很高的人物。从出土的文书和各方面的情况来看,这个遗址就是《汉书》中所说的精绝国的政治中心。

精绝是西汉时期西域三十六国之一。据《汉书》记载,其地“厄

---

①斯坦因著,向达译:《斯坦因西域考古记》,中华书局,1946年,59页。

陋",人口有 480 户,3360 人,设都尉等官①。由于它深入沙漠之中,不是丝绸之路的孔道,因此在西域历史上的作用不甚显著,与外界联系也较少,因而历史记载不多。

这里是什么时候被废弃的呢?后汉初,精绝为鄯善所并②,以后自立为国,至晋初又为他国所并③,此后就不再存在。但人们在这个地区活动的时间,却要比精绝国存在的时间长。斯坦因发现的文书中的年号,最迟是晋武帝泰始五年(269)。斯坦因在这里发现的木简均由法国汉学家沙畹考证,1913 年沙畹曾将几枚汉字木简交罗振玉先生,罗又将木简交王国维先生考订。其中一条有"晋守侍中大都尉奉晋大侯亲晋鄯善焉耆龟兹疏勒……"等字样,简中有"晋",其时代很明显。其内容经王国维先生考订,简中官号也是西晋时期之官号,说明此遗址最迟在西晋时仍有居民活动。

3. 在米兰遗址

1906 年斯坦因在尼雅遗址进行第二次发掘之后,他打算由这里经沙漠到若羌,然后到楼兰遗址去进行考察。1906 年 11 月,他从尼雅出发,向东北部的沙漠深处前进到达安迪尔遗址。这个遗址在民丰县境内安迪尔河下游北部的沙漠中,1901 年斯坦因就曾到过那里。他在这里清理了一所小佛寺,发现了一些藏文佛经残本。庙中还有一块汉文碑,记唐玄宗开元七年之事。他 1906 年到达这里后,又发现了不少佉卢文木牍,这显然是西晋时期的遗物,说明这个遗址亦甚古,直至唐代还相继有朝廷官员和吐蕃人活动于此。现在有些学者认为,这里

---

①《汉书·西域传》卷九十六。
②《后汉书·西域传》。
③《海宁王静安先生遗书》第 17 卷,见《观堂集林》。

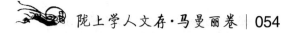

就是唐朝兰城守捉所在地。

1906年斯坦因在安迪尔遗址稍事停留后,继续东北行,经塔克拉玛干沙漠东南角到达且末。在这里作好进入楼兰遗址的准备后,即继续北行。在到楼兰遗址的中途,他们于今米兰河北部发现了一个遗址。这个遗址距若羌80公里左右,周围极其荒凉,但有一小河流经此处。他们最先从一些破屋中挖出数以千计的藏文文书和木简。很明显,这是公元八九世纪唐代吐蕃占据这里所留下的遗址。这些文书和木简的内容,据以后的考证,主要是有关军队戍守、要求供应粮草、支援人力的报告以及军队调动的记录等,也有一些佛经。这些文书的发现,说明这里曾经是吐蕃的一个军事屯戍点,同时也为我们研究吐蕃统治下的西域,提供了宝贵的资料。

在这些藏文资料中,还提到大纳布城和小纳布城的名称。斯坦因认为,纳布与《大唐西域记》所记玄奘所经的"纳缚波"都是罗布泊的不同译音,古代因此地有罗布泊,所以将罗布泊一带地区均称罗布。而大纳布城,即今若羌(清代又称卡克里克),小纳布城,即米兰遗址(今为米兰农场所在地)。他还认为,从这里所发现的遗物看,在汉代,米兰遗址和今若羌即为古代的扜泥和伊循两城[1]。这个推论为许多学者所反对。现在一般认为,若羌为古代鄯善国之都城扜泥,而米兰遗址为汉朝派兵屯田驻守之伊循城。但是他同时也认为,"有不少理由使我深信,卡克里克在昔日为罗布淖尔全境最重要之中心"[2],因为这里地处和阗到敦煌之间,是东西往来的要津,也是西藏到吐鲁番及北

---

①斯坦因著:《契丹沙漠中的废迹》,第一册,1912年,419页。

②斯坦因著:《契丹沙漠中的废迹》,第一册,1912年,343页;《马可·波罗行记》第一册。

疆的要道。因此,若羌成为古代这一地区交通的交叉点。特别是从西方来的商队,只有在这里准备粮食、饮水,始能越过可怕的库姆塔格沙漠。

在这个遗址中,斯坦因发现了多处佛教庙宇,这些庙宇中有许多泥塑大佛像,有些坐像从膝以上就高达两米多。在许多庙宇的墙壁上,绘制有大量的壁画,有的已经残破,也有一些保存很好,内容多是佛教故事,也有一些是世俗供奉者的画像。特别是在一所中央筑有一塔的大殿内,在墙上画有带双翼的天使,斯坦因认为这种形象与希腊神话中带翼的爱罗神有直接的渊源关系,这种形象的画像在西亚很多地方流传着,它在这里却表示佛教神话中名为犍达婆的飞天。在这类壁画旁边还有佉卢文的题记。在一幅释迦牟尼本生故事壁画的白像膈窝上,有画家用佉卢文写的三项题记,内容是作者的名字"Titus"和他所得的报酬的数目。据斯坦因考证,这个作者的名字"在印度语和伊兰语中都找不出根源,我觉得这就是将罗马人名丁 Titus 一字译成梵文雅语同俗语所应有的变化"[1]。这些壁画应是三四世纪之物。米兰遗址和尼雅遗址一样,都曾经历过几个时代,一直到唐代后期始成为废墟。

4. 在楼兰遗址群

前面我们曾提到,1906 年斯坦因第二次新疆之行的目标,是要到 1900 年斯文·赫定等人去过的楼兰遗址。他沿途经过上述三个沙漠遗址后,于 1906 年 12 月由米兰遗址继续向东北行,于 12 月 18 日到达斯文·赫定等发现的古楼兰遗址。这里虽被斯文·赫定窃走不少文物,但古代佉卢文文书、汉文文书、木简、丝绸、毛织等遗物,仍随手

---

[1]斯坦因著,向达译:《斯坦因西域考古记》,中华书局,1946 年,89 页。

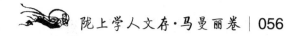

可得。汉文文书多是公元三四世纪时期之物,其中一件是330年的文书,还用着"建武十四年"的年号。实际上建武年号只二年即已改元,但这个据点由于与中原交通断绝,信息不通,因此一直沿用建武年号直至十四年。这也是楼兰发现的最晚的文书。斯坦因发现的汉文文书有从西域长史发出和呈长史的报告,大部分是关于当时屯区的文件,如粮食种植、存贮、运输之类的记录,对于官吏兵士口粮供应问题的命令等。这些文件表明,在三世纪时,这里显然已是丝绸之路上的一个重要据点。斯坦因从自己所得汉文木简文书中进一步证明,遗址地名确是楼兰。"在公元前二世纪的末了,中国所辟到塔里木盆地的古道上,此地正是西边的桥头。"[①]经斯坦因的考察,楼兰遗址四周原修筑有城墙,城堡内部长方约一公里,这是斯文·赫定等人未曾发现的。

斯坦因在楼兰遗址东北6公里左右的地方,又挖掘了一座墓葬群,这可能是楼兰城居民的墓地。从墓葬中出土的有铜镜、木制兵器模型、家具、汉文文书等。特别使斯坦因惊奇的是那些光怪陆离、十分精美的织物,其中有彩绢、花毡、丝绣、堆线毡以及粗制毛织物等等。根据遗物考察,这个墓葬属公元前后,即西汉末期。墓葬中这样众多的丝织物,反映了这个丝路要道的繁荣。

斯坦因还在楼兰遗址东北不远的地方发现一座小碉堡,从这里出土的汉文文书中知道,这座碉堡建于公元前104年(武帝太初元年)[②]。在碉堡附近的坟墓中,发现了一具年轻人的尸体,保存完好。他脚上穿红色皮靴,裸体,用一块毛毯裹着,头戴一顶毡帽,上面插着羽毛,还有一个用兽尾做的冠缨。尸体旁尚有其他陪葬物[③]。

---

①斯坦因著,向达译:《斯坦因西域考古记》,中华书局,1946年,99页。
②斯坦因著,吴传钧译:《罗布沙漠考察记》,《新中华复刊》第二卷,第五期。
③斯坦因著,吴传钧译:《罗布沙漠考察记》,《新中华复刊》第二卷,第五期。

斯坦因在楼兰遗址发掘了四天之后，又移向楼兰遗址以西近13公里的一个遗址。这里是斯文·赫定首先发现的，但他未仔细挖掘。据斯址因考察，这个遗址规模亦很宏大，他在这里发现了许多精美的用于装饰房屋、家具的木刻残片，极漂亮的丝、毛织品，革鞋式样的鞋子等。遗址中也有用篱笆隔开的果园。他们在这里发掘六天之久，由于饮用水所剩无几，只好于12月29日返回若羌。到1914年，斯坦因又曾在米兰以北发掘两个遗址，其遗物与这一地区其他遗物类同。这些遗址都与楼兰国有一定关系，因此可以称为楼兰遗址群。

斯坦因所考察的丹丹乌里克遗址、尼雅遗址、米兰遗址和楼兰遗址群，都是沙漠深处的古代遗址。每个遗址又都位于一条干河床的末端，说明这些河流当年曾流入沙漠，使这些遗址得以维持。同样，由于河流干涸不能继续流入沙漠，居民点也就只好废置。

这四个遗址中都发现了大量古代文物，除了上面逐个所说的情况外，还有两点值得注意，首先，在这四个遗址中除了发现汉文文书、木简之外，还发现有大量其他文字，其中有古于阗文、佉卢文、古突厥文、古藏文和粟特即窣利文。这些文字的发现，说明古代西域地区民族众多，语言复杂，文字不一，是东方民族、文化交流的一个大熔炉，是我国历史巨册中具有独特光彩的一页。这些古文字的发现，补充了我国历史文献的不足，打开了人们对西域历史研究的眼界，丰富了我国西域史的研究。

其次，这些遗址中出土了大量佛教塑像、壁画和雕刻。据斯坦因等人的研究，这些佛像，特别是壁画、雕刻的风格、构图、色调及用笔等，受希腊影响很深。有些壁画的人物，就直接来源于希腊神话。这种看法除了根据壁画本身的特点以外，也有历史事实的根据。

公元前4世纪时，希腊马其顿王亚历山大东侵，兵锋所及达到中亚及埃及，并建立了西起尼罗河、巴尔干半岛，东至印度河的亚历山大帝国。这个帝国的起源虽在欧洲,但其大部分领土却在东方。为了巩固自己的统治,帝国的统治者不得不把巩固对东方的统治作为自己政策的基础。他们的一个基本政策就是使被征服各地和民族希腊化。帝国统治者在非洲以及亚洲许多地区建立以亚历山大命名的城市,一面屯兵驻守,一面移民通商,作为推行希腊文化的据点。它还提倡马其顿人、希腊人与东方人通婚,将希腊人大量移至东方,在征服地推行和使用希腊语言等等。随着这些措施的实行,希腊的经济、文化确实在东方许多地方产生了影响。特别是在古代巴克特里亚(即大夏)范围内(阿姆河上游至印度河之间),希腊化推行更为有力。希腊早在公元前 6 世纪就创造了灿烂的文化艺术,特别是希腊古代雕刻、绘画的技艺,正如马克思称赞的那样:"至今还继续供给我们以艺术的享受,而且在某些方面还作为一种标准和不可企及的规范。"①因此在古代,希腊雕刻、绘画,确实是世界艺术高峰之一。这种雕刻、绘画自然对大夏的影响十分强烈。公元前 2 世纪初,贵霜王朝在古大夏地区兴起,其统治者大力推行佛教,并采用希腊式的雕刻、绘画作为宣传、表现佛教的手段。由于今巴基斯坦的白沙瓦和阿富汗东部一带古代被称为犍陀罗,而这种美术又兴起于此地,所以这种以希腊雕刻、绘画艺术为形式,以佛教为内容的美术,就被称为犍陀罗式美术。斯坦因在考察我国沙漠中这几个遗址的佛像雕塑、庙宇壁画后得出结论,认为它们都属于这种犍陀罗式美术。对犍陀罗式美术的内涵,一些专门研究佛教艺术的学者,也各有不同看法。有的认为对于这种美术的形式,单说是佛教和希腊文明的结合是不够的,应该把这种美术看作是"印度的感

① 《马克思、恩格斯、列宁、斯大林论艺术》,人民文学出版社,1958 年,59 页。

情与希腊的美的协调的结合"①。

对这种美术产生的时间,有人认为是公元前二世纪半,有的认为在公元前一世纪,或称在迦腻色迦王以前不存在等等②。对这种美术在中国的发展,一般认为在西域发现的三四世纪的佛教美术与犍陀罗美术十分一致,五六世纪的佛教美术具有最接近犍陀罗美术的要素;七世纪时的佛教美术,即唐以后,则具有明显的中国本身的特点③。斯坦因在丹丹乌里克遗址、尼雅遗址、米兰遗址以及楼兰遗址群中发现的佛教美术,各期均有。

斯坦因在塔克拉玛干沙漠中发现和盗掘的文物,都是我国的稀世珍宝,对研究我国新疆历史和东西文化交流,是极其珍贵的历史资料。但是由于当时清政府的腐败,这些珍贵的文物都被他成批地窃运到国外,目前主要保存在英国。

三、丝路古道和汉代长城

1907年斯坦因在考察楼兰遗址后,又从米兰出发,沿古罗布泊南部边沿,朝东北方向西行,穿过库姆塔格沙漠,在经古阳关遗址去敦煌的沿途,发现了很明显的古代道路的遗迹。他认为他所走的这条路,就是古代丝绸之路的一条通道。这条通道在楼兰改称鄯善,特别是在楼兰遗址废弃、鄯善国的政治中心移至若羌和米兰之后,就成为山中原沿昆仑山北能到于阗等地去的最主要的通道。斯坦因在考察这段古道时,还发现罗布泊东部有一个大盆地,内有一连串明显的干湖床。他认为这个现象说明,古代疏勒河(源出青海祁连山西段,西北

---

① 羽田亨著,耿世民译:《西域文化史》,新疆人民出版社,1981年,68页。
② 羽田亨著,耿世民译:《西域文化史》,新疆人民出版社,1981年,69页。
③ 羽田亨著,耿世民译:《西域文化史》,新疆人民出版社,1981年,70—71页。

流经玉门、安西和敦煌北部)曾从敦煌流经库姆塔格沙漠北部,注入古代罗布泊。因此他认为,古代罗布泊既是塔里木水系的汇合点,也是东部祁连山雪水的汇合点。

罗布泊南部丝绸之路的古道虽然也是一条重要通道,但文献记载中罗布泊北部的那条丝绸古道却更为重视,同时也是斯坦因渴望考察的一个地区。

1914年斯坦因第三次到我国西北考察时,就把考察罗布泊北部的丝绸之路作为考察重点。

1914年2月,斯坦因从若羌向东北出发去寻罗布泊北部的古代丝绸之路的痕迹。他经过楼兰遗址,穿行于古罗布泊北部边沿。这里完全是硬盐层黏土地面,硬盐层皱成倾斜形大块,人和牲畜行走十分艰难,走一日路程,连骆驼的脚掌都被磨破,不得不给骆驼脚钉上皮掌。斯坦因一行在干涸的古罗布泊北部一直向东,"忽然前面有一个高达百余尺的陡壁挡住,这是古时的湖岸。回头西望,只见无垠的一片褐色盐池,这是古罗布泊北部的遗影"①。他们走出古罗布泊的干湖底,在湖的北部发现有驿站遗址,与楼兰遗址正好在东北方向的一条线上。他们在湖的北部找到了古代交通大道的痕迹,不时看到散落在古道上的钱币、金属器皿等物。在一段古道上,每相隔20多米,就散落一枚汉代五铢钱,由西南向东北,共有200多枚。这显然是行路的官员或商人从钱袋或箱子的破洞中漏出来的钱币②。路上还散落有一些崭新的青铜箭镞等物。

沿罗布泊北部东行,斯坦因进入白龙堆沙漠。白龙堆沙漠虽然极其荒漠,但古道痕迹却十分清楚。斯坦因站在一个高坡上看到一条由

---

①斯坦因著,吴传钧泽:《罗布沙漠考察记》,载《新中华复刊》第二卷第五期。
②斯坦因著,吴传钧泽:《罗布沙漠考察记》,载《新中华复刊》第二卷第五期。

车辆、牲口和行人踏压出的大道，由西方一直向东伸向遥远的前方。斯坦因在经过了这段由楼兰经白龙堆沙漠的丝绸古道后，曾十分感慨地说："中国文书上所说如此伟大的贸易，通过自古以来便已无水、无燃料、无草，穷荒不毛的那一条近两百公里长的大路，是怎样组织、怎样支持的问题，我无需乎在此处讨论。这在文明的交流上，有极伟大的成就。……老实说，这可以视为精神胜过物质的一种胜利。"①

对汉代长城的发现和考察，主要是斯坦因第二次对我国西北考察时进行的。

1907 年 3 月，斯坦因经库姆塔格沙漠东行。在今若羌县东端的大盐泽盆地边沿，发现了一座高达七米的碉堡。这座碉堡全用土砖垒成，构筑方法也是两层土砖之间垫一层红柳枝，这种典型的汉代筑墙法，斯坦因从帕米尔到楼兰，曾多次看到。这座碉堡十分坚固，保存完好，像一座雄伟的宝塔矗立在平坦的荒野中。附近还有一些小的建筑物地基，看样子很像防守者居住的地方。在其附近还发现了一些毛织物、铁器、木器等物的残片。从以后的考察得知，这个碉堡正是一直延伸到罗布泊的汉代长城亭障的一个碉堡。

斯坦因离开了这个碉堡后不久，在新疆与甘肃的交界处，发现了一系列东西方向的碉堡群，它们在将近 40 公里的距离内，几乎排列成一条直线，其位置都是最理想举烽火之处。在其东部，斯坦因又突然发现附近平沙中露出一些苇束，再仔细一看，有一道墙基横过低地，一直向东展。追踪近五公里，这段墙始与另一高大碉堡相接。墙仍是两层土之间夹苇秆束筑成。这些相连的碉堡和墙，引起斯坦因极大的兴趣，他沿墙迹继续东行考察，这条墙连续不断，仍是隔一段有一碉堡。可以看清楚的碉堡和墙的残迹，沿疏勒河北部，有一段延续

---

①斯坦因著，向达译：《斯坦因西域考古记》，中华书局，1946 年，115 页。

达 80 多公里。在斯坦因第三次到这里考察时,曾沿着这条墙,由古玉门关址起向东一直到额济纳河,再沿额济纳河北上,达居延海,其长度有 700 多公里。

从遗迹看,这段墙一般宽约两米半,有些残存墙的高度达三公尺多。斯坦因说:"我注视着耸立于前面的几乎垂直的城墙,不能不惊叹古代中国工程师的技巧。在这一望无际的沙漠中,无有一切出产,有些地方甚而滴水俱无,建筑这种坚固的城墙,一定是一桩很困难的工作。"①

斯坦因所发现的这段墙,一般是每隔一段不等的距离,就有一个碉堡。碉堡的基部方六七米,其上端逐渐缩小。碉堡多为实心,作瞭望之用,瞭望者用绳攀缘而上,碉堡位置一律选择在较高处,以便瞭望。这种墙显然就是古代的长城。

长城自秦始皇时始连成一线,东自辽东,西至临洮(今甘肃岷县,近来有人主张即在今临洮),这是人所共知之事。西边这一段长城是何时及如何修筑起来的呢?对这段长城,史籍中也有明确记载,它是随着汉朝势力的发展及汉朝与匈奴斗争形势的需要,分几次修建成的。

西汉武帝元狩二年(前 121)统辖河西地区的匈奴浑邪王等归附于汉朝,河西一带始为汉朝政府管辖。汉朝政府在河西设立了郡县,同时"筑令居以西"②,也就是"筑令居塞"③。所谓"塞",一般就是指长城这种防御建筑④。"令居"即今甘肃永登。这次修筑的"令居塞",大体

---

① 斯坦因著,向达译:《斯坦因西域考古记》,中华书局,1946 年,122 页。
② 《史记·大宛列传》第一二三卷。
③ 《汉书·西羌传》第一一七卷。
④ 张维华著:《中国长城建置考》上编,中华书局,1979 年,138 页。

是东起永登,西至酒泉[1]。这是汉朝在秦长城以西第一次修筑的长城。

汉得河西后,又派张骞二次出使乌孙等地,与西域各地建立了联系,丝绸之路正式开通,不久即出现了东西方使者"相望于道"[2]的局面,河西走廊遂成东西交通的咽喉要地。但匈奴贵族却不断侵袭河西,胁迫车师、楼兰,不时阻断通道,使刚刚开通的丝绸之路受到严重威胁,仅仅修筑令居塞已不能适应要求。在这种情况下,汉武帝于元封三年(前108)派兵击破被匈奴控制的车师和楼兰,清除了这一带的匈奴势力,又从"酒泉列亭障至于玉门"[3]。所谓"列亭障",也就是修筑长城。这是汉朝在西部第二次修长城。这段长城从酒泉修起,因此必然与"令居塞"相接。作为这段长城终点的玉门,并非古玉门关遗址,而是在敦煌以东今玉门县附近。

汉武帝太初三年(前102)又命强弩将军路博德屯军于额济纳河下游居延海,在这一带修筑长城,当时称"遮虏鄣"或"居延塞"[4]。"遮虏鄣"的起止虽无记载,但在当时情况下,短距离修建一些碉堡和城墙,对防止匈奴骑兵南下显然是无济于事的,所以它必然也是一条很长的防线,实际上就是由居延海溯额济纳河一直南下的那条长城,也就是说,它北起居延海,南至酒泉。

敦煌以西至罗布泊的亭塞是最后修成的。汉武帝太初四年(前102)李广利破大宛后,根据武帝命令,"自敦煌西至盐泽(即罗布泊——引者)往往起亭"[5]。所谓"亭",也是边塞系统中的一环,是管理

————————

①张维华:《中国长城建置考》上编,中华书局,1979年,147页。

②《汉书·张骞传》第六十一卷。

③《史记·大宛列传》第一二三卷。

④《汉书·李广传》第五十四卷。

⑤《汉书·匈奴传》第九十六卷上。

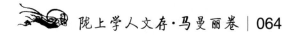

烽燧,传达警报的碉堡。这里所说"起亭",当然主要是修筑碉堡,但根据斯坦因实际考察,在这一段的东部,"亭"之间也有"塞",并与"酒泉塞"相接。斯坦因在敦煌以西的长城遗址中曾发现一枚木简上有太始三年(前94)的年号①。这说明敦煌西至罗布泊这一段长城的修筑年代,与起"亭"的时间是同时的。

随着汉朝势力的发展通过上述四次修筑障塞,从罗布泊经酒泉到令居,又从居延海到酒泉,形成了一条丁字形的汉代长城,斯坦因所考察的,正是这段汉代长城的一部分。

斯坦因在沿汉长城的许多遗址中,发现了大量古代遗物。他在敦煌以西的长城遗址中发现了300枚以上的汉代木简。木简上除了有上述太始三年的年号外,尚有太始元年(前96)、地节二年(前68)、元康三年(前63)、神爵三年(前59)等年号。有的木简重录或引述了关于在敦煌地区建立屯田以及建亭障的诏谕,也有关于军队的组织、部队的番号以及其他报告和命令等。在长城遗址中还发现有汉朝的度量衡、盛镞的盒子,还有一个小箱盖,上刻"显明燧药函"的字样。这说明每一碉堡均有名号,其设备,包括医药设备也都很齐全。对汉代长城的考察证明,汉代有一套完整的塞防制度。就以施放烽燧来说,文献上记载,传警报信时,一般是"昼举烽,夜燔燧"②。所谓"举烽",是在碉堡上设一桔槔,桔槔头吊一兜,内置柴草,白天有警,即将兜内柴草点着吊起,使之冒烟,即所谓"烽"。晚上有警,即将平时堆积于高地上的木柴堆点燃,火光冲天,直达下一碉堡,这就是所谓"燧"。因此又将举烽燧的碉堡称"烽燧"。斯坦因在考察中就曾发现一些举燧用的柴

---

①斯坦因著,向达译:《斯坦因西域考古记》,中华书局,1946年,127页。
②《汉书》四十八卷《贾谊传》。

堆,这种柴堆一般是将芦柴捆成束,再将它有规则的一层一层十字交叉堆成,每堆六七尺见方,高度一尺到六七尺不等。他也曾发现许多已经烧成灰的燧堆。此外,报警的方法除烽、燧外,在白天也用"举表"的办法。所谓"举表",即在天气晴朗的时候,高举有色长布等物以示警报。

斯坦因在长城沿线还发现有驿站、粮食仓库等遗址。从长城的遗物遗址可以看出,汉朝为了维持塞防,在人力、物力上花了很大代价。

斯坦因在长城遗址中还发现了一些粟特文文书。

粟特是古代中亚的一个古国,又称康居,其地域一般认为在阿姆河、锡尔河之间的泽拉夫善河流域,撒马尔罕是它的政治、经济中心。粟特主要居民的语言属印欧语系伊朗语族东支,他们使用的文字被称为粟特文,也称窣利文。据说,粟特人生子后,父母在婴儿口中放一点蜜,手中抹一点胶,表示希望孩子长大后说话和气,能赚钱积财。孩子五六岁就开始学写字,稍长就学习商业。所以粟特人经商者特多,而且善于经商①,撒马尔罕很早以来就成为东西方贸易的一个聚散地和中转站。我国古籍中关于粟特人来内地经商的记载十分丰富,粟特商人的足迹遍于天山南北和内地许多地方。因此粟特文书在我国时有发现。斯坦因在长城遗址中发现的主要是一些粟特文书信。据斯坦因推测,这很可能是公元一世纪时,粟特商人特意用当时只有中国才使用的纸作为书写材料,以便家人、朋友可以看到这奇异的"洋货"。以后经人化验,这种纸是丝麻织物的浆造成的,比东汉蔡伦所造的纸更为古老。

①《魏书·西域传》第一零二卷,康居条。

四、敦煌藏经洞骗宝

斯坦因于 1907 年和 1914 年两次到过敦煌。

他第一次在我国新疆探险后,曾听人说起敦煌千佛洞(又称莫高窟)有大量佛教壁画、雕塑,这引起他极大的兴趣,并决计于第二次到我国探险时,到敦煌进行考察。

1907 年 3 月,斯坦因到达敦煌千佛洞。

敦煌千佛洞是我国著名的石窟艺术宝藏。它在甘肃省敦煌县境内,位于城南 25 公里的三危山和鸣沙山之间的峭壁上。石窟开凿于前秦建元二年(366),经十六国,南北朝、北魏、西魏、北周、隋、唐、五代、宋、西夏、元等 1000 年间,数十朝的不断开凿,在 1600 米长的崖壁上,形成了上中下几层像蜂房一样大大小小的石窟群。其中有壁画和塑像的洞窟达 490 多个,里面珍藏着我国古代艺术匠师们创制的彩塑 2000 多尊,壁画 45000 多平方米,是世界艺术史上罕见的遗迹。

千佛洞的石窟艺术都以佛像、佛教故事为其内容。佛教自东汉传入后,很快得到传布。特别是十六国及南北朝时期,战乱不断,生灵涂炭,社会经济崩溃,人民生活十分艰难。于是以宣扬"因果报应,轮回转世""现世受难,来世幸福"为主要内容的佛教,在统治者的提倡下,得到了蓬勃发展。同时,曾在印度和其他地区流行过的一种在石洞中供养佛像以修来生的造像活动,传入我国。于是石窟寺的兴建,弥山满谷,雕像、画壁之风,到处兴起,我国新疆的于阗、库车、吐鲁番等处有,内地也有,而敦煌千佛洞则是我国现存规模最大,雕像、壁画最多的石窟寺。斯坦因当时所见到的千佛洞,还是流沙塞门,断垣残壁,无人管理的破寺。但当他看到洞内精美的壁画和雕像时,不禁留流忘返：认为其"美术价值之丰富，真可以使人惊心动魄"[①]。斯坦因在参观、欣赏了石窟中的壁画和塑像后，将全部注意力集中于藏经洞的卷子上。他一到敦煌，就听到说，几年前在一个洞窟内发现了许多古文书，他立即就想看一看这些东西。但主持这里香火的王道士（王元箓）外出化缘。斯坦因从王道士的一位徒弟处得知，几年前（1900）在一个石洞过道的右侧墙壁上，裂开一道缝，以后逐渐扩大，内中似乎还有一洞，王道士扒开一看，果然又是一洞，里面堆满了各种文书、画卷，王道士曾取出一些，又将此洞封好，不准他人随意观看，这个洞就叫藏经洞。斯坦因得知果有此事，遂下决心等王道士归来。两月后，王道士回到千佛洞，斯坦因立即要求王道士准许他查看藏经洞，但遭到王道士的拒绝。斯坦因从与王道士的接触中感到，在王道士的眼里，藏经洞的出现，是佛菩萨对他的某种恩惠和启示，其中的文书，是佛赐给他的某种天书，是不能随便出示他人的。针对这种思想，狡猾的斯坦因投其所好，利用王道士十分崇拜唐玄奘的心理，自称是玄奘的崇奉者，并说自己以玄奘为榜样，从他取过经的印度，万里迢迢地沿着玄奘走过的路，诚心来此取经，藏经洞的显现，说不定正是佛菩萨对他求经诚意的满足。

王道士果然为这一套鬼话所动，遂悄悄给斯坦因拿出一些卷子让他翻阅。说来也巧，最初从藏经洞中给斯坦因拿来的，竟然又都是玄奘从印度取回，并由他译成汉文的佛经卷子。于是这位满脑子充满因果报应、菩萨显灵思想的王道士，对斯坦因的鬼话更加深信无疑。"在这种半神性的指示的影响下，道士勇气为之大增，那天早晨将通至藏有镶宝的石室一扇门打开，从道士所掌微暗的油灯光中，我（斯

[①] 斯坦因著，向达译：《斯坦因西域考古记》，中华书局，1946年，139页。

坦因——引者)的眼前忽然为之开朗。卷子紧紧地一层一层地乱堆在地上,高达十尺左右。"①此后数天,王道士一捆一捆将藏经洞中的文书拿出来让斯坦因及其助手蒋师爷(蒋孝琬)翻阅。

藏经洞中的文书因为纸质精良,所以保存完好,有不少宽达一尺左右,长达两丈开外,卷成轴卷。也有的因存放时间过长,粘连一起,不易解开。其中最古的为公元5世纪之物,大都是汉文佛经,也有于阗文、龟兹文、突厥文、回鹘文、叙利亚文、印度婆罗谜文、梵文和藏文的卷子。藏经洞中还有相当一部分画卷,有的画在纸上,有的画在绢上,多为佛像,作为寺院旗幡之用。

在斯坦因骗走的画卷中,有一幅是雕版印刷的卷子,上面的年代是唐咸通九年(868),这是当时所知最早的雕版印刷品,在古文书中有一卷汉文摩尼教经典,还有用突厥文写的摩尼教祈祷圣诗的卷子。摩尼教是公元3世纪时由波斯人摩尼创立的宗教,它吸收了祆教、基督教、佛教等宗教的思想,形成自己的教义,主张善恶二元论,以光明与黑暗为善与恶的本源,宣扬善有善报,恶有恶报。它自7世纪传入我国后,曾在回纥等少数民族以及中原许多地区传布,曾成为一些农民起义的组织形式。摩尼教虽在我国有较深的影响,但其经典在此以前不曾发现,各国研究者只能从其他宗教反对摩尼教的有关著作中看到一些侧面。敦煌藏经洞中保存的摩尼教经典和其他有关文书,为研究摩尼教提供了最宝贵的第一手资料。突厥文写的摩尼教祈祷文,也是世界文化宝库中难得的珍品。

斯坦因从他所看到的藏经洞文书中,选出了完整无缺的文书3000卷,其他单页和残篇6000多篇,从画卷中挑选了500幅,共装了

①斯坦因著,向达译:《斯坦因西域考古记》,中华书局,1946年。

29 箱，运回英国。他以"布施"的名义给王道士银元宝四十锭，作为换取这些无价之宝的"代价"。

1914 年斯坦因再次来到千佛洞，当时藏经洞又经过伯希和等人的巧取豪夺，所剩已无多少，斯坦因通过王道士又骗购去了一些卷子。

作为当时西方的一个考察家，按他们行事的道德标准，用这种方式骗走中国的无价之宝，是不奇怪的。这个愚昧无知的王道士，把这样多的国宝出卖给外国人，也是个不可饶恕的罪人。当然我们也应看到，当时清政府的腐败无能，国家的软弱落后，应该是这一惨痛损失的根本原因，也是造就王道士这类人物，并使他逃脱应有惩罚的社会条件。

对斯坦因在我国西北地区考察的主要活动，上面作了简要介绍，但他的活动并不限于上述各地。他还考察过酒泉、张掖及其以南的祁连山和河西北山的合黎山、龙首山等，他沿额济纳河到过黑城子遗址，并进行了挖掘。他穿过河西北山到天山南麓、塔里木盆地以北，考察了吐鲁番的高昌古城遗址、交河古城遗址、阿斯塔娜墓葬群，伯孜克里克千佛洞，在焉耆考察了明屋遗址和博斯腾湖，在库尔勒考察了汉代西域都护的所在地轮台遗址，在库车考察了唐代安西都护府所在地等等。他在这些地区都进行了挖掘，并窃走了大量古代遗物。

斯坦因从我国窃走的大量壁画、文书、绘画和其他文物，目前经欧洲学者的研究整理，基本上已编出目录、图录等，其实物大都藏于英国不列颠博物馆，此外还流散在印度、美国、伊朗等国的有关博物馆中。他的考察对推动欧美对我国古代西北史地的研究起了很大的作用，但是，对我国古代珍贵文物却造成了无法弥补的损失和破坏。

（原载于《外国考察家在我国西北》，河南人民出版社，1983 年）

日本大谷光瑞考察队及其敦煌、于阗探宝

日本人在我国西北地区的考察,比起欧洲人的考察活动来,要迟一些,但到 20 世纪以后,却大有后来居上的趋势。在日本人的许多次考察活动中,影响最大的,要数日本法师大谷光瑞所组织的考察队了。在介绍大谷光瑞考察队的活动中,重点介绍他们对佛教遗迹的考察和在吐鲁番、敦煌一带的某些发现。

一、三次探险概述

早在 19 世纪 80 年代末,一位日本驻俄国的外交官西德二郎就曾取道俄国中亚,来到我国新疆进行探险考察。他回国后,写了《中亚纪事》(1886)一书,向日本人介绍了我国新疆的许多历史、地理情况。这部书是日本人研究西域的最早著作之一。

1896 年日本人福岛安正也经过俄国中亚到我国阿尔泰山区进行过探险考察。同时,在日本国内也有一些学者开始介绍欧洲人对我国西北地区进行探险考察的成就。如 1896 年日本《史学》杂志上刊登了介绍科兹洛夫探险活动的文章《俄国人在中亚的探察》;1897 年日本《东亚学》杂志 1—3 期登载了桑原骘藏写的《兰斯代尔著〈中国土耳其斯坦〉》一文;1901 年在《内外大家世界探险》一书中收载了《斯文·赫定沙漠横断记》的日译文;1902 年《中学》杂志刊登了斯坦因的《去中国突厥斯坦从事考古和地形考察的初步报告》等等。

在这些著作的推动下,研究西域的兴趣在日本学术界日渐浓厚。

1896 年《史学杂志》首先发表了《关于东洋尤其是西域的参考书》，1899 年又发表了《关于中亚的研究材料》等。直接研究西域的历史、民族和交通方面的文章，也多起来了。但正式对我国西北地区进行探险考察的活动，却尚未开展。

1899 年在罗马召开了第十二届东方学会议，会议决定组织中央亚细亚探险的国际组织。1902 年在汉堡又召开了第十三次国际东方学会议，会上成立"中央亚细亚和远东的历史学、考古学、语言学、民俗学研究国际学会"①。这两次会议的决议，虽由于当时的条件，有的并未实行，有的尽管成立了组织，却有名无实。但是，在这两次会议上，许多国家的学者公布了中亚考察的发现和研究成果，从而使我国西北地区成为东方学家和探险家们瞩目的地方。各国独立组织的探险队、考查团，络绎不绝地来到我国西北地区。这种争相到中国西北考察的热潮，激起了一位正在英国留学的日本年轻法师考察我国西北地区的极大兴趣，这人就是当年只有 27 岁的大谷光瑞。

大谷光瑞是日本净土真宗西本愿寺的第二十二代长老。他于 1900 年到伦敦留学，对欧洲人在我国西北地区考察的成果比较了解。在两次国际东方学会议的推动下，他决心组织探险考察队，到中国西北地区进行考察，使日本人也跻身于这个热潮之中。

大谷光瑞总共组织过三次考察。他自己虽然只在我国新疆南部很少一部分地区进行过很短时间的考察，但由于这三次考察都由他组织，所以这三次探险队也就被称作大谷光瑞探险考察队了。他们反复重点考察了古佛教中心于阗、库车一带的千佛洞，以及吐鲁番、敦煌等佛教遗址，探察了丝绸之路南北两道等等。

---

①长泽和俊编：《大谷探险队丝绸之路探险》，见《西域探险纪行全集》之九，9—10 页。

1902 年 8 月,大谷光瑞在英国伦敦组成由渡边哲信、堀贤雄、本多惠隆、井上弘圆和他自己在内的五人考察队,离开伦敦,取道俄国中亚,越阿赖谷地以北的铁列克达坂,经伊尔克什他木,进入我国新疆乌恰县,由这里直达喀什。他们在喀什待了一周,因为大谷光瑞准备乘大雪封山之前先到印度,所以这个考察队遂南行,经叶尔羌(今莎车)到塔什库尔干。在这里,大谷光瑞同本多惠隆、井上弘圆继续南行,越喀喇昆仑山脉西头的明铁盖达坂,进入克什米尔,然后到印度各地游访佛教圣迹。渡边哲信和堀贤雄返回莎车,在新疆继续考察。他们二人曾先后到于阗、库车一带,在库车呆了近四个月,考察了库车的克孜尔千佛洞和库木吐拉千佛洞。这些洞窟始建于十六国南北朝时期(31?—589),保存有大量佛像雕塑和壁画,对研究我国古代雕塑、绘画以及社会历史,都有重大意义,斯文·赫定、斯坦因等人都曾到过这里。日本考察队员对这些洞窟表现出极大的兴趣,但他们最恶劣的是肆意将洞中的一些珍贵壁画剥下盗运回日本,给我国文物古迹造成严重破坏。此后他们又游历了库尔勒、焉耆、吐鲁番、乌鲁木齐等地,然后东行,经甘肃河西,于 1904 年东返日本①。主办此次考察的大谷光瑞,于 1903 年 1 月曾由印度再次到我国新疆,但在喀什得知其父去世的消息,遂于 3 月间返回日本。这次真正在我国进行了考察的,主要是渡边哲信和堀贤雄,考察历时一年多。

三年以后,大谷光瑞又组织了第二次对我国西北地区的考察,实际参加这次考察活动的是橘瑞超和野村荣三郎,橘瑞超当时刚满 17 岁。

1908 年 6 月,橘瑞超和野村荣三郎二人由东京到达北京,准备了两辆马车,雇请了两个仆人和两个马车夫,先北行到当时蒙古国的库

---

①以上见《大谷光瑞探险队概要及业绩》,见长泽和俊编《大谷探险队丝绸之路探险》。

伦(今乌兰巴托),由这里再西行,经乌里雅苏台、科布多,南越阿尔泰,于10月初到达古城(今新疆奇台县),继而来到吉木萨尔,吉木萨尔县境内有唐代北庭大都护府的遗址,当时称庭州,元明以来又被称为别失八里。他们在这里考察多日,于10月26日到乌鲁木齐。在这里停留三十余日,然后东南行,到吐鲁番。

吐鲁番是我国历史文物古迹十分丰富的一个地方。他们在这里考察了著名的交河故城和高昌故城的遗址。交河故城遗址的历史,可以追溯到西汉时期的车师前部王国;高昌故城遗址的规模主要是前凉以来所奠定的基础,曾是高昌王国的首都。这一带的阿斯塔娜、哈喇和卓和交河故城附近,还有许多墓葬。墓葬有公元3世纪的,而以唐代的最多。这些墓葬中有极丰富的文物,是探险家们最关心的地方。橘瑞超等人没有放过在这里进行发掘的机会,并窃走不少珍贵文物。他们在这里考察数十日,又向西南行,到库尔勒;由这里他们两人分路进行考察。野村荣三郎西行到库车、沙雅、拜城、阿克苏等塔克拉玛干沙漠以北、天山以南诸城,然后到达喀什。橘瑞超则由库尔勒东南行,到卡克里克(今若羌县),以这里为基地,对古代罗布泊和楼兰遗址进行了一个多月的考察。然后沿塔克拉玛干大沙漠的南部,考察了尼雅遗址,过克里底雅(今于阗)、和阗、叶尔羌(今莎车)到喀什,与等候在那里的野村荣三郎会合。他们两人的考察路线,正好是沿丝绸之路的南道和北道,绕行塔克拉玛干大沙漠一周。在喀什,他们考察了附近的遗址和石窟,又南下越喀喇昆仑山,到克什米尔的列城。11月间他们与当时正在克什米尔的大谷光瑞会合。橘瑞超随大谷到伦敦,结束了第二次考察。这次考察历时一年半,橘瑞超和野村荣三郎两人的行程合起来,走遍了新疆,特别是天山以南的主要名胜古迹。

大谷光瑞带橘瑞超到伦敦后,即开始筹划第三次对我国西北的考察。次年,大谷光瑞派橘瑞超和一个英国随从霍布斯二人从伦敦前

来我国。他们先到俄国的彼得堡,再到西西伯利亚的鄂木斯克,再改乘马车进入我国塔城地区,于 1910 年 10 月到乌鲁木齐。橘瑞超这次到我国新疆考察目标比较集中,他首先到吐鲁番,对这里著名的阿斯塔娜古墓群再次进行了发掘,窃走了不少古文书。12 月他又到罗布泊继续考察楼兰遗址。1911 年 1 月,他到达车尔臣(今且末),并决定从这里由南向北纵穿塔克拉玛干大沙漠,到塔里木河去。2 月 4 日他从且末出发,带了可供 30 天用的水和粮食。他虽作了穿越这片大沙漠的充分准备,但在沙漠中仍然备尝艰险,用了 20 多天始到塔里木河,然后到了轮台,又西行至库车。在这里,橘瑞超听到他的英国随从霍布斯在喀什患天花病死的消息,遂赶回喀什。橘氏安葬了霍布斯后,又转到塔克拉玛干大沙漠以南的于阗。他曾打算通过藏北到达甘肃,但他两次沿克里雅河南下进入昆仑山后,都因困难太大,无法前进,只好退回。这时正值我国辛亥革命爆发前夜,日本国内听不到橘瑞超的消息,甚至传说他已死在中国。大谷光瑞十分担心,1911 年 5 月专门派吉川小一郎到敦煌去寻找橘氏,吉川小一郎当时二十六七岁。同年 10 月到达敦煌,他便给若羌的官员写了一封信,打听橘瑞超的下落,当时正值橘瑞超越昆仑山失败,只好沿塔克拉玛干大沙漠南缘向甘肃前进。当他走到若羌时,看到了吉川小一郎的书信,立即兼程前往敦煌。1912 年元月,橘瑞超和吉川小一郎在敦煌会合了,两人还曾在莫高窟 428 洞和 444 洞署名留念。1914 年 2 月,吉川氏又专程来到敦煌。他们除在敦煌攫取了不少莫高窟藏经洞中的卷子外,还对敦煌石窟进行了大量摄影和调查,这些材料以后均保存于日本龙谷大学西域文化研究会[1]。以后,日本敦煌学在敦煌文书、石窟壁画、出土绘画艺

---

①冈崎敬:《大谷探险队与敦煌千佛洞》,载《西域文化研究》第一卷,1958 年,29 页。

术等研究方面颇有所长，这是与大谷考察队从我国敦煌攫取到大量文物分不开的。

在敦煌考察结束后，他们两人先后到达哈密和吐鲁番进行了新的调查。从吐鲁番，橘氏一人先行经乌鲁木齐北上，过蒙古、西伯利亚回国。

此后，吉川小一郎一人留在我国继续考察。他除了主要考察吐鲁番之外，还沿塔克拉玛干大沙漠北缘，在焉耆、库车、阿克苏、喀什等地进行了考察。然后，又东南行，到叶尔羌、于阗等地。他还沿和阗河纵穿塔克拉玛干大沙漠的西部，向北越过终年冰雪覆盖的木札特达坂，于10月13日到达伊犁。在伊犁地区考察半月之后，东返乌鲁木齐，1914年1月5日踏上归途。他经过吐鲁番、哈密到肃州(今甘肃酒泉)，进入河西北山(即合犁山、龙首山等)，西行至镇番(今甘肃民勤)，再北入阿拉善沙漠(外国地理学家一般称民勤以北的沙漠为阿拉善沙漠)，经鄂尔多斯高原、包头、呼和浩特到北京，然后回国，结束了大谷探险队对我国西北地区的第三次考察①。

日本大谷光瑞考察队的这三次考察，从1902年到1914年，除中间有三年的中断外，延续近十年之久。考察队成员的足迹遍及我国新疆天山南北的各个主要城镇和古代遗迹，他们攫取的古文书，收藏在龙谷大学的有7733件。其中汉文文书4380件，回鹘文文书978件，梵、藏、西夏、蒙古文等文书425件，汉文与古代少数民族文字合璧文书530件，此外还有佉卢文、于阗文、焉耆文、龟兹文等文书和木简多件。用各种手段从我国捆载而去的还有大量古代木简、壁画、雕像、丝织品以及其他各种文物。

————————

①以上均见大谷光瑞《大谷探险队概要及业绩》，见长泽和俊编《大谷探险队丝绸之路探险》。

考察队攫取的一部分文物,后来编成《西域考古图谱》,分上下两册,于 1915 年出版。考察队人员的部分论文、调查记等汇编为《新西域记》上下两册,于 1937 年出版。橘瑞超将其个人窃去的文物辑成《二乐丛书》分四册出版。到 20 世纪 50 年代,日本有关学者成立"西域文化研究会",对这些文物进行系统整理、研究,于 1958—1962 年间,陆续出版了《西域文化研究》五卷(六册)本。这套书收集了数十位日本有关专家、学者的研究论文,是对大谷光瑞探险队三次考察活动在佛学、历史、考古、地理、文化、美术等方面的价值的最全面的介绍和论述。

我们前面已经说过,日本人对我国西北地区的考察活动并不仅仅是大谷光瑞所组织的这三次。在大谷探险队之前有过,在大谷探险队之后更多。例如日野强、林出贤次郎、付岛次郎等人,都曾到我国西北地区进行过考察活动。日野强著有《伊犁纪行》(上下)(1909)等书,但影响最大的,则是大谷光瑞组织的对我国西北地区的这三次考察。

二、佛迹巡礼

大谷光瑞作为一位法师,他为什么一而再、再而三地组织考察队到我国新疆等地进行考察呢? 据他自己和他的队员们的说法,他们的考察,主要是与佛教史的研究有直接关系。他们的考察,也就是一次大规模的佛迹巡礼。

古代日本人最早信奉的是万物有灵的神道教,佛教在什么时候传入日本,并不十分清楚。据一些佛教史籍所载,梁武帝普通三年(522),中国人司马达等在日本大和坂田原设立草堂崇奉佛教。司马达的女儿司马岛首先出家为尼,称为善信尼,司马达的儿子也出家为僧,称为德齐,这是日本有僧尼之始①,所以也可以约略看作是佛教传入日本之始。552年,朝鲜南部的百济国圣明王又派使臣将佛像和汉译佛经奉送于日本国②,这对佛教在日本的流行影响很大。但对佛教的传播,当时日本统治集团中却有着尖锐的矛盾。最后,主张接受和传播佛教的一派胜利,佛教遂在日本得以传播。特别是7世纪初以后,日本多次派出遣唐使来到中国,他们回国时,带去了中国的文化,同时将流行于中国的佛教各流派也带回日本,使佛教在日本广泛传播并成为当时的国教。由于有这样一种关系,所以日本佛教信徒一般认为,日本的佛教主要来自中国。

　大谷光瑞所信奉的净土真宗,来自中国的往生净土法门。据说这种法门起于东晋,至唐代正式创立了中国的净土宗。唐、宋时期,往生净土法门传入日本,至12世纪时,创立了日本的净土宗,称净上真宗,这一宗在日本发展最盛,后来又分化出了本愿寺等派。大谷光瑞正是净土真宗本愿寺派西本愿寺的第二十二代长老。既然日本的佛教来自中国,所以日本也就很关心佛教在中国发展的情况了。

　然而中国的佛教是怎样传入的呢? 我国许多文献记载中外僧侣直接由印度、中亚将佛教带入我国,以及我国中原的僧人到印度求经的事。其中有东汉永平年间来到中国的迦叶摩腾(又称摄摩腾)、竺法兰,东汉末年的安世高、支谶等人;有从中国到印度求经的西晋高僧法显、北魏高僧宋云、唐代高僧玄奘等人。而这些人都经过了新疆。从他们的著作中,人们看到古代新疆的佛教十分兴盛,他们的著作也对佛教在新疆流行的情况作了很生动的描述。有些高僧当时所说的到

---

①《扶桑略纪》卷三,《元亨释书》卷十七。
②《日本书纪》卷十九。

西方取经,实际上就是到新疆去求经。如中原第一个西行求经的、三国时期的僧人朱士行,就是到于阗求取了梵文正本《大品般若经》,送至洛阳译成汉文的。新疆的高僧也直接到中原传播佛教,如后秦时的龟兹(今库车)高僧鸠摩罗什等。这表明,中原的佛教流派及其发展,与新疆的佛教有密切的关系。所以,作为直接承受中国佛教的日本佛教徒,当然也十分关心我国新疆的佛教历史。特别是斯文·赫定、斯坦因等人从我国新疆各地发现了大量佛教寺院的遗址及佛像、佛经等物,其中许多佛经是用较早的印度和中亚曾使用过的文字书写成的,这就更引起日本佛教徒的关心和兴趣。

所有这些情况就提出了一个问题:佛教是否沿着印度—中亚—中国新疆—中国中原—日本这样一条线路渐渐东传的? 新疆在佛教东传的过程中起了怎样的作用? 新疆历史上佛教发展的情况究竟如何? 这些问题是引起大谷光瑞法师三次组团考察新疆的一个重要原因。按大谷光瑞自己和他的探险队成员们的说法,他们之所以三次考察新疆,一是要调查了解包括内蒙古在内的我国西北地区当时的宗教信仰、宗教活动的情况;二是要考察佛教遗迹,了解历史上新疆佛教的发展、佛教的东传以及历代高僧来往取经传教的路线;三是收集佛教经典、佛像、佛具以及对研究佛教有参考价值的其他考古文物等。

佛教在东传过程中,我国新疆的地位和作用究竟如何呢?

佛教创立于公元前 6 到 5 世纪的北天竺迦毗罗卫国(在今尼泊尔境内)。最初,其传播十分缓慢,在佛教创立 200 多年后,其传播范围也只限于恒河流域。公元前 3 世纪 60 年代,天竺摩揭陀国(今印度比哈尔邦南部)孔雀王朝的阿育王继位。在他统治时期,摩揭陀国势强盛,领土日益扩大,十多年中,除印度半岛南部外,印度的其他部分为他统一。阿育王原信奉婆罗门教,即位九年后,改信佛教,成为虔诚的佛教信徒。随着他向外扩张,在势力所及之地,兴建寺院、各种佛教纪念物,提倡出家,优待僧侣,举办各种佛事活动,把佛教推行到全印度。不仅如此,他还向国外大量派遣传教士,足迹遍布欧亚,从而使佛教很快在其邻近地区得到传播。

　　大约在公元前一世纪时,佛教已在与我国新疆毗邻的贵霜王国(当时统治地区北达阿姆河,南到印度中部的文迪亚山,横跨中亚细亚)流行。①

　　那么,佛教是什么时候以及怎样传入我国的呢? 对这个问题,学术界的看法不太一致。有人根据《后汉书》记载,说东汉明帝梦见西方有金人,遂派人到天竺去请高僧。公元 67 年有天竺僧人迦叶摩腾、竺法兰来到洛阳,住于白马寺翻译佛教经典,佛教遂传入中国。有的根据另一些资料,认为在公元前佛教就传入了中原。不过据《魏略·西域传》记载,在汉哀帝元寿元年(前 2),"博士弟子景卢受大月氏王使伊存口授浮屠经"②。这个记载说明当时已有佛经传入。对佛教传入我国的途径,也有不同看法。有人认为佛教不是先进入新疆然后传入中原,而是直接由天竺传入中原,我国新疆佛教兴盛比中原要晚。其理由是因为《史记》《汉书》等文献中的有关新疆的情况,多是根据张骞、班超、班勇等人的报告和记述写成,而这些书中却没有关于新疆流行佛教的记载。这说明,在东汉以前,佛教在新疆并未流行。

　　但大谷光瑞考察队根据他们自己的考察,对这个问题提出了他们的看法。他们的三次考察活动,重点都对古代于阗国(今和田)进行

---

①羽溪了谛著,贺昌群译:《西域之佛教》,商务印书馆,1956 年,77、96—98 页。
②《三国志·魏志》第三十卷。

了考察。于阗国是我国古代新疆的佛教中心之一。法显、末云、玄奘等人都经过这里，并记载了他们在于阗看到的佛教盛况。特别是玄奘在于阗曾收集到一些有关于阗建国和佛教传入于阗的传说①。他们在和阗考察了各佛教寺院遗址，并结合玄奘等人关于于阗建国和佛教传入的传说，认为早在公元前一世纪，佛教即由天竺直接传入于阗国②。这个说法现在看来虽然仍缺少翔实可靠的依据，但经日本学者羽溪了谛等人的论证③，亦有一定道理。目前，我国学者亦有认为佛教传入我国的途径是先西域，然后到中原的④。

大谷考察队在考察于阗国佛迹中，对唐代的大乘佛教斫句迦国的位置和佛教遗迹进行了专门考察。

佛教有大乘佛教和小乘佛教的区分。大乘佛教产生于公元前 1 至 2 世纪之时。在此以前的佛教，追求"自我解脱"，而大乘佛教除追求"自我解脱"外，还追求"普度众生"，他们自认为这种教义能"运载"更多的人渡过"苦海"，到达"极乐世界"，所以称作"大乘"，而把只求"自我解脱"的早期佛教称为"小乘"。在中国和日本流传的佛教，大都为大乘佛教。而古代的于阗，据记载就是我国新疆崇奉大乘佛教的西域古国，甚至有人认为是"中国大乘佛教之策源地"⑤。大谷考察队以古于阗为考察重点之一，这也是一个原因。而在古于阗附近，据记载还有一个遮拘迦国或斫句迦国，也是崇奉大乘佛教的地方。玄奘说这个地方："大乘经典部数尤多，佛法至处，莫斯为盛也。十万颂为部者

①《大唐西域记》卷十二。
②橘瑞超：《中亚探险》，见长泽和俊编《大谷探险队丝绸之路探险》。
③羽溪了谛著，贺昌群译：《西域之佛教》，商务印书馆，1956 年。
④翦伯赞主编：《中国史纲要》第一册，人民出版社，1979 年。
⑤羽溪了谛著，贺昌群译：《西域之佛教》，商务印书馆，1956 年。

凡有十数。"①大乘佛教流行此处的盛况,甚至超过了于阗:这当然更引起大谷光瑞考察队的兴趣。但对这个古国的地理位置,由于记载不一,人们的认识也不一致。有人认为是现在的莎车(又称叶尔羌),而斯坦因则认为是今叶城(又称哈尔哈里克),并得到了学术界多数人的赞同。大谷光瑞考察队为了用实物证实斫句迦国的地点,亦曾几次到莎车和叶城一带进行考察。他们曾在这一带的山腰间"发现许多古代岩洞寺院、古城遗址,得到许多佛教东传的参考资料。估计这一带就是大乘教经典的斫句迦国"②。

此外,他们对库车、焉耆、吐鲁番等地的佛教遗址,对拜城县的克孜尔石窟寺、库车县的库木土拉石窟寺、焉耆的明屋、吐鲁番的柏孜克里克石窟寺以及甘肃敦煌的千佛洞等佛教艺术宝库进行了考察,并窃走了大批珍贵文物。

三、丰富而珍贵的文物

大谷光瑞考察队窃走的我国古代文物,数量最大的是各类佛典、经书,其中有一部经,是西晋元康六年(296)写有跋文的《诸佛要集经》,这部经据说是西晋和尚竺法护(音译昙摩罗刹)所译。竺法护原籍大月氏,生于敦煌,学经于当时的高僧竺高座,人称"敦煌菩萨",有感于当时国内佛教经典不完善,随竺高座"至西域,游历诸国,外国异言三十六种,……护皆遍学"③。他将葱岭以西各地所得佛经带回国内,沿途翻译,最后落脚于洛阳,共译出佛经 175 部,354 卷。他到葱岭以西求经比法显早了一百多年,所译经卷也比法显多,所以人们评

①《大唐西域记》卷十二。
②橘瑞超:《中亚探险》,见长泽和俊编《大谷探险队丝绸之路探险》。
③《高僧传·竺法护传》。

价他说:"经法所以广流中华者,护之力也。"①大谷光瑞考察队所发现的《诸佛要集经》,就是他在敦煌翻译的佛经之一,也是竺法护译出不久的最早抄本。还因为竺法护所译佛经大部分为大乘佛教的经典,因此更为日本人所重视,而且对研究大乘佛教的东传,也有重要价值。

探险队还收集到在西凉建初七年(411)写有按语的《法华经》。《法华经》又称《妙法莲花经》,据记载,最早是由鸠摩罗什译出的。鸠摩罗什于344年生于龟兹(今新疆库车),七岁随母出家,兼通大小乘经论,名闻西域诸国,前秦建元十八年(382),吕光破龟兹后,他被接到凉州。401年又被后秦王姚兴迎至长安,翻译佛教经典。据记载,从401年到409年,鸠摩罗什共译出经典几十部,其中就有《法华经》。这部经典的印本是十分普遍的,但考察队所发现的这部经的抄本上有公元411年的按语,这时鸠摩罗什尚在世(413年圆寂),说明这是鸠摩罗什译出不久的最早抄本,这对校订《法华经》的各种版本是非常重要的,也是稀世珍宝。

此外,他们还发现有善导大师给《阿弥陀佛经》写的跋语。善导(613—681)是唐朝僧人,是中国净土宗的实际创始人,从渊源上说,与日本的净土真宗有着直接的关系,也是日本佛教这一宗十分尊敬的人物。能发现他的跋语,对大谷光瑞来说,那当然是最珍贵不过的文物了。此外,还发现有许多其他佛经及其残片。

大谷探险队在北疆还发现了一件"孔目司"的文书,"孔目司"是唐代征收商税的机构。开元七年(719)以后,唐朝廷曾规定,新疆丝绸之路的市税,在天山以南的由"焉耆、龟兹、疏勒、于阗征西域贾,各食其征;由北道者,轮台(非今日轮台县之地,在今乌鲁木齐以北)

---

①《高僧传·竺法护传》。

征之"①。在这以前,征税很可能由安西大都护府和北庭大都护府直接管理,而具体管理这件事的,就是"孔目司"。

在大谷队考察发现的文物中,还有晋泰始五年(269)的"招子"(即商店门前的幌子之类的东西)、唐代的借钱文书和"过所"(即通行证)等物。

特别值得一提的是,还有这样几件文物:在第一次考察中,渡边哲信等人在吐鲁番一带曾发现了唐代"掏拓所"的文书。唐代在新疆设置屯田,不少地方农业也较发达。由于农业的发展,水利设施也受到重视。但这里的水利事业是怎样管理的,人们并不十分清楚。日本大谷光瑞考察队所发现的这件文书证明,唐朝廷在新疆设有"掏拓所"这种管理水利事业的机构,其主管官吏称"掏拓使"。兴修水利的事,就由"掏拓所"的官吏征调当地百姓办理。其小一件文书上记载,在龟兹有个名叫目胡子的人,在"南界双渠村种少薄田,今着掏拓两丁三分",因"慈母身亡,家贫,殡葬尚犹未办","交不支济",请求"矜量(谅)","已(以)后但有骐驰(使),不敢违命"②。这份文书很具体地说明,唐朝对新疆水利事业十分重视,有机构专管此事,并规定水利事业所需劳力,按亩征调。这个"目胡子"有很少的薄田,即贫瘠的土地,要出"掏拓"劳役两人多,因家贫,也可要求免役。新中国成立后,我国考古工作者在吐鲁番也发现过唐代"掏拓所"的文书,这个文书中还提到"掏拓所"中有"知水官"。文书中提到一次就要600人修某堤堰,850人修另一堤堰以及干渠的事。还有一件是关于派人浇灌田

①《新唐书·焉耆传》第二二一卷。
②新疆社会科学院民族研究所编著:《新疆简史》第一分册,新疆人民出版社,1980年,125页。

地并给人夫分配粮食的事①。

日本考察队在吐鲁番发现的另一件文书中，提到当地官员向一户居民一次"配织春装布达一百尺②。"布"一般是指棉织品。我国中原生产的棉织品大约在北宋时，而西域则比较早。据《梁书》记载：高昌"多草木，草实如茧，茧小丝如细鲈，名为白叠子，四人多取织以为布。布甚软白，交市用焉"③。根据这个记载，吐鲁番早在6世纪前就已经种棉织布。日本考察队的这个发现说明，到唐朝，高昌地区的纺织业更为发展，已有织布的手工业，而且这种手工业还很普遍，能向一户"配织春装布"达一百尺，说明其生产能力在当时已达一定程度。关于这个问题还需说明的是，新中国成立后我国考古工作者在吐鲁番发现了东汉时期的棉织品④。棉织品的生产，最迟在南北朝时吐鲁番就很普遍了⑤。日本考察队所攫取的那件文书，在我们所发现的更多的资料面前已黯然失色，但在20世纪初，仍不失为重要资料。

这些有关生产的文书，对研究唐代新疆的生产以及中原与新疆的关系，都是很有价值的。

在第二、三次探险考察中，橘瑞超都到过当时成为国外探险家、考察家必到之地的罗布淖尔。他两次深入罗布泊干裂的湖底，考察了斯文·赫定发现的古代楼兰遗址和斯坦因发现的一些遗址，同时他自

---

①新疆维吾尔自治区博物馆编：《新疆历史文物》，文物出版社，1978年，50页。

②大谷光瑞：《新西域记》，转引自新疆社会科学院民族研究所编著：《新疆简史》第一分册，1980年，126页。

③《梁书》五十四卷，高昌国条。

④沙比提：《从考古发掘资料看新疆古代的棉花种植和纺织》，载《文物》，1973年10期。

⑤沙比提：《从考古发掘资料看新疆古代的棉花种植和纺织》，载《文物》，1973年10期。

已也发现了一些新的遗址。特别值得一提的是,他在斯文·赫定发现的楼兰遗址中,又发现了一件极其珍贵的古代文书,一般称"李柏文书"。他发现的共有三张纸,第一张只残存十三个字,是晋朝西域长史李柏向朝廷写的表文底稿,另外两张是李柏写给西域某王的书信底稿,其中一张基本完整。这三张文书的珍贵,不仅在于它是比较完整的文书,而且还因为在《晋书》张骏传中曾提到此信的作者李柏,这对了解那时期的历史,确是一件珍贵文物。这封信的内容,主要是当时的西域长史李柏告诉西域某王,晋朝中央政府派人到西域来"慰劳"各国的事。国内外学者对这件文书有很多研究,据清末学者王国维考证,李柏这封信是写给焉耆王的,写作时间在前凉张骏称王之后①。以后对此信的写作时间,学者曾提出不同看法,认为写于西晋时期,信中所用"诏家"一词,是对晋朝天子的称呼。

大谷光瑞考察队从我国攫取的文物是很多的,日本学者对这些珍贵文物多有考证和论述,这里不再一一列举和介绍。

日本考察队从我国窃走的文书等,目前大都收藏在龙谷大学。

(原载于《外国考察家在我国西北》,河南人民出版社,1983年)

---

① 王国维:《海宁王静安先生遗书》,《观堂集林》卷十六。

公元前的丝绸之路开拓家——张骞

在我国的历史记载中,张骞是第一位由长安出发,西行到中亚广大地区的开拓者,而他派出的使节,在那个公元前的时代艰苦跋涉的探险地已不仅到达中亚,而且到过印度、伊朗,远达阿拉伯半岛和里海之滨,他们是最早沟通丝绸之路的中国使节。所以张骞一直被称为丝绸之路的开辟者,他的活动开阔了古代中国人的眼界,加深了历史上中国对世界的认识。他的开拓和进取精神曾鼓舞过历史上无数仁人志士,沿着他的足迹不顾生死去涉渡白骨引路的沙漠,去翻越冰天雪地的峻岭,为祖国开疆辟土、为中西方经济文化的互相交流、为中外人民友谊的象征——丝绸之路的畅通,向西挺进。这个西进的洪流,对我们祖国历史和疆域的发展,对世界文明的相互交流,产生过极其深远的影响。

一、张骞出使西域的历史背景

张骞是西汉汉中郡城固(今陕西汉中城固县)人。汉武帝即位初,他只是一名郎官(宫廷侍卫)。建元二年(前 139)[①],他受汉武帝的派遣前往中亚地区联络月氏,共抗匈奴。

匈奴是历史上我国北部的一个游牧民族。秦末,匈奴在其首领冒

---

①见桑原骘藏著,杨鍊译本:《张骞西征考》,台湾商务印书馆,1969 年,22 页。也有人认为出使是在公元前 138 年,如安作璋《两汉与西域关系史》。

顿单于领导下，建立起了强大的游牧政权。汉朝初年，匈奴击败东部
的东胡部落联盟，向西击走了游牧于河西地区的月氏①，又征服了鄂
尔多斯高原楼烦、白羊的河南王，占有了今蒙古高原、河套以及河西
走廊的广大地区，而与汉朝西部和北部领土交界，并不断侵袭汉朝边
境。公元前201年，匈奴在汉朝降将的勾引下率兵南下，曾进至晋阳
（今山西太原南）。公元前200年汉高祖决定亲自率兵北上，抵抗匈奴
入侵，结果反中冒顿单于诱兵之计，高祖刘邦被匈奴四十万骑围困于
平成的白登（今山西大同东北）。刘邦最后虽然逃回长安，但汉军锐气
丧尽，汉朝政府被迫"奉宗室女翁主为单于阏氏，岁奉匈奴絮缯酒食
物各有数"②。此后，历惠帝、吕后、文帝各代，汉朝政府对匈奴均采取
"和亲""纳币"的忍让妥协政策。但是这种政策并未使匈奴停止对汉
边的侵扰。在东起辽东，西至北地（郡治马岭，今甘肃庆阳西北马岭
镇）、陇西的广大地区，几十年中，吏民经常受到杀戮，物产不断受到
劫掠，特别是文帝前元十四年（前166）匈奴老上单于率骑十四万南
侵，攻克朝那（今甘肃平凉西北）、萧关（今宁夏固原东南），东至彭阳
（今甘肃镇原东），又派一支小部队突然东袭，烧毁秦汉两朝皇帝修建
于回中（今陕西陇县西北、陇山东麓）的避暑行宫——回中宫，匈奴的
小股侦察部队甚至到达甘泉（陕西咸阳市淳化县）、雍（今陕西凤翔）
一带，直接威胁到长安的安全。文帝后元六年（前158）匈奴六万骑分
别从上郡（今陕西西北部）、云中（今内蒙古托克托县呼和浩特一带）
大肆入侵，"烽火（即告急的警报）通于甘泉、长安数月"③。至景帝

---

①关于月氏被匈奴赶出河西的时间，中外史家说法很多，本书同意汉朝初年一
说。参见杨建新：《关于汉代乌孙的几个问题》，载《新疆大学学报》，1980年第1期。
②《汉书·匈奴传》。
③《汉书·匈奴传》。

时,由于匈奴贵族统治集团内部争夺权力的内讧加剧,而景帝亦更加殷勤地奉行"与匈奴和亲、通关市,给遗单于遣翁主"①的政策,匈奴对汉地的侵扰才有所减少,汉匈之间的冲突有所缓和,但并未完全终止。公元前149年、144年、142年都还发生过一些匈奴骚扰边境地区的事件,如公元前144年掠去了汉政府在北方御苑中所养的军马,杀死汉军官兵二千余人。当时的有识之士都意识到,只有彻底反击匈奴,才能使汉朝边境地区免受摧残。

汉武帝刘彻是一位具有雄才大略的帝王。公元前141年汉景帝死,刘彻即位称帝,第二年,当他得知被匈奴赶到西域的月氏也想找匈奴报仇时,便招募志士去联络月氏,共抗匈奴。张骞毅然决定应诏前往。这也是一般史书关于张骞西行原因的记载。但是,我们如果对当时汉朝社会的情况进行一些具体研究,就可以看出,自景帝执政到武帝即位的十四五年中,汉匈之间的小冲突虽然仍有发生,但双方和亲、互市,基本保持了和平状况。而且当时的汉朝国势日益强盛,单独也可以抵抗匈奴,派人万里迢迢去联络月氏,似乎并不是最迫切、最需要首先解决的问题。因此,应该说,汉武帝派张骞西行,除了反击匈奴这个因素以外,还应该有其更深刻的社会经济原因。

汉朝自建立以来,虽然受到匈奴的不断侵袭,但毕竟主要限于边境地区,而在广大中原,汉朝朝廷则从刘邦起,就实行"与民休息"的政策,采取"什伍税一"的田赋制度。文、景时期,更是出现了所谓"文景之治"的"盛世"。到景帝、武帝之交,中原地区的老百姓,"人给家足,都鄙廪庾皆满","府库余货财,京师之钱累百钜万,贯朽而不可校。太仓之粟,陈陈相因,充溢露积于外,至腐败不可食。众庶街巷有

①《汉书·匈奴传》。

马,阡陌之间成群"①。这段记载,虽不无滥美之词,但当时社会经济有
很大发展,社会财富有了巨大增长,显然还是确有其事的。在当时社
会经济的发展中,商业经济的发展占有显著的地位。汉初,商人的社
会地位很低下, 可是随着商业经济的发展,"富商大贾周流天下"②,
"素封"之家,比比皆是,而且随着商业经济的发展,"宗室有士公卿大
夫以下,争于奢侈"③。当时出现的这种社会经济发展的形势,一方面
为反击匈奴提供了物质基础;另一方面,这种商业经济的发展,又要
求向西方开拓商业活动场所和搜集新奇物品。正因为如此,汉武帝在
派张骞通西域的同时,又派兵出闽越(前135)通西南夷。这些活动都
是在汉代商业经济长足发展, 统治阶级生活需要日益增多的基础上
采取的对外政策,与张骞通西域一样,都具有"通货羌狄""远徕与国"
的意义。上述两个方面的因素,应该是汉武帝派遣张骞通西域的主要
目的和原因。

二、第一次出使西域

公元前139年张骞与其随行人员100多人第一次出使西域。他
们从长安到达汉朝的边郡陇西(郡治在今甘肃临洮),继续西行,在河
西走廊就为匈奴巡逻骑兵抓获,被送到匈奴王庭。关于这时的匈奴王
庭有的认为是在今呼和浩特一带,有的则认为,在今蒙古国鄂尔浑河
一带④。匈奴单于将张骞一行长期扣押于匈奴,为了使他安心,还给他

①《史记·平准传》。
②《史记·货殖列传》。
③《史记·平准传》。
④安作璋著:《两汉与西域关系史》,山东人民出版社,1959年,22页;黄文
弼:《西北史地论丛》,上海人民出版社,1981年,73页。

娶了一位匈奴妻子。张骞在匈奴过了十多年囚犯的生活,可他无日不想着自己的使命,无时不在伺机逃跑,无奈处在广漠的草原和茫茫荒漠中,匈奴骑兵看守又严,毫无办法。直到张骞的匈奴妻子生子以后,看守才较前放松,他得以同他的侍从胡人堂邑奴甘父[①]一起逃出匈奴,又西行数十日到达大宛。

关于张骞去大宛的路线,史书无明确记载,所以学者们说法很不一致:有的说他是取丝绸之路南道[②],有的说去时是走北道,回来才走南道[③],有的没有明确阐述,只提到张骞被送到匈奴王庭十年后,西逃越葱岭入大宛[④]。我们认为,首先,张骞并非从匈奴王庭逃出。据《汉书·匈奴传》载,张骞被送往匈奴王庭之后,是"居匈奴西",即在他娶匈奴女为妻之后,被送到匈奴西边居住,正因为他的幽禁地远离匈奴中心地区,"骞因与其属亡乡月氏"。这里的记载相当清楚:张骞不是从匈奴王庭,而是从"匈奴西"逃出的,因此也就不是必须经过车师、焉耆、葱岭等地。如果他是从今呼和浩特一带逃出,则"数十日"是根本不可能越过天山、翻过葱岭到达中亚费尔干纳一带的。其次,张骞所居住的"匈奴西"是什么地方? 我们分析,从他经过"数十日"就能到大宛,而且途中常常靠其随从射猎充饥等情况来看,很可能在今我国新疆与蒙古国交界的阿尔泰山一带。因为当时匈奴"西接乌孙"[⑤],所以他似应从邻近乌孙外沿的天山北,出乌孙南至大宛。如果由阿尔泰

①关于此人身份,有不同说法,服虔说,此人是姓堂邑的汉人奴仆,名甘父;刘分则说,奴甘父是此胡人之名,姓堂邑。

②③见桑原骘藏著,杨錬译本:《张骞西征考》,台湾商务印书馆,1969年,24—25页。德国学者海尔曼据《史记·大宛传》提到的于阗、楼兰、扜弥、姑师四国,认为是走南道,而日本桑原骘藏认为,姑师属北道,恰证明张骞去时,是过车师走北道的。

④安作璋著:《两汉与西域关系史》,山东人民出版社,1959年,22页。

⑤黄文弼:《西北史地论丛》,上海人民出版社,1981年,73页。

一带西南行,经塔尔巴哈台,西过伊犁河,沿广大的荒原到大宛,道路比较平坦,路程也比较短,在"数十日"之内就有可能到达大宛。第三,这一线匈奴控制较松,虽然可能有一些乌孙沿边的少量牧民,但不会像焉耆、龟兹等北道城邦那样,受匈奴控制较严。而且在这样广袤的荒原上,通过两个人而不被发现,是比较容易的。再从以后的历史看,这一条路大致是人们前往费尔干纳盆地的捷径。著名的长春真人丘处机、耶律楚材等人基本上,或者说大部分是通过这条路到达中亚的。而张骞在甘父的引导下,很可能正是大致沿这条捷径逃到大宛的。

张骞到达大宛后,受到热烈欢迎,大宛王并派向导、译者先送他到康居(今锡尔河以北、楚河下游一带),康居又派向导送他到月氏。

月氏在冒顿单于时(前 209—前 174)被匈奴赶到伊犁河流域。因为原来月氏曾击破过乌孙,与乌孙有仇。后来乌孙在匈奴的扶植下,逐渐强大起来,大约在匈奴老上单于时(前 173—160),凭借匈奴的支持,乌孙反过来西击月氏[①],月氏被迫南迁,后来进入阿姆河以北。此时阿姆河以北亦为大夏所占,不过大夏的主要领土在阿姆河以南,所以月氏南下占领大夏在阿姆河以北的领土时,并未消灭大夏,消灭大夏应是后来的事。《汉书·张骞传》在这一问题的记载上有些含糊。

这里土地肥沃,又没有强大的国家和部落威胁月氏的安全,离匈奴亦较远,月氏人经过长期流徙,找到这样一个地方也就很知足了,因此对汉朝联络他们抗击匈奴的倡议没有响应。张骞便越过阿姆河进入大夏(其都城在巴尔赫,今阿富汗赫兹拉巴德),然后启程返回中

---

①关于乌孙西击月氏、月氏南迁的时间,研究者说法甚多,有认为在张骞被俘期间,也有认为在老上单于是,本文从后者。

原。张骞从匈奴之西逃出后,约一年时间,游历了大宛、康居、月氏、大夏等西域主要大国。

张骞返回的路线,《史记·大宛传》和《汉书·张骞传》都说他"并南山欲从羌中归"。关于南山,有人说是昆仑山,有人说是祁连山。其实这两座山都曾被称为南山,但在具体提到这两座山时,其位置通常情况下是不会因其同名而混淆的。一般把昆仑山称为西域南山,把祁连山称为河西南山,《汉书·西域传》又称"汉南山"。《史记》《汉书》中所说张骞欲"并南山"归的南山是指哪座山呢?我们认为:张骞从大夏返回,必然越葱岭沿昆仑山麓东行,这里所说"南山"是指昆仑山无疑。关于羌中,一般认为是指青海,因为当时这里是羌族活动的地区,但是也应注意到,根据《汉书·西域传》记载,从葱岭东部的无雷、依耐、蒲犁、西夜以及诸羌等昆仑山北麓、塔克拉玛干大沙漠北缘的许多地区,也是"羌氏行国"。可见,丝绸之路南道及青海都有许多羌族居住,把这一整个地区都称为羌中,也并非不可能。总之,张骞返回的路线,是由大夏越葱岭沿昆仑山北麓东行的。结果又为匈奴俘获。这次俘获的地点,很可能是在昆仑山北麓的某地,因为青海地区的羌族虽与匈奴有联系,但匈奴尚未直接控制这里,在这里被扣的可能性很小。而昆仑山北麓诸国,则都在匈奴控制下,甚至有匈奴监守官员,张骞通过这里,也就比较容易被发现。

张骞这次被匈奴抓获后,又被送到匈奴西边,并与他在匈奴的妻子相聚。这次他只被扣押了一年。公元前126年,匈奴军臣单于死,其弟左谷蠡王伊稚斜自立为单于,引起国内统治阶级之间的内伐,军臣单于之子于单战败,投降汉朝。匈奴内部的战乱给张骞提供了逃跑的大好时机,他带着妻子和甘父逃回中原。

这样,张骞的第一次出使西域,前后共计13年(前139—126),出去时100多人,回来时只剩了自己和甘父两人,联络月氏共抗匈奴的目的虽然没有达到,但却考察了大宛、康居、月氏、大夏和其他许多地区,了解了西域和匈奴的许多情况,并把这些情况向汉朝作了详细的报告。特别是张骞在大夏时,看到当地有人使用杠(今四川荥经西南)①的竹杖和蜀布,据说是商人从身毒国(今印度河恒河流域)贩来的。身毒在大夏东南,据张骞推测,身毒必然与四川相近。他认为从四川经身毒是到达大夏去的一条既可以避开匈奴而又较近的路线。后来他回长安后,曾建议开通这一通道以通往西方。武帝听了这位探险家的海外奇谈,决定接受张骞的建议,并曾于公元前122年起,陆续派出过十余个使团(初期张骞也曾参加)由四川、云南南下,想要打开由“西南夷”经身毒通大夏等地的通道,但终因地理、气候条件恶劣,当地少数民族政权林立,虽先后经过四年的努力,均未成功。不过,这次尝试对开拓我国西南边疆仍有积极意义。对天山南北的地方,张骞更是汇报了大量准确而有用的情况,为汉朝制定开拓西域的政策提供了可靠的依据。

三、第二次出使西域

张骞回到长安后,受到武帝的赞扬,封他为太中大夫②,堂邑奴甘父因助张骞出使有功,加号奉使君。

在张骞回到长安的这个时期, 汉匈之间的关系已经发生了重大变化。公元前133年武帝在马邑(今山西朔州市朔城区)伏兵三十万

①据《汉书补注》,以为杠乃西汉严道县之口来山,但《史记正义》以为杆即杠山,在西汉都(今四川西昌东南)境。

②太中大夫为掌宫殿掖门户的皇帝左右亲信官员——郎中令的属官,秩比千石,掌议论,即有关这方面的顾问、参谋。有著作说是皇帝的顾问,那是不确切的。

准备聚歼匈奴单于及其主力,但由于边境一小吏被俘后泄密,匈奴单于急速退军,武帝计划落空。此举引起匈奴的报复,多次出兵侵袭汉边。武帝亦组织大规模的反击,汉匈之间的战争发展到了一个新的阶段。

公元前127年,即张骞由西域返回长安的前一年,汉朝政府收回了河南地(即河套地带),在这里设置了朔方郡,使匈奴受到一次沉重的打击。

公元前126年张骞返回后,由于他在匈奴待过十多年,熟知游牧地区的情况,武帝命他以校尉身份随卫青北击匈奴。他负责为军队选择道路,寻找水源。由于他善于按照少数民族的心理和习俗开展和平外交,因此多次立功,公元前123年武帝封他为博望侯。博望侯在西域少数民族中德高望重,甚至他死后,当地人民仍把这一封号作为对汉使的美称①。

公元前121年张骞随霍去病出击匈奴,霍去病自己率部西击,命张骞由另一道策应李广之军,结果李广军被匈奴左贤王所率四万骑兵包围,张骞却不能按时赶到接应,虽然在李广军最危急的时候,张骞带兵赶到击走了匈奴军,但汉军已死亡过半,败回境内。按汉朝军律,张骞本应处斩,但武帝惜才,特赦免他死罪,罢免他的一切官职,贬为庶民。不过西进的霍去病却在河西一带打了一个大胜仗。就在这一年,匈奴单于派驻河西的浑邪王、休屠王率部降汉,河西走廊从此归于汉朝统辖。汉朝陆续在河西建立了武威、张掖、酒泉、敦煌四郡。

---

①《汉书·张骞传》记载:然(张)骞凿空,诸后使者,皆称博望侯,以为质于外国,外国由是信之。

公元前 119 年武帝又命卫青、霍去病分别率大军北击匈奴,双双大获全胜。从此"漠南无王庭",匈奴单于及王庭退入大漠以北,匈奴势力遭到严重削弱。

在匈奴势力衰落,汉朝边境威胁得到解除的情况下,武帝又想到了幅员辽阔的广大西域地区。于是他多次召见已成为庶人的张骞,又问起西域的情况。张骞提出招抚乌孙的建议。他在匈奴时听说乌孙原来游牧于河西,被月氏击破。后来乌孙在匈奴协助下,收拢被击散的部落,在势力逐渐恢复后,遂西击月氏,把月氏挤出伊犁河流域。月氏南下进入阿姆河以北,乌孙则占领伊犁河流域并留居于这里。后来乌孙想要摆脱匈奴的控制,与匈奴之间的关系紧张起来。张骞主张:"厚赂乌孙,招以东居故地,汉遣公主为夫人,结昆弟,其势宜听,则是断匈奴右臂也。既连乌孙,自其西大夏之属,皆可招来而为外臣。"①张骞的这一建议深合武帝心意,于是武帝又起用张骞为中郎将,率领一个三百人组成的使团,携带成千上万的金银、绸缎和牛羊出使西域。使团主要任务是劝说乌孙东归,与汉朝结成联盟共抗匈奴,同时使团中还任命了许多副使,他们可以分赴大宛、康居等西域各国,与各国正式建立联系。

公元前 119—118 年,张骞率使团向西域进发。张骞这次出使西域,与前一次的情况大不相同。这时河西走廊已完全归入汉朝版图,自河西走廊至罗布泊已无匈奴部落。西域各国虽仍然受匈奴的控制,但开始对匈奴采取阳奉阴违或公开反抗的态度。特别是天山以北的大国乌孙,更是与匈奴直接对抗,从而使匈奴在西域的势力受到很大削弱。这便利了张骞的西域之行。张骞一行顺利到达乌孙。乌孙王名

---

①《汉书·张骞传》。

叫腊骄靡,已经是一位耄耋老人,其长子为王位继承人,不幸病死,他准备将王位传于长子的儿子岑陬,次子大录不服,阴谋攻杀岑撅。年老的腊骄靡昆莫无法控制大录,只好拨给岑陬一万骑部队,令他远离大录驻守一方,他自己则率一部分部队驻守王庭,以防备次子大录的叛乱。这样,乌孙实际上割据为三。张骞到达乌孙的时候,正赶上乌孙的这个局面。当张骞向腊骄靡转达汉朝请乌孙东返河西,联合抗击匈奴的主张后,老昆莫不仅无法决断,而且也并不感兴趣。但是这位乌孙王热情地派了向导和译者帮助张骞的其他副使到西域各国去。这次汉朝与乌孙虽然没有正式建立联盟,但是腊骄靡派出使者数十人,携带数十匹乌孙骏马于公元前 115 年随张骞一起到达长安,向武帝回礼,汉朝与乌孙的外交关系从此开始。

张骞回到长安后,武帝任命他为大行,负责汉朝接待外使和处理外国事务,但张骞回长安后一年多就去世了。

张骞虽然去世了,但他开通西域的事业却得到了迅速、持续的发展。在他死后一年多,他派往大宛、大夏、大月氏、康居、安息、身毒、于阗等国的副使陆续返回长安,并且带来各国的使节和大量礼品,从此打开了汉朝和西域诸国正式交往的渠道。汉朝每年都要派五六起到十多起使团前往西域各地,而西域各地来长安的使团数量更多,双方来往的使节、商人"相望于道",这些使者、商人都带有大量商品、礼物等。他们结伴而行,每一起人数少的有百余人,多的达数百人。这是何等繁荣的景象!著名的丝绸之路在张骞两通西域的基础上,不仅得到了开通,而且日益繁荣畅通,使东西方政治、经济和文化交流得到进一步发展,而张骞"凿空"的功绩,永垂青史。

四、张骞与丝绸之路

"丝绸之路"这一名称出现在 19 世纪 70 年代,是德国著名地理学家李希特霍芬提出的。他形象地把"从公元前114年到公元127年间,中国与中亚河中地区(指中亚阿姆河与锡尔河两河间地区——引者)以及中国与印度之间,以丝绸贸易为媒介的这条西域交通路线"称为"丝绸之路"[1]。1910年德国东方学家艾伯特·赫尔曼主张把这一名称的涵义延伸到遥远的叙利亚[2],得到学术界普遍赞同。此后,随着中外学者的考古发掘和丝绸出土地区的日益扩大,随着对丝绸之路研究的日益发展,丝绸之路的概念从时间范围到地域范围都越来越扩大。目前,"丝绸之路"这一雅称实际上已经从狭义发展为广义。日本学者多主张丝绸之路除陆上绿洲路以外,还应包括草原路与南海路,其中有的甚至认为,丝绸之路是"人类自古使用的远距离贸易路的总称"[3]。我们认为,初期的狭义的丝绸之路,是指汉武帝年间以张骞"凿空"为标志,以丝绸为媒介进行中西交往的陆路交通线。具体的路线一般是指东起中国古都长安,经甘肃、新疆,西通罗马、印度等文明古国的陆路交通线。广义丝绸之路的概念,是指自古以来中国与亚洲其他地区、欧洲、与非洲相互间进行的,与丝绸的交换、赠送有关的,政治、经济、文化交流的各类交通路线之总称。它的具体路线,除了古代中国与西方的陆路交通线——绿洲路以外,至少还包括横贯欧亚大陆北方草原的通道——草原路,和南方海上的航路——南海路。

　　丝绸之路是世界文明的先驱,它像一座桥梁,联结着中国、印度、埃及、巴比伦等文明古国;丝绸之路是世界文化的摇篮,至今仍影响

---

　　[1]李希特霍芬:《中国》,第1卷,柏林,1877年,454页。

　　[2]赫尔曼:《中国和叙利亚之间的古代丝绸之路》,柏林,1910年,10页。

　　[3]长泽和俊:《东西文化交流史》,第一章丝绸之路与东西文化交流,白水社,引自《西北史地》,1984年,3期。

着亿万人精神世界的佛教、基督教和伊斯兰教,以及古代具有划时代意义的一些伟大的创造发明和思想流派,就诞生在丝绸之路的要冲地带,而且最先正是通过这条东西古道传播到了全世界。丝绸之路也是古代一些叱咤风云的人物(从亚历山大到成吉思汗与帖木儿)及其帝国的活动舞台,丝绸之路上曾发生过众多民族的大迁徙、大融合,造成了世界历史的大变化、大发展,人们对丝绸之路的作用给予了极高的评价,长泽和俊先生甚至认为,"即使说全世界的历史都与之有关,也不为过分"①。而这样一条对世界文明与历史有重大影响的古道的开通,正是与张骞的名字紧密不可分的。

当然,应该承认,早在张骞之前,丝绸之路这条通道已经存在,它的开辟,无疑是广大人民群众艰辛跋涉的一种结果,只不过他们的名字都于史无载罢了。关于公元前3世纪西方已称中国为"赛里斯"国之说,周穆王赠丝绸给西域酋长之说以及阿尔泰地区出土了战国初期的丝绸等等事实,都说明这条丝绸之路在公元前5世纪时就已经存在。但毕竟在张骞之前,对于这条中西交通线的具体路线没人进行过专门的实地考察与记载,也没有使之成为公开的、畅通的道路。也就是说,丝绸之路在世界上、在史籍中成为有方向、有路线记载的道路,是张骞通西域后的结果,即张骞"凿空"②的成果。

首先,张骞通过亲身的探险和外交活动,两次通西域,沟通和考察了被匈奴阻塞的中西通道,成为举世公认的伟大探险家。他两次通西域的实际活动证明,他是中国与西方建立和平外交关系的启蒙者,是主张和平外交并取得成就的古代杰出外交家。他向武帝提出的几

---

① 《西北史地》,1984年第3期。

② 关于"凿空",《史记·大宛列传》说:"于是西北国始通于汉矣,然张骞凿空。"司马贞解释为:"案谓西域险"。

项建议,都体现了他试图以和平结盟来牵制匈奴的想法。张骞正是怀着探求世界和平与稳定的抱负,冒死西行。也正是这种远见卓识使他派出副使和其他使节,陆续到达印度、伊朗、阿拉伯半岛和里海之滨,才使以前只有民间零星贸易和断断续续交往的这条东西通道上,呈现了空前繁荣的景象。张骞揭开了官方使团和商队大规模频繁交往的序幕,开创了汉朝和中亚、西亚、南亚一些国家正式建立外交关系的新纪元。据文献记载,自张骞通西域后,赴西域的使者"相望于道",使团"大者数百,少者百余人"。一年之中,使团"多者十余,少者五六辈","远者八九岁,近者数岁而返"①。他们携带了一批批礼品、物资,包括价值万金的丝绸等来往在这条古道上。还有大量假借"贡献"为名的商人,经常往返于丝绸之路,终于使丝绸之路成为一条畅通的贸易之路。可见,张骞为丝绸之路的畅通所立下的丰功伟绩,首先在于他意欲开辟的是一条友谊之路,和平之路。

其次,张骞以其亲身的经历订正和充实了过去对西域各国的传说和零星记载,使人们大大增长了对丝绸之路及其有关地区的认识。张骞西使前,西汉对西域、对河西走廊以及这里的月氏、乌孙等民族的情况,所知很少。张骞第一次出使西域,"身所至者大宛、大月氏、大夏、康居,而传闻其旁大国五六"②。他首次把西域介绍给了中原王朝。他第二次出使西域又到了乌孙,并派出副使,与更多地区和国家建立了联系,了解了他们的情况。根据他的报告,在大宛东北有乌孙,是西域的一个游牧大国,当时只与匈奴保持一般的隶属关系,并且已经拒绝往匈奴"朝会"。在大宛西北以游牧为生的康居,国势

①《史记·大宛列传》。
②《史记·大宛列传》。

较弱,当时不得不南属月氏,东朝于匈奴,以保持其存在。在康居西北,还有游牧国奄蔡,也是一个较大的国家,其国临大泽,张骞称它为北海,从地望来看,很可能是指现在的苏联境内的咸海。月氏是张骞这次出使的主要目的地,他曾明确指出,大月氏在妫水(即今阿姆河)北。而在大月氏以南,即阿姆河以南是大夏,又称巴克特利亚。在大月氏西边是安息,又称帕提亚,当时正值这个国家的阿萨息斯王朝,张骞译称安息,即阿萨息斯的音译,安息是西亚大国,当时它占有伊朗高原及两河流域。再西,张骞还打听到条支(今叙利亚等地)的情况。《史记·大宛列传》和《汉书·西域传》就是根据张骞向武帝报告的内容,详细记下了早期丝绸之路的具体路线和行经地点。至今,这些记载对相关研究仍是极为珍贵的。以后,陆上丝绸之路的扩大也大体是在张骞所发现的主要交通干线和他所提供的资料的基础上变动和发展的。

第三,张骞通西域使丝绸之路这条东西方人民共同开辟的友谊之路变为东西大规模往来的交通要道。而丝绸之路的正式开辟加强了经济文化的频繁交流。张骞及其副使所到之处宣传了汉朝的富强,加深了与西域各国及各民族的友谊,大大促进了东西方从使节到商人、从贵族子弟到宗教人士、从杂技演员到各类民间艺人的交往。在源源不断的东西交往洪流中,汉朝使节从大宛引进了葡萄和苜蓿,其他如胡桃、石榴、胡麻(芝麻)、胡豆(蚕兹)、胡瓜(黄瓜)、胡蒜(大蒜)、胡萝卜等也被移植到中原地区,成为我国人民的生活必需品。西方的毛皮、毛织品和异兽珍禽成为内地的名贵商品及奇珍。西方的音乐、舞蹈、绘画、雕塑、杂技等,也对我国古代文化艺术产生了积极影响。而我国绚丽精致的丝绸和其他工艺品,肉桂、大黄、黄连等各类中药材,还有中原先进的生产技术,如养蚕缫丝术、冶炼术、制漆品术、井渠法、造纸术等等,也经由西域传向西方。双方在相互交流、相互学习中得到了共同的发展,使各自的经济文化生活更加丰富多彩。而每当我们提到这条友谊之路时, 又总会情不自禁地想起这位冒死跋涉在古道上的博望侯张骞!

（原载《古代开拓家西行足迹》,陕西人民出版社,1987 年）

震惊东南亚的中国佛门千里驹——玄奘法师

一、佛门千里驹玄奘法师的成才之路

唐贞观十六年（642）冬，羯若鞠的首都曲女城（今印度联合省坎诺吉城）内，曾举行过一次千载难逢的佛学辩论大会。这次大会由强盛一时的乌苌王朝国王戒日王亲自召集，到场的人有五印度十八个国家的国王、精通佛典的大小乘佛教名流和婆罗门等其他外道宗教人士，共六千余人，真是盛况空前，规模非凡。至于无法统计的听众则充塞好几十里，人山人海。

主持辩论大会的论坛主人是一位眉清目秀的中年僧人，他主讲《制恶见论》等大乘教义，破一切异见，连续十八天，无一人能就某一问题驳倒他。其学识之渊博，见解之精辟，万众赞叹，各学派人士无不敬服。

大会结束时，伴随着群情悦服的欢呼声，大、小乘两派分别授予他"大乘天"和"解脱天"的荣誉称号。接着，论主被拥上大象，进行巡礼，由达官贵人陪送，而两旁人群烧香散花，前簇后拥，以争见这位论主一面为荣。

这位誉满五印度的论主就是历尽了人间艰辛，终于攀登上世界佛学顶峰的中国高僧——玄奘法师。世界上仰望学术顶峰并叹其高巍的人，何止千千万万，但是能不畏丧生之险而登上万里探险求经路又走上顶峰的，能有几人！玄奘称得上是其中杰出的一位。为了争邀玄奘,古印度强大的戒日王与迦摩缕波国鸠摩罗王差点儿交战;为了挽留玄奘在古印度研究佛学,鸠摩罗王愿为他建造一百所大寺院。由于不舍得放玄奘回国,这两位国王和当地人民一直伴送玄奘几十里,才不得不挥泪而别。我国这位古代的杰出人才是如何成长的呢?

玄奘被誉为佛门千里驹,这绝不过分,实际上,他的贡献远远超出了佛教的范围。他不仅是一位杰出的佛学家,而且是世界公认的伟大探险家和我国最早的翻译家。

玄奘诞生于隋开皇十六年(596)①,俗名袆,洛州缑氏县(今河南偃师县东南)人士。其父陈惠曾任江陵(在今湖北)县令,"早通经术"。玄奘是他四子中的幼子,自幼敏慧超群,在他父亲的熏陶下幼小好学,而且一懂便做,身体力行。例如,有一天其父口授《孝经》至"曾子避席"一段,玄奘忽然整襟而起。父亲问他为何起立,他回答说:"曾子闻师命避席,某今奉慈训,岂宜安坐?"由于有这种认真治学的精神,以后自然就"备通经典"了。②

玄奘的幼年时代,正值隋王朝统一南北朝不久。魏晋南北朝时,由于战事频繁,人民生活痛苦,祸福无常,因此佛教的发展有着深厚广泛的社会基础。于是僧徒激增,寺院纷立,佛教石窟西起新毅,东到辽宁,佛教盛极一时。虽然佛教在北朝时曾一度为北魏太武帝拓跋焘和北周武帝宇文邕所禁,但时间较短,而且隋王朝灭陈统一后③,下令复兴佛

---

①据刘轲《大遍觉法师塔铭》玄奘卒年六十九岁推算。另外,玄奘生卒年代还有两种较普遍的说法:一说据冥详《玄奘法师行状》说玄奘卒时六十三岁(卒于664年,唐麟德元年),所以主张生于602年(隋仁寿二年);另一说据道宣《续高僧传》卷四,说玄奘卒年六十五岁,则应生于600年(开皇二十年)。

②《大慈恩寺三藏法师传》卷一,中华书局,1983年。

③隋灭陈统一是589年,当玄奘诞生前七年。

教,由于有魏晋南北朝以来打下的基础,佛教理论的研究又很快发展起来,佛教各宗派也纷纷复兴。在整个社会崇尚佛教的背景下,玄奘的二哥陈素早已出家(法名长捷),他经常将玄奘带到自己出家的东都(洛阳)净土寺听讲佛经,这对玄奘幼年的志趣形成也有很大影响。

玄奘十二岁时①,正遇隋朝大业年间唯一的一次明诏度僧之机。开始因洛阳只度僧二十七名,而报名的"业优者数百",加之玄奘年龄过小,不在考虑之列。这个挫折使他心情忧郁,常常徘徊在"公门之侧"。一天,负责度僧的大理卿郑善果见玄奘状貌非凡,询问之下,玄奘对答如流。郑善果深嘉玄奘小小年纪却有"意欲远绍如来、近光遗法"的大志,认为这样的"风骨难得",认定玄奘能成为伟才,于是给予破格录取②。应当说,玄奘遇到郑善果这样识才的伯乐,才获得了从少年时代起便接受佛门专门训练的机遇,这对他成为佛门千里驹自然是重要的条件。古今中外,识才之士的帮助,从来是人们成才的重要因素。

时势造英雄。玄奘少年时代正值隋代提倡佛教、下敕培养佛学人才的时代,因此当时佛学界可以说是人才辈出,有成就的大师相当多。但为什么只有玄奘能出类拔萃而扬名天下?这还取决于他个人的才能、个性和志向。玄奘刚入佛门,便能听懂《涅经槃》《摄大乘论》等综合大乘要义的名著,而且都能一遍而尽其旨。达到此种程度他还不满足,总是反复钻研,常至废寝忘食,直到能上台复讲,使大家都为之震惊。于是,当时这位十三岁的小沙弥就已轰动了佛学界。

---

①《佛祖统记》卷三十九:"(大业)三年正月,诏天下州郡七日行道,总度千僧,上亲制愿文……"到大业五年,隋炀帝下诏"罢道","拆毁"寺院。所以按六十五岁及六十三岁卒之说,玄奘十一二岁时均在大业六至八年,不可能剃度出家,而按六十九岁说,则大业三年正好为十二岁。

②《大慈恩寺三藏法师传》卷一,中华书局,1983年。

　　玄奘十六岁那年(隋大业七年,611),爆发了反隋的农民大起义,到618年隋炀帝被宇文化及所杀,隋朝灭亡,李渊乘机建唐。在这动荡的年代,东都洛阳破败,僧侣的供应断绝,既无香火,又无供应,僧侣也多有死亡,或者流落街头,处境艰难,早已无法讲学,大师也渐渐离散。玄奘在这种条件下,仍一心想寻找得以继续深造的地方。于是他与二哥陈素漂泊到长安。因唐朝初创,长安当时还根本顾不上提倡学术,他们又离开长安越秦岭到汉川,最后终于找到了各地佛学大师云集的成都,在空慧寺听道基、宝暹等法师讲学。经过乱世,玄奘更加珍惜每一寸光阴,专心治学两三年,便精通了当地的所有经论。当时来成都学习佛经的数百僧人,没有一个人能超过玄奘,玄奘之名,便传扬在关、蜀、荆、楚各地。

　　但是玄奘并不自满,精进不息。他二十七岁那年(唐武德五年,622),受过“具足戒”之后,就向他二哥表示了要去各地遍访名师,再求深造的愿望。其兄陈素虽与玄奘经历的客观环境基本相同,但他却没有玄奘那种“廓宇宙以为志,继圣达而为心”①的气魄与宏大志向,所以他留在富庶而安静的成都,满足于已经成了颇受蜀中人士敬重的僧人的地位,不想再流浪奔波,也不愿放玄奘出行。玄奘不顾兄长的阻拦,毅然只身经过峨眉,独穿三峡,辗转到湖北、河南、河北等地,一面讲经,一面遍寻高僧,踏遍了祖国半壁江山,终于贯通了各家学说,最后再入长安。当时长安已经是高僧云集,佛学研究逐渐恢复起来,除了研究东晋时鸠摩罗什所译大乘“中观”佛经外,还研究梁、陈间由西印度真谛法师所传译的“瑜伽”系“摄论宗”。这是当时佛教最前沿的学问。长安就有法常、僧辩两位号称佛学权威的大师传授“摄论宗”。跟随这两位大师学习的僧人不计其数,但唯有玄奘能对两位

　　①《大慈恩寺三藏法师传》卷一,中华书局,1983年。

大师的深造之处质疑问难,寻根究底,"一拾斯尽",两位大师惊喜不已,赞誉玄奘为"释门千里之驹",将来必为光大圣教的伟人。至此,年轻的玄奘法师脱颖而出,成为通达国内各宗学说的佛学后起之秀,一时"誉满京邑"[1]。但是玄奘学问愈渊博,疑问也愈多,他也就自然想要到佛教发源地去求得解决。

唐朝立国之初,李渊父子实行的是崇道抑佛的政策,佛教比起魏晋南北朝时期长期受推崇的情况,所处地位一落千丈。因为魏晋南北朝分裂时期,政权频繁更迭,统治者要利用佛教为自己扬威壮势,佛教各派也因政权势力而各为不同阶级奉为上宾。在这种基础上发展的中国佛教教派林立,争论不休。玄奘少时,瑜伽学派方兴未艾,对教理解释更是意见不同。而唐初需要建立一个多民族的统一国家,统治者欢迎思想统一的宗教意识形态,所以武德七年(624)太史令傅奕请求"除去释教"[2],并得到李渊支持。他亲自到国子监宣布道为首,儒为次,佛最后。以玄奘为代表的佛教界有识之士,已感到当时的佛教必须从教义上改旧立新,统一派别。据彦琮记载,玄奘对众大师说"详考其义,各擅宗涂,验之圣典,亦隐显有异,莫知适从。乃誓游西方以问所惑,并取《十七地论》以释众疑,即今之《瑜伽师地论》也。又言:'昔法显、智严亦一时之士,皆能求法导利群生,岂使高迹无追,清风绝后,大丈夫会当继之'"[3]。也就是根据这段话,一般认为玄奘西行的动机、目的在于"得《瑜伽师地论》"[4]。这当然可以说是玄奘公开的动机、

---

①《大慈恩寺三藏法师传》卷一,中华书局,1983 年。
②《唐书·傅奕传》。
③《大慈恩寺三藏法师传》卷一,中华书局,1983 年。
④诸葛麒:《法显、玄奘西行之比较》,载《史地学报》第 3 卷,第 3 期;杨非《玄奘》等书。

目的。不过,如果进一步深入思考一下,我们前述的政治背景与佛教界当时种种内外因素,不难看出这段话的重点在于说明,玄奘西行志在克服"隐显有导,莫知适从"的状况,以"导利群生",统一各宗,恢复佛教受敬崇的地位。因此,在唐朝宣布佛教名列道儒之后不久,自幼立志要光大佛教的玄奘,显然不甘心于佛教的这种受压抑的地位,更加决意西行求法。

二、艰难西行

唐太宗贞观三年(629)春,玄奘由长安经秦州(今甘肃天水)、瓜州(今甘肃安西县东)等地,出颥赎(葫芦)河上的玉门关①,沿丝绸之路向佛教之源的古天竺进发,开始了长达十七年、行程五万里的求学历程。他几次遇到九死一生的险情而不回头,历尽艰险,周游一百一十国,成为中国古代驰名于世的探险家。

玄奘西行时,我国西北边疆正值突厥强盛,屡扰边境之际,因此唐朝严守边关,无特许证,禁止出玉门关西行,并在玉门关外相间设有五烽,偷越边关,很可能被烽台守兵的乱箭射死。在出玉门关后的荒原上休息时,原拜玄奘为师并许诺陪伴他同行的胡人石梁陀,怕途险不能生还,想加害玄奘,以便逃回,所以他突然拔刀而起,但被玄奘识破。玄奘送石梁陀一匹马,让他回家,自己孑然独行,在沙漠中摸索前进。玄奘在沙漠里见到种种鬼怪般的形象,按现在的科学解释,这

---

①唐代玉门关已东移到甘肃安西的双塔堡附近, 具体地望阎文儒先生1945年史地调查后在《敦煌史地杂考》一文中说:"今葫芦河至双塔城北,西北流入疏勒河,沿河南西行三里余如乱山。山中有双塔……,塔下为河,两岸俱山,河由山中流出,形成隘口,唐时难关之设,此处或近之。"(该文载《文物参考资料》,1957年第5期。)

是沙漠远处的景物倒影，由于气流的变化而往往瞬息万变，显出各种可怕的形象。玄奘其时还没有这种科学观念，他克制着恐惧，走了八十多里，才到第一烽(今白墩子)。玄奘在烽前险些被飞箭射中。幸亏他大喊自己是和尚，因为守烽校尉王祥信佛，热情接待。王祥让玄奘避开二、三两烽径直持他的亲笔信去王伯龙校尉守卫的第四烽，又告诉他绕过第五烽(今星星峡)径向野马泉的捷路。玄奘遵嘱前行。他进入茫茫莫贺延碛后，迷失了方向，不幸又失手倒翻盛水袋，四夜五天无水可喝，终因干渴疲惫而昏倒。在濒临死亡的时刻，他那匹曾多次经过这一带的老马，突然辨明了方向，神奇地把玄奘驮到了青草甘泉边，从而得以生还，经历九死一生才到达伊吾(今哈密)。

高昌王鞠文泰闻讯专门遣使来伊吾将玄奘请往高昌，玄奘经由高昌界的白力城[1]，到达丝路要冲的高昌王城哈喇和卓。

鞠文泰信佛，久闻玄奘大师之名，对其十分敬重。玄奘到高昌那天已是半夜，鞠文泰和王妃都因等候大师一直不睡，前后列烛，连夜亲迎。高昌王强留玄奘，迟迟不肯放行，欲终身供养。玄奘无奈，绝食相拒，才被允许离开高昌。鞠文泰与玄奘结拜为兄弟，在请玄奘讲经一月之后，赠玄奘足够二十年花费的金银财物，又让他携带给沿途各国国王的书信二十四封，才放他启程，玄奘答允返回时再到高昌相会。但后来，因鞠文泰垄断丝绸之路，从中渔利，并与西突厥联合，阻拦、抢掠丝路古道上往返的商贾和使者，为此，贞观十四年(640)唐朝派侯君集一举平定高昌，鞠文泰惊恐病死。玄奘回来时，得知鞠文泰已死，也就未到高昌停留。玄奘带着鞠文泰所赐人马离开高昌后，继

---

①白力即白棘，代表性的看法一是《辛卯侍行记》卷六所说"辟展汉车师前国东境，北魏以后为高昌之白棘城"；另一种是《西域图志》所说，楚辉(在辟展西南二十里)当北魏时的白棘城，即玄奘时的白力城。

续西行,到阿耆尼国(焉耆的梵文名称)①以及屈支国(即龟兹,今新疆库车一带)。玄奘到焉耆时,只有"伽蓝十余所,僧徒二千余人",可见佛教已经衰败。他说焉耆"文字取则印度,微有增损",而焉耆"王其国人也",对屈支国王则更明确说是"屈支种也",屈支国的"文字取则印度,粗有改变"。由此看来,唐代这一带使用的古文字虽受印度影响,但并非完全相同,而居民则为当地人。再联系法显《佛国记》所说"国国胡语不同"来看,这里到唐代比晋代时受印欧语系影响更深了一些,但仍不是国外学者所说的情况:西域古代文字为雅利安语,民族为雅利安种。如德国勒库克说:"总之,北起库车,东至哈密,无不为雅利安人所盘踞",并说由库车至吐鲁番所操语言,绝似雅利安语②。我们认为西域古代居民的人种及语言问题比较复杂,目前尚无足够的资料,要做出肯定可靠的结论,为时尚早。1980年出版的《新疆简史》认为,当时那一带的居民"应该主要是操某种突厥语的民族",所以后来"在回鹘大规模西迁以后,他们就比较容易地维吾尔化了"。根据上述国内外的说法,再考虑新疆出土的细石器文化与我国的东北北部、内蒙古和西北各省连成一片的情况,似应看到一种发展倾向,即古代当地民族与中国东北、西北民族均有密切联系;而后来西域因地处东西交通的中间地区,在人种及文化上受西方的影响日益深重。到唐代,他们的文字和人种已经是东西方混合的产物了,特别是魏晋以来因佛教的影响,到唐代时与印欧语系民族、伊兰文化的融合,更日益显著。不过,这并不排斥处在东西文化通道上的西域文化,在某些

---

　　①黄文弼先生1957年9月考察后认为,玄奘时代焉耆都城位于今明屋东北四十里城子的旧城。

　　②勒库克著,郑宝善译:《新疆之文化宝库》第五章导言之(一),考试院印刷所,民国二十三年。

方面可能吸收东西文化之精华而形成自己的特色，龟兹乐便是一例①。近代的研究成果和出土文物已经表明，龟兹固有的乐器有七八种，而源于中原的也有笛、笙、箫、贝、铜鼓等数种，至于天竺固有的乐器，则主要是一种凤首箜篌，国外学者也已开始怀疑毛员鼓等乐器发源于印度的说法②。实际上，"计龟兹有而天竺无之乐器多达九种③。周游过五天竺的玄奘指出屈支国"管弦伎乐，特善诸国"④，证实龟兹乐在唐代已是世界音乐中名列前茅的一种音乐了。

玄奘一行离开屈支国后，到跋禄迦国（今新疆阿克苏与拜城间的哈喇玉尔衮）。然后，"西北行三百余里，度石碛，至凌山，此则葱岭北原，水多东流矣。山谷积雪，春夏合冻，虽时消伴，寻复结冰。途径险阻，寒风惨烈，多暴龙，难凌犯。行人由此路者，不得赭衣持瓠，大声叫唤，微有违犯，灾祸目睹。暴风奋发，飞沙走石，遇者丧没，难以全生。山行四百余里至大清池，或名热海，又谓咸海。"⑤

玄奘所谓凌山指何处？以前，影响较大的主要有两种说法：一种认为指木素尔岭，另一种认为指拔达岭。近年多认为木素尔岭在跋禄迦国北，方位不对，不合玄奘所说"西北行"，由木素尔岭到热海（伊塞克湖）必须绕道特克斯河，全程一千华里以上，远不止四百多里。第二说之拔达岭在跋禄迎国正西，方位也不是"西北"。另外，从拔达岭至热海（伊塞克湖），中间过朱库巧克山隘，此道只一百二十五公里左

---

①向达在《龟兹苏祇婆琵琶七调考源》（载《唐代长安与西域文明》）中认为，龟兹乐源于天竺乐，龟兹本国固无文化，这值得商榷。

②岸边成雄著：《唐代音乐史研究》下册，台湾中华书局，1973年，515页。

③周连宽著：《大唐西域记史地研究丛稿》，中华书局，1984年，66页。

④章巽校点：《大唐西域记》，上海人民出版社，1977年。

⑤章巽校点：《大唐西域记》，上海人民出版社，1977年。

右,里程似比玄奘所说"山行四百余里"短得太多。所以,近年不少学者逐渐趋向于认为,凌山可能是拔达岭与木素尔岭之间的其他山岭,而最可能是指汗腾格里山西南的粟克托尔山隘。据现苏联地图,在拔达岭与木素尔岭之间确有通热海的商路,它越阿克苏河西支发源处的粟克托尔山隘可达伊塞克湖。粟克托尔岭正在喀喇玉尔衮的西北,按《大唐西域记》方位看,玄奘所谓"葱岭北原"是指汗腾格里山以西诸山而言,凌山泛指汗腾格里山。粟克托尔岭在汗腾格里西南隅,被玄奘统称为凌山是可以理解的①。如果玄奘从到达汗腾格里山西麓起便算"山行",则"山行四百余里"也比较恰当。这样,玄奘所说"至凌山,此则葱岭北原",更确切些说,是泛指他由"西北"方向度"石碛"之后,到汗腾格里以西冰天雪地的山麓,经粟克托尔山隘,而后才越拔达岭到热海的。

　　玄奘一行经凌山冰天雪地的一段行程之后,高昌带来的人马死亡十有三四。他们出凌山经热海(今苏联伊塞克湖)穿越今中亚乌兹别克共和国撒马尔罕一带,渡过乌浒水(今阿姆河),到达当时西突厥的要塞——铁门(今乌兹别克斯坦的杰尔宾特)。铁门左右是山,山势奇险,悬崖峭壁。玄奘描述"其色如铁……遂以为名。"玄奘曾由此到达霍尔姆、巴尔赫,在巴尔赫瞻仰了努巴哈尔寺,在寺中见到了佛陀用过的金脸盆,还有佛牙和佛祖雕像。由此南经兴都库什山,玄奘写下此山"涂路艰危,倍于凌碛之地,凝云飞雪,曾不暂霁"的壮观景象。玄奘还在巴米安观看了城北岩壁上的佛窟,那里有两尊巨大佛像,至今仍是游览胜地。然后玄奘离迦毕试国(都城在今阿富汗贝格拉姆)进入当时的北印度,到达今巴基斯坦境内。他在那揭罗曷、犍陀罗等地巡礼佛钵宝台、菩提树等佛教胜迹,在犍陀罗有贵霜王朝迦腻色迦王时期修建的许多庄严华丽的寺院、佛塔和雕塑的佛像。玄奘把鞠文

---

①周连宽著:《大唐西域记史地研究丛稿》,中华书局,1984 年,86 页。

泰送给他的金银、绫绢等财物分送给各寺院。他从犍陀罗东南行，经咀叉始罗等几个小国到罽宾。这里是小乘佛教发源地之一，收藏有佛教史上著名的五百教徒第四次结集后编纂的三十万颂的经论。玄奘在此如饥似渴地刻苦习诵两年之后，才开始新的旅程。

玄奘一行在进入今印度旁遮普省契那布河中游一带时，在波罗奢大森林突然遇到山林大盗五十多人，他们的财物被抢劫一空，并被强盗赶入涸池准备集体屠杀。幸好玄奘和一小和尚乘池中纷乱拥挤的时候，沿长满蓬蒿蔓草的一个水穴逃出，叫来农民，救出了受难者。当众人为财物悲泣时，玄奘却毫不难过，认为只要大家活着，资财何必计较。

玄奘在北印度跋涉数千里，游历十几个国家，然后进入当时的佛教中心中印度。他在中印度时间最长，沿恒河巡礼佛迹，遍访高僧，共游历三十多国。中印度有佛陀释迦牟尼的诞生地迦毗罗卫城；有每五年召开一次"无遮大会"①的曲女城（今印度联合省坎诺吉城）；有印度当时学术中心的所在地、全印度最大的佛教寺院——那烂陀寺。玄奘留学于那烂陀寺，求学于年逾百岁的印度名僧戒贤法师。该寺几乎每天有一百多个讲座，国王拨出一百多个城市的收入供养这一寺院，这里钻研佛学的氛围极为浓厚。玄奘在这里学习五年，几乎遍学全部经典，当时全印度能通晓全部佛教经典的也仅戒贤法师一人。玄奘学完寺中佛教藏经后，仍不满足，进而到东印度、南印度、西印度遍学佛经藏书，然后又返回那烂陀寺主持讲座。玄奘的才华曾引起戒贤法师的大弟子师子光的嫉妒，他主讲"中观论"，并对"瑜伽"学说存有偏见。玄奘为此用梵文著会宗论三千颂（可惜已失传），说明"瑜伽"与"中观"并不相悖的道理，受到一致赞扬。此后玄奘誉满五印度，并被称雄

---

① "无遮大会"是不分贵贱高下，不论宗教信仰，允许一切人参加的讲法并施舍财物的盛大集会。

一时的戒日王奉为上宾。公元 643 年,在曲女城大会之后,他拒绝了一切荣华富贵,坚决启程,载誉回国,准备把全部知识奉献给祖国。

三、中国翻译学的奠基人

回国后,唐太宗接见玄奘于洛阳,他劝玄奘还俗辅政,玄奘回答说:"玄奘从西域所得梵本六百余部,一言未译。今知此嵩岳之南少室山北有少林寺……玄奘望为国就彼翻译,伏听敕旨。[1]"唐太宗无法改变法师坚定的信念,只好留他就近在弘福寺译经。从此玄奘开始组织大规模的译场翻译。他通过房玄龄从全国征选高僧二十余人参加证义、缀文等工作。玄奘法师经常工作到深夜,三更暂眠,五更又起,夜以继日地连续译经十九年,直到死前一个月感到实在无力持笔时才停止译经。他叫嘉尚法师具录所翻经论,共存七十五部,总一千三百三十五卷。足见玄奘十九年的翻译工作量是多么惊人!他还把中国古代的哲学名著《老子》和印度已经失传的佛经《大乘起信论》译成梵文,介绍给印度人民。玄奘法师所译佛经,卷帙浩繁,数量惊人,内容广博,称得上是我国古代史上沟通中印文化交流的伟大翻译家。

一般认为,我国的翻译事业是从东汉初期天竺人摄摩腾、竺法兰等译《四十二章经》开始的,直到隋末,属于我国翻译史上的"旧译"时期。这一时期也出现过一些著名的佛学译者,如西晋的竺法护、东晋的鸠摩罗什和隋代的彦琮等。竺法护原籍大月氏,生于敦煌,后随高僧竺高座"至西域,游历诸国,外国异言三十六种,书亦如之,护皆遍学"。他共译佛经一百七十五部,三百五十四卷,人们评价他传译佛经的贡献是"经法所以广流中华者,护之力也"[2]。除竺法护外,玄奘前的

---

[1]《大慈恩寺三藏法师传》卷六,中华书局,1983 年。

[2]慧皎:《高僧传·竺法护(竺昙摩罗刹)传》。

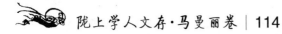

译师中,以鸠摩罗什(344—413)成就最为卓著。鸠摩罗什的父亲是天竺人,母亲是龟兹王妹。在长安逍遥园译场任主译,有八百余人为襄译。鸠摩罗什十年间译经三百多卷。他的翻译文体成熟,重意译,如译《智论》时,"梵文委曲,师以秦人好简,裁而略之","受、想、行、识"四名词,亦到罗什时始定。他所译《维摩诘》《法华经》《阿弥陀经》诸经,辞藻华妙,文笔优雅,充满了音乐感,被誉为"佛典文学中的上品"[1]。20 世纪初期,日本大谷光瑞考查团收集去写有公元 411 年按语的鸠摩罗什译《法华经》和西晋元康六年(296)写有跋文的竺法护所译《诸佛要集经》等译文,都是稀世珍本[2]。

隋代设置翻译馆及译经博士。当时的高僧彦琮尤精译事,他译经二十三部一百余卷,晚年著《辩正论》,提出八备的译经准则。不过八备主要还是从翻译的态度及译者应具备的条件这方面总结的,还不是直接探讨翻译学说本身。他的八备主要精神是提倡译者要有恒心,遵守戒规,通晓经律,博览经史,虚怀若谷,不求名利与好高立异;应精通梵文,使不失经义;需具备古辞文等基础,使文从字顺等等[3]。

看来,这个"旧译"时期,我国的翻译学有两大特征,一是译者多数是天竺(印度)人和出身西域的人士,他们大都对汉语不够精通;二是在翻译经验方面多属初创阶段,或者过于直译,使人难于理解,或者过于意译,容易有损原文。鸠摩罗什便是意译的典型,虽文笔优美,但忠实原意则较不足。竺法护是直译式,译文又过于死板。"旧译"时期,主张直译方面较有影响的人物,是南朝佛学大师道安。道安坚决反对意译佛经,认为"昔来出经者,多嫌梵言方质,改适今俗,此所不

①苏渊雷编著:《玄奘》,黑龙江人民出版社,1983 年。
②杨建新、马曼丽著:《外国考察家在中国西北》,河南人民出版社,1983 年。
③钱歌川著:《翻译的基本知识》,湖南科技出版社,1981 年。

取……经之巧质,有自来矣,唯传事不尽,乃译人之咎耳"。他讽刺损言游字的翻译"皆葡萄酒之被水者也",又提倡译梵为汉,应按"五失本,三不易"的译律,多为后世所称引①。

玄奘由于既精梵文,又有较高汉语水准,所以他的译文,比起鸠摩罗什那种流畅的文体,更为确切而畅达,比起竺法护那种朴素直译的笔法,却大为灵活而有文采。从而开创了我国翻译史上划时代的新时期——"新译"时期。玄奘被认为是"新译"的"创始人和翻译史上的巨星"②。玄奘的"新译"最大的特点是译者具有梵汉两种文字的较高水平,在翻译技巧上,既能译义正确易懂,还能文采斐然,是直译与意译两者结合的创造。大家知道,我国近代大翻译家严复提出了"信、达、雅"的翻译理论③,成为我国至今公认的翻译准则。如果我们研究一下玄奘的译文和翻译实践,不难看出他的新译最早为我们提供了"信、达、雅"结合的翻译实践经验。例如:为了既不损原文,又用汉语的习惯表达清楚,玄奘常把原文反复读熟、推敲琢磨,然后用流畅的句子表达,或在一节结尾加一注释般的简明结语,"每有难文"必找证义助手道因等"同加参酌"。为了文字优雅,到显庆元年,译场中又应玄奘的要求,增加了"润文官",给新译佛经"时为看阅,有不稳便处,即随事润色"④。

玄奘主持时译场已发展到有十项分工即译主、证义、证文、书字、笔受、缀文、参译、刊定、润文、梵呗十项,其中实际上已包含了"信、达、雅"方面的基本要求。尤其是证义(译主的辅助者,审查译文意义

①《大品般若经序》。

②杨非著:《玄奘》,学习生活出版社,1955年。

③所谓"信",指对原文忠实,正确无误;"达就是译文要明白晓畅,甚至微妙奥义也能表达;"雅"则要求译文优美流利,甚至声调和谐。

④曹仕邦:《关于佛教的译场》,载《现代杂志》三卷,第2、3期,转引自钱歌川:《翻译的基本知识》。

与梵文有否出入,与译主商议到更为确切)、缀文(因中外文语法结构不同,需整理得符合中文语法要求)、参译(校勘原文是否有错,再将译文回证原文是否有歧义之处)、刊定(去芜存精,使每句、每节简要明确)、润文(对译好的文字润色,使之优雅)、梵叹(译完后朗诵译文,修改音词不够和谐之处)等项①,明显地体现了"信、达、雅"的精神。不过玄奘因他本人精通两国文字,并按这些原则要求自己,往往出口成章,落笔即是,虽有二十来位助手,能改动的却很少。他晚年译出的六百卷《大般若经》,化长篇教理的文字为诗一般的文字,多为四言,间或五言六言一顿,生动可诵,使人非卷终不能释手。吕徵评价玄奘的译文说:"他还运用了六代以来那种偶正奇变的文体,参酌梵文钩锁连环的方式,创成一种精严凝重的风格,用来表达特别着重结构的瑜伽学说,恰到好处。"②

总之,玄奘的翻译工作蕴藏着我国古代翻译学的丰富经验,值得重视。现在有的学者主张认真发扬古代译佛经的方式,来克服近代译书中粗制滥造的流弊,这种主张不是没有道理的。玄奘法师当年进行译经的目的本在佛教,他所创立的法相宗虽盛行一时,也不过流行三四十年,以后便一蹶不振。而玄奘在译经中留下的丰富翻译学经验和文采焕发的译作,却在千年之后的今天,仍有值得认真研究发掘的价值,在翻译学方面仍闪烁着我国文明的光辉。

四、《大唐西域记》的历史贡献

《大唐西域记》是玄奘口述,其弟子辩机笔录的游记,完稿于公元646年。书中记述了玄奘历经的 110 个国家和传闻的 28 个国家的见

①杨非:《玄奘》,学习生活出版社,1955 年。
②吕徵:《唐代佛家六宗学说略述》。

闻内容,包括民族风俗、宗教、文化、历史、地理、山川河流、气候水文等各方面的资料。记叙真实,文笔生动,是研究印度、尼泊尔、巴基斯坦还有中亚和我国西北等古代历史地理的重要文献,现已被世界各国译成多种文字,成为广泛流传的世界名著。

经过长期历史及实践的考验,玄奘这部书无疑是研究中印历史、地理、宗教、哲学等问题的珍贵文献。中外学者研究有关问题时都大量引用此书,特别是当时印度情况的资料是其他书中找不到的。正如著名印度史学家马宗达在《古代印度》一书中评价玄奘的记载说:我们记述的有关竭利沙、伐弹那的绝大部分事实都来自一个游方僧的惊人的记载,此外这些记载还给我们描绘了一幅印度当时情况的图画,这种图画是任何地方都找不到的。的确,目前要了解有关印度 7 世纪左右的情况,只能依靠《大唐西域记》。更早些的有亚历山大侵入时期或到过印度的希腊人的著作,如阿里安的《印度记》等。玄奘以后的有《马可·波罗游记》。玄奘以前的著作所记都很简略,玄奘以后的书虽较详尽,却不能反映和代替玄奘的记叙。中外学者都认为,在古代印度没有年代的一片黑暗中,只有一根闪光的柱子,就是释迦牟尼的生卒年代。玄奘此书对确定这一年代也起过作用。此外,他对印度古代和中世纪的许多历史大事件都有所记述,如毗卢择迦王伐诸释的事件、阿育王与太子的故事等等,并且四五处记有现在世界史学家们热衷的迦腻色迦王的资料,而且对于当时印度的政治、经济、宗教、文化、古迹、民族等内容都有翔实的记叙。近代考古学者,依靠玄奘的记载对中亚和印度的文化遗迹进行发掘和研究,结果已发掘出王舍城旧址、鹿野苑的古刹、阿旃陀的石窟和那烂陀寺的遗迹等古迹,便是最好的证明。至于佛教方面的材料当然更多一些,这类描述难免染有一些神话色彩,但并不影响史地记叙方面的真实性,也不能淹没《大唐西域记》的价值。

　　早在新中国成立前,易君左先生在翻译日本足立喜六名著《大唐西域记之研究》时说:"《大唐西域记》为世界不朽之名著,东西学者莫不珍视此书为旷代瑰宝,穷探精研,费一生之力,至死而无已……"当时兰州大学校长辛树帜在辛序中也说:"三藏法师所述《大唐西域记》文采飞动,记叙详赡,乃研究中印文化交通及中亚沿革地理之瑰宝。自《皇华四达记》《西域里程记》《中天竺行记》散佚后,遂为不二之珍。"①。

　　在近年出版的《大唐西域记》校点本前言中郦隶彬先生说:"玄奘西行已成千古美谈,他的《大唐西域记》又一向为世人所重视。这部书今天仍不失为研究我国新疆和中亚、南亚以及西亚历史的重要文献,对于我国与中亚、南亚以及西亚人民友好往来的历史,更是一个明证。"②

　　《大唐西域记》的历史作用,还应该和此书问世时的政治背景联系起来考察。应该说,这本书在相当大的程度上是服务于当时客观形势需要的。由于隋朝末年统治者滥用民力,国力亏虚,突厥乘机威胁中原,直到唐初的李渊,也不得不屈从于突厥。唐太宗这位有雄才大略的皇帝自然要彻底雪耻,他决心消灭西突厥割据势力,统一西域并发展与各国的交往。为此必须了解西域一带的地理、人情,所以他对玄奘十多年的西游见闻特别感兴趣。他一见玄奘便劝法师"宜修一传,以示未闻"。正因为玄奘领会了唐太宗的意图,所以他的《大唐西域记》虽对佛教传说之类也有记载,着重叙述的却是各国的政治、历史、山川、地理和风土人情的状况,使唐太宗非常重视:"新撰《西域

────────────

　　①易君左:《大唐西域记之研究》,载《西北论坛》一卷六期,民国三十七年十月。

　　②章巽校点:《大唐西域记·前言》,上海人民出版社,1977年。

记》者，当自披阅。"《大唐西域记》的价值与历史作用，正在于它绝不仅限于以佛教徒的目光来观察世界，而是着意更为深远的。

此外，玄奘留学印度回来，继承和发扬了当时印度佛学界权威——那烂陀寺学的传统，把各派学说作全面介绍。尤其是他先后阐明《唯识》，传习《因明》，不分门户，各任发挥，都体现了那烂陀寺学自由讨论的学风。这为玄奘培养出一批富有创造精神的门生，起了积极作用。其中，尤以被论敌诬攻为"三车法师"（说他出门要带酒、肉、妇人三车）的窥基最为才华横溢，慈恩一宗的规模就是他所创建的。再如辩机和写成《大慈恩寺三藏法师传》的慧立、彦琮等也都是难得的人才。

玄奘那追求真理一丝不苟的精神以及他的高尚情怀与操守，都是值得后代学习的。正如唐太宗在《三藏圣教序》中所说："松风水月，未足比其清华；仙露明珠，钜能方其朗润。"

玄奘法师在中国人民心中的印象，应该说是空前深刻的。由于人民崇拜他冒死西行的精神，千百年来，这个历史上真实的人物随着岁月飞逝而逐渐被神化了。到元明时，唐僧的事迹演变为流传极广的民间传说。明代吴承恩根据传说写成唐僧去西天取经的小说《西游记》，成为我国古典小说中的伟大作品之一。它当然已经脱离了历史事实，但这些与玄奘有关的传说与神话小说的出现，正说明玄奘西行在我国的影响之深远，唐僧玄奘是我国家喻户晓的人物。

今天，在玄奘游历过的印度、阿富汗等国，他的名字也为人们所怀念。20世纪50年代，印度政府在那烂陀寺附近修建了一座玄奘纪念堂。这座建筑造型模仿北京故宫大殿，有中国式大柱和红漆门窗，庄严雄伟，表现了印度人民怀念这位为中印人民友谊和文化交流做出过巨大贡献的僧人。

（原载《古代开拓家西行足迹》，陕西人民出版社，1987年）

中国著名少数民族旅行家与政治家
——耶律楚材

> 别来十年五岁,依旧一模一样。
> 须髯垂到腰间,眉毛俨然眼上。
> 龟毛锥子画虚空,写破湛然闲伎俩。

> 美髯中书,白衣居士。
> 从他抹施朱,一任安名立字。
> 手中玉尘震雷音,说尽人间无限事。

《湛然居士文集》中的这两首《自赞》小诗,读来使人如见其人,这位被人称之为"身长八尺,美髯当胸,声如洪钟,仪表非常"[1]的人,名叫耶律楚材。

耶律楚材,字晋卿,法号湛然居士。他生于1190年,卒于1244年,出身契丹辽朝宗室,世居燕京(家住今北京香山),为辽东丹王突欲八世孙。其父耶律履"以学行事金世宗,特见亲任,终尚书右丞",称宰相。

楚材幼而习儒,长而学佛,天文地理、律历术数、医卜佛经以及中原王朝的典章制度,无不通晓。他辅佐蒙古太祖、太宗,官至中书令,治绩卓著,是一位著名的政治家。作诗弹琴,著书立说,他才气横溢。著有《西游录》《皇极经世义》《西征庚午元历》《五星秘语》《先知大数》

---

①陈致平著:《中华通史》(六),台北黎明文化事业公司,1963年。

《辨邪论》《湛然居士文集》等①，实为一代博学多识的学者。

一、成材

史载耶律履花甲之年生楚材，"私谓所亲曰：此子吾家千里驹也，他日必成伟器。且当为异国用。因取左氏之楚虽有材，晋实用之。以为名字。"②字曰晋卿，当然也是这个意思。这里且先不必追究此条史料是否为杜撰之"谀辞"，还是确有其事之预言，证之于楚材一生的历史，倒也十分相符。

说他是"千里驹"，名副其实。说他是"楚材晋用"，也是事实。耶律楚材三岁丧父，在母亲的谆谆教诲下，"笃于好学，不舍昼夜"，从十三岁开始攻读儒家典籍，到十七岁已相当博学了。"二十应制策"③，耶律楚材已入仕途，任金尚书省省掾、开州同知、燕京左右司员外郎等官职。耶律楚材本打算凭自己的学识，参加进士科考试。金章宗未予批准，诏令仍按金旧制办理。金国制度，宰相之子做官，不必参加科试，可以通过例试直接补入朝廷官员。耶律楚材在例试时，主考者提问几桩疑难案或冤狱，一同参加例试的十七人中，唯独他对答优异，见识出众，遂被授以尚书省省掾官职。

有人会问：耶律楚材一出生，耶律履怎么就能预知儿子"他日必成伟器，且当为异国用"呢？如果根据耶律履"通六经百家之书，尤邃于易、太玄。至于阴阳方技之说，历象推步之术，无不通究"④而说成"以数推之"⑤，用今天科学眼光看来，自然是不可信的。如果说他面对

①钱大昕著：《补元史艺文志》，商务印书馆，1959年。
②《元朝名臣事略·中书耶律文正传》卷五，中华书局，1996年。
③《湛然居士文集·为子铸作诗三十韵》卷十二，中华书局，1986年。
④《元文类·故金尚书右丞耶律公神道碑》卷五十七。
⑤《蒙兀儿史记》卷四十八《耶律楚材传》。

客观现实,冷静分析当时中国形势,已经预感到金政权之必将衰亡,故取《左传》"楚材晋用"之语以为名,预知儿子长大成材后,当为异国所用,倒是合情合理的。

13世纪初,蒙古勃然崛起,中国北方的政治形势发生了巨大变化。女真贵族建立的金政权日益腐朽,已成摇摇欲坠之势。女真贵族历来对蒙古实行残酷的民族压迫政策,每年出兵蒙古恣意杀戮,谓之"减丁"。12世纪中叶以后,蒙古部在成吉思汗曾祖父合不勒合罕统领下,强大起来。金国此时已"无可奈何花落去",武力征服,"连年不能克"。于是,一方面采取离间政策,挑起蒙古内部相互间的内战,一方面动用大量人力物力,在东起嫩江左举的布西城,西南接庆州北境,沿阴山直达河套西曲的地方,修筑了一条长达3000公里的军事壕堑,防止蒙古南下。

成吉思汗反金,在开始是带有反抗民族压迫、争取独立解放的正义性质的。这一斗争反映了当时蒙古人民的强烈愿望,代表了蒙古各部的共同利益。因而得到蒙古人民的拥护和支持。

正因为如此,成吉思汗的攻金战争才能不断取得胜利。1211年,成吉思汗率领术赤、察合台、窝阔台、拖雷四子以及者别、速不台、木华黎等将领,自漠北克鲁伦河畔出兵,发起了攻金战争。出发前,成吉思汗登上一座高山,对天祈祷道:"长生之天啊!金朝皇帝辱杀了我祖先,如若您允许我去复仇,请助我一臂之力,并让九泉下列祖以及诸路神仙一起联合帮助我吧!"蒙古军队在复仇主义情绪鼓动下,越过大漠直奔长城边外。金朝守将纳合买住奔告朝廷,那位昏庸愚蠢的完颜永济皇帝说:"彼于我无衅,汝何言此?"不仅不听其紧急报告,还恐他擅生边隙,囚禁了起来。直到蒙古大军压境,金帝才遣使求和,但被成吉思汗拒绝了。浍河堡一战,成吉思汗以精骑三千击败金兵三十万,金将胡沙虎仅以身逃。1212年,蒙古军攻破宣德、兴德诸要塞。

1213年,蒙金激战于怀来,金将高琪大败。蒙古军乘胜破紫荆关,夺长城,占领南口和居庸关,进围金中都燕京。此时金廷内讧发生,先是完颜永济罪责胡沙虎,接着,胡沙虎罢官又起用,又杀完颜永济。金宣宗完颜珣立,高琪杀胡沙虎。当时金兵投降蒙古的很多,成吉思汗将其改编为四十六都统,合于蒙古军一起,分道进取黄河以北诸州,只留下部分兵力继续围困中都。蒙古军右翼攻山西;左翼攻直隶沿海之地,掠辽西;中路取直隶、山东以至江苏北部。三路"凡破金九十余城"。1214年春,成吉思汗回军至中都城下,遣使告金宣宗说:"汝山东、河北郡县悉为我有,汝所守惟燕京耳。天既弱汝,我复迫汝于险,天其谓我何?我今还军,汝不能犒师以弭我诸将之怒耶?"金宣宗以完颜永济之女为公主,金帛童男女各五百,马匹三千,奉献于成吉思汗。蒙古军满载战利品北还。

蒙古军走后,金宣宗惶恐不安,决定迁都汴京。成吉思汗闻讯,以金缺乏诚意为借口,命三木哈领兵攻中都。1215年,蒙古军占领中都。至此,成吉思汗的攻金战争,以反抗女真贵族统治阶级的民族压迫开始,又以掠人夺地而告终。

当蒙古军攻占中都燕京的时候,耶律楚材正从其师禅宗高僧万松长老钻研佛经。但是他并未像一般士大夫那样,在政治动乱中,消极颓废,或在禅理中寻求精神寄托,而是要掌握自己的命运,凭借自己治国才能,努力把干戈乱世变成太平盛世。就在燕京失守的第二年,他在《贫乐庵记》一文中写道:"夫君子之学道也,非为已也。吾君尧舜之君,吾民尧舜之民,此其志也。"①他的处世哲学及宏图大志,清楚可见。所以,他于1218年欣然接受了成吉思汗的召见和垂询,开始

①《湛然居士文集·贫乐庵记》卷八,中华书局,1986年。

了他轰轰烈烈的政治生涯。

此后 30 年的实践证明，耶律楚材在历史转折关头，对前进道路的选择是完全正确的。他顺应了历史发展趋势，也反映了当时全国各族人民要求统一的共同愿望，不愧是一位有远见的政治家。13 世纪初，当成吉思汗登上中国历史舞台。大展宏图之际，国内正是四五个民族政权四分五裂，山河破碎的时期，谁能完成多民族国家的统一，谁就为中国历史的发展作出了贡献。在当时能够担当这一历史使命的，只有雄才大略、朝气蓬勃的成吉思汗，金国、南宋、西夏等政权的领袖人物，都甚昏庸腐朽。蒙古兴而金亡，可说是历史的必然。耶律楚材凭自己的远见卓识，看到了这一点，毅然选定了自己新的前进道路，从而使他的宏图大志得以实现，使他的治国才能得以施展。就此而言，耶律楚材这个"伟器"，着实"为异国用"了。套左氏"楚虽有材，晋实用之"之语，我们说"金虽有材，蒙古用之"也是颇有意思的。

二、楚材的身世

耶律楚材的家族，从他八世祖辽东丹王突欲时候起，已经是一个藏书达万卷，好学汉文化的封建士大夫家庭。耶律突欲能用汉文写诗作文，熟悉音律，擅长绘画，精通医术，具有相当高的文化修养。这个士人世家，传至楚材父亲耶律履，其汉文化水平已是相当高了。楚材的母亲杨氏，也是一位琴棋书画无不精通，尤工于诗文的不栉之士，既为慈母，又是"挑灯教子哦新句"①的良师。由于有利的家学条件，耶律楚材从小就受到了儒学的濡染和熏陶。

家学渊源对楚材的思想形成，产生了直接的影响。比如他爱好弹

①《湛居然士文集·思亲用旧韵二首(其二)》卷六，中华书局，1986 年。

琴,擅长诗文的艺术修养,首先与他母亲的培养分不开。他的天文地理、律历术数、释老医卜知识,也无一不是家学的继承。他"以儒治国"的政治主张和"致君泽民"的宏大抱负,又何尝不是他那"东丹八叶孙"的阶级烙印呢? 就连遁入佛门,深究禅理这件事,也是与他父亲有密切关系的。耶律履就通佛法,并撰有《天竺三藏呍哈啰悉利幢记》一书①。难怪楚材说他自己"余幼而喜佛,盖天性也。壮而涉猎佛书,稍有所得,颇自矜大。"②

不过,他受其父亲影响,从小喜佛教读佛书,也只是一种爱好而已。至于正式参禅奉佛之事,如他自己所述,先受教于圣安澄公和尚,后拜万松老人为师,"杜绝人迹,屏斥家务,虽祁寒大暑,无日不参,焚膏继晷,废寝忘餐者三年。"③他的老师万松也说他学佛"大会其心,精究入神,尽弃宿学,冒寒暑无昼夜者三年,尽得其道"④。三年佛门生活,对耶律楚材的思想形成,又产生了重大影响,在前述"儒记"烙印上又加上了一重"释记"烙印。这种"释记"烙印之深,在他以后的言论和行动中,是看得很清楚的。诸如他的诗文中,就多有佛教思想之流露:

> 历代兴亡数张纸,千年胜负一盘棋。因而识破人间梦,始信空门一著奇。⑤

……何如打坐蒲团上,参透升平本无象。一瓶一体更

---

①《佛祖历代通载》卷二十。

②《湛然居士文集·琴道喻五十韵以示忘忧进道并序》卷十二,中华书局,1986 年。

③《湛然居士文集·万松老人评唱天童觉和尚颂古从容庵录》卷八,中华书局,1986 年。

④《湛然居士文集·领中书省湛然居士文集序》,卷首,中华书局,1986 年。

⑤《湛然居士文集·示忘忧并序》卷十二,中华书局,1986 年。

无余,容膝禅庵仅方丈。从教人笑彻骨穷,生涯元与千圣同。鸟道虽玄功尚在,不如行取无功功。①

字里行间充满了"诸法皆空""无念真如"的禅宗宣教。特别是在《西游录·序》中,他以正统的禅宗门徒自居,以当年孟子批杨、墨自况,大辟糠禅和邱处机(按:糠禅是禅宗之一流派,邱处机为全真道"七真人"之一)。同时也对佛教中的其他派别及道教的诸派,一概斥之为"释氏之邪也"或"老氏之邪也"。

那么,打有儒、释两家印记,出入儒、释两大宗门的耶律楚材,到底是什么观点,有何特色呢? 要回答这个问题,首先需要分析以下几条资料:

> 三教根源本相同,愚人迷执强西东。②
>
> 三圣人教皆有益于世者。③
>
> 若夫吾夫子之道治天下,老氏之道养性,释氏之道修心。此古今之通议也。舍此以往,皆异端耳④。

在耶律楚材看来,儒、释、道三家是"根源本相同"的,三教各有所长、各有可取。可以儒治国,以道养性,以佛修心。这正是金、元之际,在中国北方士大夫中间普遍流行的"三教同源"观点。

尽管如此,耶律楚材的根本立场,却似乎是站在儒家一边的。他的基本思想,仍是封建正统的儒家思想。其特点可以概括成为以儒为主,儒、释结合的观点。他自己也"常谓以吾夫子之道治天下,以吾佛之教治一心,天下之能事毕矣。"⑤

① 《湛然居士文集·复用前韵唱玄》卷二,中华书局,1986 年。
② 《湛然居士文集·过太原南阳镇题紫薇观壁三首》卷六,中华书局,1986 年。
③ 向达校注:《西游录》下册,中华书局,1981 年。
④ 《湛然居士文集·寄赵元帅书》卷八,中华书局,1986 年。
⑤ 向达校注:《西游录》下册,中华书局,1981 年。

耶律楚材的这种思想类型,似可溯源于隋代王通(字仲淹)的"三教合一"论。例如王通在《文中子》中云:"诗书盛而秦世灭,非仲尼之罪也;虚玄长而晋乱,非老庄之罪也;斋戒修而梁国亡,非释伽之罪也。"①说明儒、道、释三教的创立,是无可非议的,是各有可取的。至于流弊之发生,其咎不在于各教教旨本身②。楚材除三教同源和三教各有所长等诗文外,他还在《题西庵归一堂》中云:"三圣真元本自同,随时应物立宗风。道儒表里明坟典,佛祖权宜透色空。曲士寡闻能异议,达人大观解相融。"在《辨邪论序》中说:"夫圣人设教立化,虽权实不同,会归其极,莫不得中。"在《屏山居士鸣道集序》中说:"鸣道诸儒,力排释老,拼陷韩欧之阤党。熟如屏山尊孔圣,与释老鼎峙耶。"这些言论,较之王通"三教合一"论,也是相似的。王通说:"如有用我者,吾其为周公所乎。"③楚材说:"用我则行宣尼之常道,舍我则乐释氏之真如,何为不可也。"④两相比较,何其相似!都是以"继周公""绍宣尼"的道统自期。另从"清风千古独王通"⑤诗句,也可看出楚材对其人之钦敬。

就认识论而言,耶律楚材是一名佛教徒,自然是唯心主义的。他既谈"以吾佛之教治一心",也称"禅理穷毕竟"⑥。我们知道,凡是唯心主义者,不论客观唯心主义也好,主观唯心主义也好,都是把"心"说成是世界的本原,是第一性的东西。唯心主义和宗教有着密切的关

①王通:《文中子》一书《周公》篇。
②王通:《文中子》一书《问易》篇。
③王通:《文中子》一书《天地篇》。
④《湛然居士文集·寄用之侍郎》卷六,中华书局,1986年。
⑤《湛然居士文集·复用前韵唱玄》卷二,中华书局,1986年。
⑥《湛然居士文集·为子铸作诗三十韵》卷十二,中华书局,1986年。

系,楚材之所谓"治心",也无非是要使道心处于支配地位,使人心服从于道心。还有楚材的所谓穷理,也似效法于当时理学家的"居敬穷理",是要彻底精通禅宗深妙之理的意思。从而看出,耶律楚材受程朱理学影响是不浅的。尽管他当年与李屏山"同为省掾"①,后又"通家相与"②,关系密切,并为李屏山的《鸣道集说》作序,力赞李屏山对"江左道学"的批驳。但是,作为一种学说或理论,并不会因"江左""中原"之限而互相封锁,不得流传,更不会因个人恩怨、情绪对立而拒不研究对方的东西。所以说,耶律楚材在一定程度上研究和吸收程朱理学,是完全可能的。

至于楚材的"以儒治国,以佛治心"说,也并非他自己的新创造,似从宋代名僧智圆那里学来的。智圆是天台宗山外一派的义学名僧,也是该派中著述最宏富的一位学者。他于行禅讲道之外,好读儒书,又喜为诗文。耶律楚材可能由于个人爱好与他颇相近,潜移默化,自然而然地由钦佩其人到接受他"修身以儒,治心以释"③的主张。当然,这也只不过是提法相似而已,实际上两人的人生观及生活道路还是不一样的。智圆"以习释氏为本务",其志"始以般若真空荡系于前,终以净土行门求往生于后"④。楚材则"以唐虞吾君为远图,以成康吾民为己任"⑤,宦途沉浮三十年。

就政治思想而言,耶律楚材始终是以"三纲五常"作为道德准则和执政指南,以儒家传统的理论来解释历史和改造社会的。他希

---

①《湛然居士文集·屏山居士金刚经别解序》卷十三,中华书局,1986年。

②《湛然居士文集·楞严外解序》卷十三,中华书局,1986年。

③《闲居编》卷十九《中庸子传》上。

④中国佛教协会编:《中国佛教》第二辑。

⑤《湛然居士文集·襄山孟攀鳞序》卷首,中华书局,1986年。

望早日结束战争,安定社会,把干戈乱世恢复成礼乐之邦,重建尧舜规模:

　　殷周礼乐真予事,唐舜规模本素心。①

　　衣冠异域真余志,礼乐中原乃我荣。②

耶律楚材的历史观和社会政治思想,与孔、孟有着直接的渊源关系。既把"仁"视为一切封建道德的最高原则,又把"三纲五常"视为人与人之间唯一的道德标准。宣扬德治和教化,反对苛政和峻法。这种政治主张,在他的言论和诗文中都表现得很明白:

　　三纲五常,圣人之明教。有国家者,莫不由之,如天之有日月也。③

　　三皇崇道德,五帝重仁慈。礼废三王谢,权兴五伯漓。焚书嫌孔孟,峻法用高斯,政出人思乱,身亡国亦促随。④

耶律楚材的儒家正统封建思想,是他帮助窝阔台汗建立政治、经济、军事等各项制度和条令的指导思想,也是他处理汗国各项政事的是非标准。这可从他所上奏的《便宜一十八事》和《时务十策》⑤中看得清楚。如《便宜一十八事》略云:"郡宜置长吏牧民,设万户总军,使势均力敌,以遏骄横。中原之地,财用所出,宜存恤其民,州县非奉上命,敢擅行科差者罪之。贸易借贷官物者罪之。蒙古、回鹘、河西诸人(按:此指蒙古、维吾尔、西夏等少数民族群众),种地不纳税者死。监主自盗官物者死。应犯死罪者,俱由申奏待报,然后行刑。贡献礼物,为害

①《湛然居士文集·李庭训和予诗见寄复用元韵以谢之》卷十,中华书局,1986年。

②《湛然居士文集·和武川严亚之见寄》卷四,中华书局,1986年。

③《元史·耶律楚材传》卷146。

④《湛然居士文集·怀古一首韵寄张敏之》卷十二,中华书局,1986年。

⑤《元史·耶律楚材传》卷146。

非轻,深宜禁断。"这些政策措施,当时对于恢复社会生产,抑制地方豪强的混乱统治,以及加强中央集权、保证国家税收等,都是有积极意义的。

耶律楚材历事太祖、太宗,在蒙古汗国供职三十年。他的儒家思想和法先王、行仁政主张,是始终如一的。尽管在那戎马倥偬、随驾西征的年月里,他"徒旷普龟"和掌管文书,治国才能无由施展,心情不胜苦恼,但是,他终未自沮其志而消沉,仍然"诗书犹不废,忠信未能忘。"①

楚材不仅深通儒学和禅理,而且能取其精华,互相贯通。将佛教"慈悲"宗旨,融合于儒家"重民"思想和"仁政"主张之中,并以"以儒治国,以佛治心"之说统一起来,作为他帮助蒙古统治者经邦安民的指导思想。这种思想,不仅在当时具有积极意义,而且对20年后忽必烈的"鼎新革故",也具有重大影响。

三、奉诏西行数万里

公元1218年春,耶律楚材应召北上,谒见成吉思汗于漠北行宫。此段北上路线及地名,据《西游录》所记,大略是从北京故居永安(今北京香山)出发,经过居庸关,"历武川"(唐及后晋称武州,辽改归化州,金改宣德州,今为河北宣德),"出云中之右"(今山西大同市西),"抵天山之北"(越过今大青山),再经净州、沙井二城(今内蒙古四子王旗西北净州古城和达尔罕茂明安旗东北萨其庙附近古城),然后进入沙漠地带。此后所行路线,据说与后来宋理宗时,奉使蒙古的彭大雅、徐霆所记行经同。到达今蒙古国肯特省的克鲁伦河畔,谒见成吉

---

①《湛然居士文集·和张敏之诗七十韵三首》卷九,中华书局,1986年。

思汗于行宫(也称大斡耳朵,其时尚未建立和林城)。遂被留在身边,"以备咨访"。

1219年,成吉思汗因中亚花剌子模国杀蒙古商队,又辱斩来使,遂亲统二十万大军西征。耶律楚材也奉命扈从,一道西行。1224年,成吉思汗班师,楚材也随之东归。此番西行,约计行程六万里,留居西域时间达六年之久。其西行路线,据《西游录》云,大致是蒙古高原—金山—别石把—不剌城—阿里马城—亦列河—虎司窝鲁朵—塔剌思城—苦盏城—讹打剌城—寻思干—蒲华城—阿谋河—玉里犍城—斑城—黑色印度城。

以上地名的异名、今名及其方位,略注于此。"金山"指阿尔泰山,古称金微山,绵亘于新疆东部和北部,为新疆和蒙古的界山。故蒙古军西征,须越此山。"别石把"亦作别失八里,为突厥语"五城"之意。唐代北庭都护府治所设此,故一名庭州,又名金满县。清代在此置孚远县。其地在今新疆吉木萨尔县治北。"不剌城"亦作孛罗城、普剌城,为波斯语"钢"之意。其地在今新疆艾比湖西之博乐县境内。"阿里马城"亦作阿里麻里、阿力麻里。其城遗址在今新疆霍城县东之十三公里处。"亦列河"亦称伊列水、伊丽河、帝帝河,即今伊犁河。"虎司窝鲁朵"亦作虎思斡耳朵、骨斯讹鲁朵、谷则翰儿朵等不同译写。西域史家称此为八喇沙衮,西辽曾都于此,故又称大石林牙。据近年苏联考古发掘判断,其地似在今托克玛克城东南十公里的布拉纳废墟。"塔剌思城"亦作怛逻斯城、塔剌寺城、塔拉什城等,因位于塔剌思河旁而得名。公元751年唐朝高仙芝与大食,即战于此。其地即今中亚之江布尔城。"苦盏城"亦作忽毡、俱战提等。其地在今中亚费尔干纳盆地,今名列宁纳巴德。"讹打剌城"亦作讹答剌、兀答剌儿、斡脱罗儿等。其遗址在锡尔河右岸,阿里斯河注入锡尔河之附近处。"寻思干"亦作邪米思干、薛米思坚、飒秣建、撒马尔罕、撒麻耳干、薛米则干等。《新唐书》作康国,以其地为康居都护府,《辽史》作寻思干,以其地为河中府。寻思、邪米思、薛米思等不同音译,源出突厥语,义为肥沃,干字在波斯文中义为城,其地今名撒马尔罕。"蒲华城"亦作不花剌、卜哈儿、布豁、捕喝等,今名布哈拉。"阿谋河"亦作阿母没辇、阿梅河、阿母河、暗木河、阿木河等不同音译。我国史籍中也有妫水、乌浒水、博叉、缚刍、缚叉等名称,今作阿姆河。"玉里犍城"亦作兀笼格赤、玉龙杰赤、乌尔根齐等,今名乌尔坚奇。"斑城"亦作班勒纥、巴里黑、板勒纥、班里城等,其地在阿富汗境内,今名巴尔克。"黑色印度城"可能是指今印度和巴基斯坦北部一带。当时成吉思汗亲领大军追击花剌子模国王子札兰丁至申河(即印度河)畔,欲生擒之。札兰丁突围不得,遂脱甲负盾执纛,从二十尺高崖上跃马投河逃走。蒙古军继续歼灭残敌,略地置官镇守。成吉思汗遂决定班师。"

此六年期间,耶律楚材一直跟着成吉思汗御驾行动,所以说,他的西行路线,基本上是成吉思汗的进军路线。

耶律楚材的东归路线,没有扈从成吉思汗同归漠北,而是另走阿里马城—不剌城—轮台—北庭—高昌—伊州—肃州。"轮台"当在今新疆乌鲁木齐以东的阜康县。"北庭"即前已注过之"别石把"。"高昌"历有西州、和州、哈剌火者、哈剌霍州、火州诸称,在今新疆吐鲁番东。"伊州"历有伊吾卢、伊吾、哈密力、合迷里、哈梅里诸称,即今新疆哈密县。"肃州"即今甘肃酒泉。

何以说他没有扈驾同归呢?因为1224年夏季,成吉思汗已回至额尔齐斯河驻夏,且止且行。而同年秋天,楚材尚在阿里马城撰写《万松老人评唱天童觉和尚颂古从容庵录序》。1225年成吉思汗已回归漠北行宫,而同年冬,楚材尚在高昌撰写《辨邪论序》。1226年成吉思汗再率师亲征西夏时,楚材可能才归至驾前,以备顾问。例如这时有人给成吉思汗出坏主意说,虽得汉人亦无所用,不若尽杀之,使草木茂盛,以为牧地。楚材即驳斥曰:"夫以天下之广,四海之富,何求而不得?但不为耳。诚均定中原地税商税,酒醋盐铁山泽之利,周岁可得银五十万两,绢八万疋,粟四十余万石,何为无用哉?"成吉思汗命其试为之①。"丙戌冬,从下灵武,诸将争取子女金帛,楚材独收遗书及大黄药材。"②也证明这年冬天楚材在成吉思汗驾前。

在西域六年,耶律楚材主要为成吉思汗掌管占卜星相、汉文文书等工作。军国大事,他似无资格参与机谋。因此,楚材在西域期间的心情是不舒畅的。流落异域,光阴虚度,触物感怀,思绪万千。他当时的诗作中,有不少伤时感世、宅僚浮沉之作:

生遇干戈我不辰,十年甘分作俘臣。施仁发政非无据。论道经邦自有人。③

致君泽民本不难,言轻无用愧偷安。十年潦倒功何在,三径荒凉盟已寒。④

这里对他自己致君泽民的政治抱负,无有机会实现,对他自己施仁发政,论道经邦的治国才能,无法施展的时运,无限忧戚,感慨万端。此外,还有不少厌恶战争,游子思归的情绪流露:

山水景中君适意,兵戈堆里我销魂。⑤

酷思诗酒闲中乐,见说干戈梦里惊。⑥

天涯惟伏梦魂归,破梦春风透客帷。

①《多桑蒙古史》第一卷第九章。

②《元史·耶律楚材传》卷146。

③《湛然居士文集·和移剌子春见寄(其二)》卷三,中华书局,1986年。

④《湛然居士文集·过云中和张仲先韵》同卷,中华书局,1986年。

⑤《湛然居士文集·过清源赠法云禅师》卷四,中华书局,1986年。

⑥《湛然居士文集·用李德恒韵寄景贤》卷二,中华书局,1986年。

灯下几时哦丽句,筵前何日舞斑衣。①

秉性文静,习惯于作诗弹琴生活的耶律楚材,不但对流血的战争表示反感,而且就连蒙古皇帝作为游戏娱乐的围猎,也表示毫无兴趣,如他1233年一次扈从窝阔台汗去冬猎,在那"长围不知几千里,哲龙震栗山神惊""千群野马杂山羊,赤熊白鹿奔青獐。壮士弯弓殒奇兽,更驱虎豹逐贪狼"的无比壮观场合下和热闹异常气氛中,那位"美髯中书,白衣居士"却是与众不同,别有一番兴趣,"独有中书倦游客,放下毡帘诵周易。"②

世间事物无不祸福相依,坏事中孕育着好事。耶律楚材流落西域六年,光阴虚度,功名无成。干着一些占卜吉凶、起草公文、解释天象以及管理屯田等琐碎事务,军国大事无资格出谋划策,使他这位"治天下匠",无用武之地,不能轰轰烈烈地建功立业。这对他来说,可以说是不幸运、不得志。但是,这个无大作为中又孕育着他的幸运,使他这位历史伟人少犯错误,少负历史罪责。无须讳言,成吉思汗西征给中亚各国人民带来了深重的灾难,对中亚各国人民犯有不可推卸的历史罪责。当然,中国各族人民也是西征的受害者。正因为耶律楚材在这场侵略战争中未被真正重用,未能充分发挥作用,所以,至今谁也没有评说过,当时不花剌城(今中亚布哈拉)被付之一炬,化为一片火海;呼罗珊城(今伊朗东北部之霍腊散地方)被引水灌城,变成一片汪洋,要由耶律楚材承担多少责任。

流落西域的耶律楚材,尽管在政治上无大作为。但是,对西域风光的生动描述,对西域历史的真实记录,都是研究当时西域历史的重

---

①《湛然居士文集·思亲用旧韵二首(其二)》卷六,中华书局,1986年。
②《湛然居士文集·扈从冬猎》卷十,中华书局,1986年。

要资料。其文字生动优美,斐然成章。曾有赞颂云:"或吟哦数句,或挥扫百张,皆信手拈来,非积习而成之。盖出胸中之颖悟,流于笔端敏捷。味此言言语语,其温雅平淡,文以润金石,其飘逸雄,又以薄云天,如宝鉴无尘,寒水绝翳,其照物也莹然。"①

西域风光本秀丽,诗人佳句更清奇。这里以天山及果子沟为例,看诗人妙笔之下的一段生动描述:

> 阴山千里横东西,秋声浩浩鸣秋溪。猿猱鸿鹄不能过,天兵百万驰霜蹄。万顷松风落松子,郁郁苍苍映流水。天丁何事夸神威,天台罗浮移到此。云霞掩翳山重重,峰峦突兀何雄雄。古来天险阻西域,人烟不与中原通。细路萦纡斜复直,山角摩天不盈尺。溪风萧萧溪水寒,花落山空人影寂。四十八桥横雁行,胜游奇观真非常。临高俯视千万仞,令人凛凛生恐惶。百里镜湖山顶上,旦暮云烟浮气象。山南山北多幽绝,几派飞泉练千丈。大河西注波无穷,千溪万壑皆会同。君成绮语壮奇诞,造物缩手神无功。山高四更才吐月,八月山峰半埋雪。遥思山外屯边兵,西风冷彻征衣铁。②

向达先生在《西游录》中注释说:"这里的阴山指的是新疆天山山脉西部婆罗科努山的一部分。"③诗中所谓的"百里镜湖山顶上",是指今新疆伊宁县北面山中之赛里木湖,他在《西游录》中称为"圆池"。《长春真人西游记》称此湖为"天池",吉尔吉斯人又称之为"乳海"。所谓"四十八桥横雁行",则有一段佳话流传:当时成吉思汗率军到此,

---

①《湛然居士文集·序二·平水冰岩老人王邻序》(丛书集成初编本),中华书局,1986 年。

②《湛然居士文集·过阴山和人韵》卷二,中华书局,1986 年。

③向达校注:《西游录》上册,中华书局,1981 年。

人马南下须穿过一条七十公里长的峡沟。此峡沟就是有名的果子沟，也称塔勒奇山峡，是以果木树多而得名。果子沟形势险要，风景如画，山顶积雪未化，山腰已果实累累，山坡上又是山花烂漫，桃红柳绿。果子以野苹果最多，随处可见；野杏大如鸡蛋，色味俱佳，野樱桃、野核桃、野山楂，漫山遍野，一望无际。这个风景如画的峡沟，却无道路可通行，成吉思汗遂命次子察合台开道。察合台指挥众将士凿山修路，砍木为桥，在这"树荫翳翳，不露天日"①的原始森林里，硬是开辟出了一条栈道，蒙古大军借此方才川流而过。这种在悬崖绝壁上凿孔架桥而成的栈道，即当时所谓的"四十八桥"。据说，现在尚有三十二桥存在。

耶律楚材在中亚游踪所及，主要是楚河、塔拉斯河、锡尔河、阿姆河一带地区，《西游录》中所提到的虎司窝鲁朵、塔剌思、苦盏、八普、可伞、芭榄、讹打剌、寻思干、蒲华、玉里犍、班城、传城等城市，都是他的足迹所到之地。而且，有的地方逗留较长，如"昔徒河中之豪民子弟四百余人屯田于塔剌思城，奉朝命委予权统之"②。在此管理过小规模屯田。其在寻思干(撒马尔罕)居住的时间最久，所以说他的《文集》和《西游录》中，对这里山川物产、风土人情的记叙最详细，而且真实可信。

苦盏(即忽毡)不仅盛产石榴，而且"其大如拱，甘而差酸，凡三五枚，绞汁得盂许，渴中之尤物也。"芭榄城(在锡尔河右岸)是以盛产芭榄而得名，芭榄一词是波斯一种杏子名称音译，义译为扁桃。"芭榄花如杏而微淡，叶如桃而小。每冬季而华，夏盛而实，状类扁桃，肉不堪

---

①向达校注：《西游录》上，中华书局，1981年。
②向达校注：《西游录》下，中华书局，1981年。

食,唯取其核。"八普城(在今中亚费尔干纳地方)的西瓜,大者重达五十斤,"长耳①仅负二枚,其味甘凉可爱。"显而易见,对于中亚这些瓜果特产,耶律楚材不单亲眼见过,而且也都是亲口尝过的。由于在寻思干居住最久,其感受之深,记述之详自然是不言而喻的。除《西游录》中的详细记述外,他的《文集》里描述西域河中(撒马尔罕)的诗,就有三十余首,都写得亲切而自然,生动而清新。聊录《西域河中十咏》几首于此以见究竟:

其一

寂寞河中府,连甍及万家。葡萄亲酿酒,杷榄看开花。饱啖鸡舌肉,分餐马首瓜。人生唯口腹,何碍过流沙。

其六

寂寞河中府,西流绿水倾。冲风磨旧麦,悬碓杵新粳。春月花浑谢,冬天草再生。优游聊卒岁,更不望归程。

其七

寂寞河中府,清欢且自寻。麻笺聊写字,苇笔亦供吟。伞柄学钻笛,官门自斫琴。临风时适意,不负昔年心。

其八

寂寞河中府,西来亦偶然。每春忘旧闰,随月出新年。强策浑心竹,难穿无眼钱。异同无定据,俯仰且随缘。

其十

寂寞河中府,遗民自足粮。黄橙调蜜煎,白饼糁糖霜。漱旱河为雨,无衣垄种羊。一从西到此,更不忆吾乡。

诗中描述的"马首瓜",是指当地所产的瓜,其大如马首。"冲风磨

---

①据王国维考,长耳即驴也。此处可能指小毛驴。

旧麦"是说当地人磨面粉,用一种借助风力带动机轴旋转的磨,不靠人力或畜力推动,似同水磨、电磨原理。"悬碓杵新粳"是说将杵悬挂在支架上进行舂米,似运用杠杆原理。"宫门自斫琴"特指他获得原宫门上的一块三尺多长坚木,砍削为琴,声音清脆。"每春忘旧岁,随月出新年"是说当地风俗习惯无有闰年闰月,足十二个月即过新年。"浑心竹"可能是当地特产的实心竹。"无眼钱"是指当地使用的金铜芽钱(或称麻钱),中间无孔,无法用绳穿起来。"垄种羊"可能指木棉。此《十咏》与《西游录》中所记寻思干一段互相印证,互相补充,可使人对撒马尔罕当时的经济和文化情况,有进一步的了解。同时,也可说明其资料价值之重要。

四、著述《西游录》

公元 1219 年,耶律楚材扈从西征,跟随成吉思汗在西域转战六年之久。1224 年成吉思汗班师,楚材随之东归。1227 年成吉思汗去世,拖雷监国。耶律楚材奉命"搜索经籍,驰传来京"①自 1218 年他离京北上,人事成吉思汗算起,到这时重归故里,已有十个年头。

耶律楚材回到燕京,亲朋好友久别相逢,纷纷登门造访:"居士之西游也,不知其几千里邪。西游之事,可得闻乎?"②楚材遂将自己从燕京到漠北,从漠北到西域,"天涯海角,人所不到"③之地的奇异见闻,作了大略的介绍。第二年(即 1228 年),楚材又奉命来燕京,负责查办重大抢劫案件④。仍是"里人问异域事,虑烦应对,遂著《西游录》以见

---

① 《湛然居士文集·燕京崇寿禅院故圆通大师朗公碑铭》卷八,中华书局,1986 年。

② 向达校注:《西游录》上,中华书局,1981 年。

③ 向达校注:《西游录》上,中华书局,1981 年。

④ 《元史·耶律楚材传》卷 146。

予志。其间颇涉三圣人教正邪之辨。"①由此可知，1228 年来京，客人造访的内容与前次有所不同，除西域见闻以外，涉及长春真人丘处机的好多事情。

在这种情况下，应该如何分析和解说耶律楚材作书动机？清人李文田在《湛然居士文集》卷七《跋》中识曰："晋卿《西游录序》《辨邪论序》等篇，皆专为攻击邱处机而作者也。"②向达先生进一步指出："其实此书主要是为攻击长春而作"③。这里所引，分明可见，李文田是专指那二百九十七个字的《序》而言，向达先生则是指《西游录》全书而言。

人所公认，《西游录》一书的价值在于 13 世纪对于西域诸地道里、山川、物产、民俗的记述，是研究当时西域历史的可贵资料。谁也不会把它当成一本宗教斗争的书来看待。虽然书中一大半文字，是谈邱处机的事，但这不应看作是"全书重心"。文字多少和篇幅长短，那只是回答的提问多少不同、记事的详略有差别而已。说明不了作书的重心何在。若说此书是为攻击长春而作，势必降低了此书的宝贵价值，同时也不尽符事实。其次，综观耶律楚材之为人，比较忠诚正直，似乎不会干出"挂羊头卖狗肉"的事情。题名《西游录》，顾名思义就是西游之记录，无须乎遮遮掩掩。若要专门攻击邱处机，那么定名"什么论"或"辟某某"，不是比"西游录"一名更确切更了然吗？就楚材当时的地位和声望、学识和胆略诸方面考虑，似乎毫无避讳或隐瞒之必要，完全可以旗帜鲜明地大批特批。从耶律楚材《寄赵元帅书》《糠孽教民十无益论序》《辨邪论序》等文中，也可看出在教派争论上，他一

①向达校注：《西游录·序》，中华书局，1981 年。

②《湛然居士文集·附李若农侍郎湛然居士文集卷七跋》卷七（丛书集成初编本）。

③向达校注：《西游录·前言》，中华书局，1981 年。

向是"敢以区区忠告","从傍仗义,辨而证之,何为不可乎"以及"有谤者予自当之"的,并不示弱或推诿。另就楚材之博学多识,更是不可能写出文不对题的著作来的。

那么《西游录》是怎样成书的?楚材作书的用意到底是什么?我以为《西游录》上、下两册的内容,是在1227、1228年两次来京答客问的"谈话纪要"基础上写成的。《序》是在1229年写的。猜情度理,楚材第一次来京,亲朋好友最感兴趣的、亟想知道的必然是西域的奇闻。所以全部谈话只有一问一答,而且是追忆性的情况介绍。对照书中文字,正是如此。以"居士之西游也,不知其几千里邪。西游之事,可得闻乎"?问起,以"予之西游也,所见大略如此"答完。记述了作者从燕京应诏北上成吉思汗行宫,从漠北随西征大军经今新疆到中亚的沿途见闻,特别是中亚诸地的山川形势、物产气候、风土人情。此即《西游录》上册之构成。楚材第二次来京,答客问的内容则"颇涉三圣人教正邪之辨"。提问者喋喋不休,回答者亦滔滔不绝,一问一答约计十四对,其中十三对就涉及宗教问题,此十三对中,除一对是佛教中派别问题,即所谓"释氏之邪"外,十二对都是抨击丘处机和全真教。此即《西游录》下册之构成。全书末尾所云:"寻以问答之辞录诸简册,以为铭盘之诫云。"也可证明《西游录》一书,是在"谈话纪要"基础上写成的。

《西游录序》对丘处机之攻击,是不难理解的。楚材1229年作序时,正是佛、道两派斗争激烈之时。在这"万马战犹酣"的时刻,以正统禅宗门下弟子自居的耶律楚材,自然要愤然挥毫,口诛笔伐。所以序言带有很强的"火药味",炮轰"敌阵",肃清"内奸",大"黜糠、丘",就是自然而然的事了。关于佛、道斗争,王国维曾有评论:

> 自金贞佑(1213—1217)以来,河朔为墟,巨刹精蓝,鞠为茂草。缁衣杖锡,百不一存。乱定之后,革律为禅者不可

胜数。全真之徒亦遂因而茸之，以居其人，坐以寇攘，未免过当。长春晚节以后，颇凭借世权以张其教。尹、李承之，颇乖重阳创教之旨。然视当世僧徒如杨琏真伽辈，则有间矣。然则祥迈所记亦仇敌诬谤之言，安可尽图信哉。①

耶律楚材攻击丘处机，正可看作是当时宗教派别斗争的反映。楚材与丘处机虽然道不同不相为谋，但起初并不至于破裂为敌。丘处机初到中亚，楚材"以宾主礼待之"并"联句和诗，焚香煮茗，春游邃圃，夜话寒斋"，似无多太隔阂。交游既久，由"面待而心轻之"发展到"予不许丘公之事，凡有十焉"，二人关系一步步恶化了。对此一桩公案，秉公而论，耶律楚材确实多有意气用事之嫌，书中不仅出现"何异鼠窃狗盗""岂非神明震怒而促丘之寿乎"等谩骂、诅咒字眼，就连丘处机"据厕而卒"也作为个人攻击的资料，真是不遗余力了。丘处机自成吉思汗赐号"神仙"，封为"大宗师"，掌管天下道教以后，同其弟子们的作为也未免太霸道太骄横了。对此，陈垣先生曾云：

> 1227 年楚材奉命回燕京，正值道教极盛之时，好些佛寺都被改为道观。楚材见了，更为不悦。他经过太原南阳镇紫薇观，曾有题壁诗道："三教根源本自同，愚人迷执强西东。南阳笑倒知音士，反改莲官作道官。"当时丘处机弟子尹志平有和他的诗道："三教虽同人不同，既言西是必非东。目前便是分明处，了一真通不二官。"（《葆光录集》卷上）可见当时道教气焰之盛矣。②

尽管如此，耶律楚材著《西游录》的主要用意，还应是他自己说的

①王国维：《长春真人西游记校注·前言》，《王国维遗书》第十三册。
②陈垣撰：《耶律楚材父子之异趣》，1929 年 12 月，《燕京学报》第 6 期。

"虑烦应对"。可以想象的是,耶律楚材当时的显赫地位及其不寻常的数万里西行,会有多少亲朋好友登门庆贺,也会有多少中原官僚地主前来攀附钻营。这种门庭若市,询长问短,特别是对那人所不到、闻所未闻的西域情况,定会喋喋不休地问个没完没了。楚材纵有分身法也将是应接不暇的。所以,著《西游录》以省应对之烦,正是个唯一的好办法。楚材作书的用意,也正在于此。

五、《西游录》述评

《西游录》有原本和节录本两种。原本连《序》在内共分三部分,五千余字。《序》仅二百九十七字,主要为辨"三圣人教正邪"而作,突出抨击了佛教中的糠禅和全真道的丘处机。书的上册约一千余字,记述自燕京出发北上、西行所经各地的情形。下册也不及四千字,主要攻击丘处机。节录本是元代盛如梓著《庶斋老学丛谈》时,节录了《西游录》的西游地理一部分,仅八百余字,并于书首说明:"中书令国初时扈从西征,行五六万里,留西域者六七年,有西游录述其事,人所罕见,因节略于此。"关于"人所罕见"问题,陈垣先生认为与其子耶律铸有关[1]。楚材信佛,排斥道教,而耶律铸是很喜欢道教的,楚材去世后,此书自然不会再印行了,成为人所罕见之书。正因为如此,清末治西北史地的学者如李文田、范金寿、丁谦等人,只好根据《庶斋老学丛谈》中之节录本,对《西游录》进行注释或考证。

关于《西游录》之研究,20世纪以来有很大的发展。主要表现在一方面湮沉六七百年之久的《西游录》元刊厚本复显于世[2],打破了以

---

①陈垣:《耶律楚材父子之异趣》,1929年《燕京学报》6期。
②向达校注:《西游录》之《前言》,中华书局,1981年。

前那种研究《西游录》唯赖盛节本的限制。另一方面，开始利用外文的有关史料，打破了以前那种仅以中文史料，对异域地理辨其所在，略定方位的限制。目前，向达先生的《西游录》校注本，可以代表国内新水平。此本一个突出特点是，不仅校注精慎，而且又将陈得芝、张广达二同志根据其掌握的中外文资料对书稿所作的补充意见一并纳入书中了从而增强了这本书的学术价值。

《西游录》之重要价值，向达先生曾作了较全面的评价，有必要抄录于此：

> 《西游录》《西游记》二书之成，先后不过一年之差，都是十三世纪记述天山以北和楚河、锡尔河、阿姆河之间历史地理最早最重要的书。第八世纪中叶以后，关于天山以北以至于葱岭以西楚河、锡尔河、阿姆河一带，游历其地归而以汉文记载游踪的，绝无其人其书。《宋史·高昌传》只凭王延德所记，略及北庭，如大食、拂菻诸传不过得之传闻而已。到了十三世纪《西游录》《西游记》二书，始首先对于上述诸地目识亲览所得，著成文字，公之于世。十三世纪以后，西域地方的文献损失甚多，《西游录》《西游记》二书也是研究十三世纪楚河、锡尔河以及阿姆河地区历史的重要资料。尤其耶律楚材的著作，他在楚河以至阿姆河一带住过五六年，他的《文集》里也有很多记述西域地方见闻之作，都可以供研究者的参考。[1]

耶律楚材书中所记，除个别地方得之传闻外，绝大部分都是他足迹所至、亲眼见过的。而且，有的地方还居住时间很长。经数年实地观

---

[1] 向达校注：《西游录·前言》，中华书局，1981 年。

察,"入境问俗",其所得自然为第一手材料。如此见闻之作,也无疑是十分真实可信的了。例如他对撒马尔罕的记述:"寻思干(撒马尔罕)者西人云肥也,以地土肥饶故名之。西辽称此城曰河中府,以濒河故也。寻思干甚富庶。用金铜钱,无孔郭。百物皆以权平之。环郭教十里皆园林也。家必有园,园必成趣,率飞渠走泉,方池圆沼,柏柳相接,桃李连延,亦一时之胜概也。瓜大者如马首许,长可以容狐。八谷中无黍糯大豆,余皆有之。盛夏无雨,引河以激。率二亩收钟许。酿以蒲桃,味如中山九酝。颇有桑,鲜能蚕者,故丝茧绝难,皆服屈朐(即棉布)。土人以白衣为吉色,以青衣为丧服,故皆衣白。"对其城名的读音、词义以及当地的社会经济、风景物产、生活习俗等,都记载得既准确又详细。另外,他的《文集》中有关河中地区的诗篇也较多,诸如《壬午西域河中游春十首》《西域河中十咏》《河中春游五首》《西域元日》等,都可作为上述记载的补充资料。同样对研究13世纪初期河中历史,有参考价值。

也有人批评《西游录》"只在研究全真教对于元代的影响时,或有若干参考价值,其所包括的地理学记录甚少。同时就写作方法说,《西游录》也不是严格记行的游记,而只是事后的一种追忆记"[1]。说它记地理部分少,说它是事后追忆记,这都是事实,而评价全书只在研究全真教对于元代的影响时,或有若干参考价值,则未免太偏见了。实际上,西游地理和攻击全真教两部分,都很重要,尤其西游地理价值更重要。

六、中华民族的一位历史名人

成吉思汗时代,耶律楚材的治国才能因客观形势所限,未能充分

---

①陈正祥著:《中国游记选注》第一集,商务印书馆香港分馆,1979年,54页。

发挥。但是,成吉思汗生前已完全看出这位"千里驹"的王佐之才,故"指楚材谓太宗曰:'此人,天赐我家。尔后军国庶政,当悉委之。'"①太宗窝阔台继位后,拜楚材为中书令,"事无巨细,皆先白之"②。遂使楚材有了用武之地,为我们统一的多民族国家的巩固和发展,作出了杰出贡献。

列宁指出:"在分析任何一个社会问题时,马克思主义理论的绝对要求,就是要把问题提到一定的历史范围之内。"③十多年的无情战争给中国北方社会生产带来严重破坏,人口锐减,土地荒芜。就在这块蒙古军占领的土地上,政局也不稳定,社会相当混乱。特别是降附蒙古的汉族地主武装,兼领军民钱谷,成为各霸一方的土皇帝,他们"聚敛自私,赀至巨万",而蒙古汗国的府库里,却无斗粟尺帛。还有蒙古诸王诸将恣意妄为,掳人为"驱口",夺田为牧地,使中原的封建生产关系遭到破坏。这就是楚材当时所面临的客观现实及要解决的严重问题。

1230 年,楚材奏请设立燕京、宣德、西京、太原、平阳、真定、东平、北京、平州、济南等十路课税所,并任用故金士大夫充任各路征收课税使。次年秋,窝阔台汗至云中(今山西大同市),看到各路课税所征收的金银、布帛及谷物账目,完全符合楚材先年所说"岁可得银五十万两、帛八万正、粟四十万石"的预计数字,高兴地说:"汝不去朕左右,而能使国用充足,南国之臣,复有如卿者乎?"1236 年"遂定天下赋税,每二户出丝一斤,以给国用;五户出丝一斤,以给诸王功臣汤沐之资。地税,中田每亩二升又半,上田三升,下田二升,水田每亩五升;

①《元史·耶律楚材传》卷 146。
②《元史·耶律楚材传》卷 146。
③《列宁全集》第 20 卷,人民出版社,1958 年,401 页。

商税,三十分而一;盐价,银一两四十斤。"①此税制比金朝时减轻多了。为恢复生产,保证税收,楚材曾多次谏阻屠城、灭家、连坐等旧制,仅 1232 年汴梁城破时,就保全了一百多万人的生命。还有检括户口,变"驱口"为"编民",得民户一百多万。这些政策措施,不仅解决了汗国政府的经济困难,增加了国家收入,而且更重要的是恢复了中原的封建生产关系,避免了历史倒退。在一定程度上打击或限制了蒙古诸王贵族和汉族世侯的强取豪夺,以及西域商人的"扑买课税"和高利贷盘剥②。另外,对于那些"汉人无补于国"论者,也给予了一记响亮的耳光。

楚材制定和推行上述轻徭薄赋、休养生息的经济政策,同蒙古旧的剥削方式相比,无疑是一个历史的进步,对当时北中国社会经济的恢复和发展,起到了积极的促进作用。

为了加强中央集权和汗国内部统一,楚材制定颁布了《便宜一十八事》及《陈时务十策》,以作汗国的基本政策和行政准则。实行"长吏牧民,万户总军"的军民分治,实行"五户丝制"及确定财政权限等措施,在很大程度上限制了地方蒙古诸王、汉族世侯的权力,维护了国家权力的集中统一。为革除弊政,楚材还明确指出"裂土分民,易生嫌隙",力劝窝阔台打消"裂州县赐诸王功臣"的念头③,而以岁赐制度来

---

①《元史·耶律楚材传》卷 146。

②扑买课税是一种苛刻的包税制,扑买者通过包税而占有大量人口,所征收来的赋税,除按定额交官外,余皆归己。扑买者又是奸商、贪官之流充当,他们搜刮来的民脂民膏,远远超过了常税数额,欺上罔下,为害甚大。另外,西域奸商放高利贷,"息累数倍,曰羊盖儿利"。借贷者常为此倾家荡产,以至"奴其妻子,犹不足偿"。

③《元史·耶律楚材传》卷 146。

缓和中央与地方在财政方面的矛盾。从而防止了尾大不掉、国中生国的分裂割据大患。

耶律楚材是最早被蒙古统治者重用的一位知识分子。为改变蒙古统治者尚武轻文的偏见，为保护知识分子和中原文化，他不愧是一位封建知识分子利益的代表者。从他 1230 年费心良苦设十路课税使起，就以活生生的事实向窝阔台说明他"以儒治国"的主张和"守成者必用儒臣"意见的正确性以及他立志改革的决心。借此，他又不断向窝阔台"进说周孔之教"①，宣传儒家学说，首先说服和影响这位大汗对封建文化及知识分子的态度。这样才保证了他后来此项工作的顺利进行。1232 年，他奏请窝阔台下诏访求孔子五十一代孙孔元措，袭封为衍圣公。1233 年，他奏请选取汴梁儒士"散居河北，官为给赡"②。其后，蒙古军攻取淮、汉诸城时，也以此为例，继续选用儒士。1235 年，访求南宋名儒数十名，收伊洛诸书，并在京立周子祠，建太极书院，"以赵复为师儒右"③，公开讲学。1236 年，楚材请设"编修所于燕京，经籍所于平阳"，并"召名儒梁涉、王万庆、赵著等，使直译九经，进讲东宫"④。

从此，蒙古宫廷内学风渐盛，"文治兴焉"⑤。1237 年，他建议窝阔台举行科举取士，"得士凡四千三十人，免为奴者四之一"⑥。这些中选者，有的不单脱于缧绁、解除奴隶身份，而且大都在治理国家上发挥

①《元文类·中书令耶律公神道碑》卷 57。
②《元文类·中书令耶律公神道碑》卷 57。
③《国朝名臣事略》卷五·二"中书杨忠肃公"，引《周子祠堂记》。
④《元文类·中书令耶律公神道碑》卷 57。
⑤《元史·耶律楚材传》卷 146。
⑥《元史·耶律楚材传》卷 146。

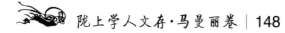

了重要作用。另外,有关辽朝的文献资料,几经战乱,散失殆尽。由于楚材个人精心保藏了耶律俨《辽实录》,后来修《辽史》时才有了依据。以上可见楚材在恢复和发展中原文化方面,也是功绩卓著的。总之,一代政治家、学者耶律楚材对我们统一的多民族国家的巩固和发展,是有杰出贡献的,称之为我们中华民族的一位历史名人,似应当之无愧!

历史公正无私,谁对人民做了好事,对祖国历史发展有过贡献,后世人就会追念他。耶律楚材逝世后,安葬在燕京玉泉山下瓮山泊之阳。1261 年元世祖忽必烈派官为其重修陵墓,建置祠宇,并立石像于祠中,四时祭祀。1330 年元文宗"赠经国议制寅亮佐运功臣、太师、上柱国,追封广宁王,谥文正。"[1]清乾隆皇帝修造清漪园时,将楚材祠与瓮山泊一同圈入园中。1984 年 7 月 7 日《光明日报》载文《北京一批历史名人遗迹正在修复》,其中就有耶律楚材祠。

(原载《古代开拓家西行足迹》,陕西人民出版社,1987 年)

---

[1]《元史·耶律楚材传》卷 146。

第二辑 民族史研究

评噶尔丹与俄国的关系

　　实事求是地剖析噶尔丹与俄国的关系，是评价噶尔丹功过的一个关键问题。本文拟专门对噶尔丹与俄国的关系这个十分复杂的问题，谈一些看法。

一、17 世纪 70 年代噶尔丹的对俄政策

　　不少同志全盘否定这一时期噶尔丹的对俄政策。理由主要有两点：1. 噶尔丹的哥哥僧格 1670 年曾警告沙俄，必须交回准噶尔部属民，否则就把俄使阿布林扣起来。而噶尔丹刚一执政，便"盛情接待阿布林"，并"专人护送"，这是"与僧格的抗俄立场截然相反的"。2. 噶尔丹从 1674 年起到 1681 年，几乎每年遣使去俄国，"加紧与沙俄勾结"。

　　我们认为，这类说法不太全面。就第一点来说，僧格的确曾为属民问题对沙俄提出过扣留阿布林的警告，僧格的这种抗俄立场是值得赞扬的。但是，这只不过是问题的一个方面。另一方面，应该看到，扣留阿布林也只是僧格抗议时说说而已。实际上他生前还派考铁去护送了这位俄国使节，并给俄方送去"盖了印章的文书"。其中写道："他们可以携带君主的货物经他僧格的兀鲁思回托博尔思克，不必有什么顾虑。①"僧格死后，阿布林遣使随僧格的原护送人考铁，去与噶

---

　　①《十七世纪俄中关系》292 页 143 号文，莫斯科，1972 年。

尔丹交涉,噶尔丹同意:"可以带着君主的礼物到他们兀鲁思去,不必担心什么。"①可见,噶尔丹对护送阿布林一事的态度和僧格一脉相承,是照僧格的文书行事的。在俄方持书交涉时,答复俄使的话几乎与僧格完全一样。这怎么能说噶尔丹与僧格的立场"截然相反呢"?据史料记载,当阿布林"在兀鲁思的时候,供给他们的饮食很少,上路时,也没有给他们食物……"②这样对待一位俄国大使,被说成"盛情接待",未免有点言过其实。如果不顾噶尔丹接待阿布林一事的来龙去脉,就把它当作噶尔丹背叛其兄抗俄立场的依据,难免显得没有说服力。

至于噶尔丹从 1674 年到 1681 年几乎每年遣使俄国的问题,我们认为,不能仅仅根据遣使频繁与否的表面现象,简单地确定其性质,也不能一见历史上少数民族首领与沙俄有交往,一见"北通好与俄罗斯"这种记载③,便一概加以否定。而应该对交往与遣使的目的和后果进行考察和分析,才能得出符合实际的结论。据查史料,噶尔丹时期的使团也像其父兄时期一样,在很大程度上是一种商队,但也带有不同程度的政治任务。关于这种使团的商队性质,在托博尔斯克边境当局给沙皇的一些呈文中有很生动的反映。例如,有个奏文说:"不让他们(指 1679 年噶尔丹使者托伊桑等人——引者)去莫斯科,是因为卡尔梅克的使者们(指噶尔丹的使者)并没有什么大事要办,而大君主的皇库还要花费许多钱来开支伙食……他们的货物不受检查,也不付税,因此关税也征收不足","如果大君主谕合准许他们去莫斯科,那么,许多人都会循例去莫斯科做生意"。④可见,包括噶尔丹要求

①《十七世纪俄、中关系》292 页,143 号文件,莫斯科,1972 年。
②《十七世纪俄、中关系》292 页,143 号文件,莫斯科,1972 年。
③梁汾:《西陲今略》卷七《噶尔丹传》。
④中央国家古代文书档案库,蒙古事务全宗,目录 1,1673 年转引自《十七世纪俄中关系》,一卷二册,314 页,166 号文件,104—108 张。

去莫斯科见沙皇的使团在内,其商业性质也是非常明显的。难怪莫里克·吉朗在深入研究十七、十八世界的中亚之后认为:"噶尔丹命令继续给他的布哈拉商客从上世纪以来享受到的各种重要商业上的特权,他还把这种特权授给他自己的臣属。这想必就是他自从1676年开始,多次派使团去伊尔库茨克和莫斯科的目的所在。"①

以噶尔丹这一时期对俄遣使的政治目的为据而论,也很难得出"加紧勾结"沙俄的结论。这里顺便说说,不少人在指责噶尔丹勾结沙俄时,都引用了苏联学者兹拉特金的一段话,即噶尔丹在执政前曾对俄使伯林说:"我们卡尔梅克人和台吉们在任何地方都不要对皇上陛下发动战争。没有什么必要保护我们的已经迁往皇上陛下那边的捷列乌特人。"②我们认为,噶尔丹1668年所说的这一席话,是丧失原则的。但是,如果把噶尔丹的言行结合起来考察,应当说,他在实际行动中并没有照自己1668年那番话行事。兹拉特金也不得不承认:"还在1671年夏天,噶尔丹给克拉斯诺亚尔斯克将军苏莫洛科夫的第一封信中,在通知僧格被杀的同时,就维护自己向原属卫拉特王公的克什提姆居民征收实物税的权力。"③1672年当俄使卡尔瓦茨基给噶尔丹赠送沙皇奖赏,对他进行利诱时,噶尔丹仍要求"把过去几年从各卫拉特王公处迁往俄国境内的臣民归还给他"④。可见,噶尔丹不仅刚一

①莫里斯·古朗:《十七世纪和十八世纪的中亚——卡尔梅克帝国还是满洲帝国》第五章,1912年,里昂·巴黎。
②兹拉特金著,余太山编,马曼丽译:《准噶尔汗国史》,商务印书馆,1980年,220页。
③兹拉特金著,余太山编,马曼丽译:《准噶尔汗国史》,商务印书馆,1980年,242页。
④兹拉特金著,余太山编,马曼丽译:《准噶尔汗国史》,商务印书馆,1980年,243页。

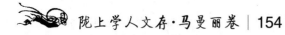

14

执政就维护向原卫拉特居民征收实物税的权利，而且完全推翻了他1668年向俄使伯林表示过的观点，与其兄僧格一样，坚持要求俄国政府归还已迁往俄国的卫拉特臣民。

不仅如此，噶尔丹执政后所采取的最初几项措施之一，就是加强与沙俄毗邻地区的防卫力量，使沙俄不敢肆意侵犯和蚕食准噶尔边境领土。例如，1672年他曾调动丹津科舍和阿巴哈汗率领的"五千军队"到俄、准争议地区"强行征税"，维护主权。1673年秋，他甚至离开伊犁河地区，亲自"率兵万人"，到叶尼塞河上游原罗德桑驻地，从这里继续与西伯利亚当局交涉俄、准边境争端。噶尔丹还遣使向俄方强硬地表示：如果不把实物税交给他，"他将攻打克拉斯诺亚尔斯克"。①他也曾亲自到吉尔吉斯地区，积极联合属于他的吉尔吉斯和图巴臣民，准备共同抗俄。②噶尔丹的这种强硬政策，收到了一定的实际效果，迫使俄方不得不让噶尔丹向原卫拉特的阿里人、坎斯克人、卡马辛人、乌吉人等收税。③正是这种强硬政策，迫使俄方同意准噶尔方面可使用已被沙俄侵占的"南西伯利亚草原上的牧场"，同意惩办侵犯准噶尔部边境的祸首。例如，1678年俄国边境当局派"特使"到噶尔丹处申明，"凡侵犯厄鲁特人牧地的俄国臣民，已被拿获和惩罚"。只是在70年代末，在基本巩固了准噶尔的边防与维护住民族主权的形势下，噶尔丹的一个使团才向俄方表示希望俄、准边境"不发生争端"，

①中央国家古代文书档案库，西伯利亚衙门卷宗，623卷，455—456张，转引自《准噶尔汗国史》，商务印书馆，1980年，243页。

②中央国家古代文书档案库，西伯利亚衙门卷宗，623卷，455—456张，转引自《准噶尔汗国史》，商务印书馆，1980年，246页。

③同上书，242页。该书承认："这些年的文件表明，噶尔丹执政初期，征收实物税的问题仍像他的前辈僧格执政末期一样尖锐。卫拉特封建主以五千名驻防军加强勒索的结果，实际上是减少了进入俄国国库的实物税。"

建立睦邻关系①。

因此,纵观 17 世纪 70 年代噶尔丹的对俄政策,在发展与俄国的正常贸易和外交关系时,维护了民族主权,甚至可以说,他在抵制沙俄进一步蚕食准噶尔领土方面,是有一定历史贡献的。

二、17 世纪 80 年代的俄、准联合军事行动

17 世纪 80 年代,噶尔丹的对俄方针逐渐有所变化,主要表现在俄、准双方在军事上采取了配合行动,但是对这个问题也应该做一些具体的分析。

目前,有的苏联学者或断章取义、或歪曲史实大肆宣扬噶尔丹不惜出卖“领土”,“竭力追求与俄国达成军事同盟”的主动性,而把俄国则说成似乎对俄、准结盟冷若冰霜,始终采取“谨慎态度”,在联合军事行动方面更没有给过噶尔丹什么“援助”等,②以掩饰沙俄侵略的罪责。事实上,在俄、准采取联合军事行动中起主导作用的是俄方,这一结盟倡议人的桂冠应奉献给俄国大使戈洛文。

大家知道,噶尔丹 1671 年执政,1672 年便遣使向清廷进贡③,在相当长的时间里对清廷殊为恭顺。1677 年他在袭击了鄂齐尔图车臣汗之后,曾向康熙呈献后者的弓、矢等物。不过清廷未接受弓、矢,只收下了通常的贡品。④自 1683 年清廷限制噶尔丹进入长城的使团人

①兹拉特金:《蒙古近代史纲》,莫斯科,1957 年,39—40 页。

②古列维奇等:《十七至十八世纪清代中国和俄国与准噶尔汗国的相互关系及中国历史学》,载苏联《历史问题》,1979 年第 3 期。

③《清实录·圣祖朝》卷三十八,康熙十一年一月庚午(1672 年 2 月 21 日),“厄鲁特台吉疏言,伊兄僧格台吉在时,曾遣使进贡。今请亦准照常遣使进贡。应如所请”。康熙皇帝准其请。

④同上书,卷六十七。康熙十六年五月甲午。

数不得超过二百以后①,噶尔丹明显对清廷产生了离心倾向。同年11月,他派遣使团,带着70人的庞大商队前去俄国,使者向俄方说:噶尔丹"已经听到俄国与中国在黑龙江流域摩擦的消息"。可见,这个使团除了经济目的之外,还表现了噶尔丹想利用俄国与清廷之间的矛盾来制约清廷。但也只此而已。据目前所见的史料,直到1688年元月"戈洛文给外务衙门的报告中提出建立俄国—厄鲁特联盟的想法"②之前,噶尔丹并未首先提出有关俄、准结盟的任何主张。

据1689年戈洛文自己供称:"三年前,就已希望与博硕克图汗对向蒙古人民武装进攻一事取得一致意见。去年,⋯⋯曾向与布哈拉人一起来伊尔库茨克的他们的使者(指噶尔丹的使者——引者)就此事提出过建议,并为此多次召见他。"③不难想象,受戈洛文"多次召见"的噶尔丹使者,很快就会把这一煽动性建议告知噶尔丹。

当时,噶尔丹东征西战,已经占领了哈萨克、布鲁特、布哈拉、喀什噶尔等广大地区,其势力直达费尔干纳,④他想控制喀尔喀的企图,自然是越来越强烈了。但是由于清廷的调解和制止,噶尔丹对喀尔喀还不敢贸然行事。现在有了沙俄的支持,有了这样一个送上门的沙俄盟友,噶尔丹便毅然率大军三万,进入喀尔喀。无怪乎史料中一再出现"卡尔梅克博硕克图汗是根据陛下的谕旨发动战事的"⑤"是同沙皇陛下的军队联合行动的"等等记载⑥。也难怪,噶尔丹于同年底(1688

---

①同上书,康熙二十二年九月乙未。

②《十七世纪俄中关系》2卷,18页,1972年,莫斯科版。

③《十七世纪俄中关系》2卷,621页,1972年,莫斯科版。

④格鲁姆·格尔日麦洛:《西蒙古与乌梁海边区》2卷,圣彼得堡,1926年,651页。

⑤《十七世纪俄中关系》2卷,360页。

⑥《十七世纪俄蒙通使关系》,商务印书馆,1977年,140页。

年11月）派特使去伊尔库茨克对戈洛文说："噶尔丹与俄国订立盟约，同抗公敌，看来正是良机。"①不过，这已经是响应戈洛文的建议，同意正式结盟的问题了。

　　尽管俄方否认俄、准双方有过军事行动方面的"任何联系"，可实际上在三百年前它却是一出轰动蒙古草原的活生生的戏。当时，那里完全是一片俄、准互相配合作战的形势，这尤其明显地反映在以后（1690）噶尔丹给戈洛文的信中。其中说道："如今，蒙古人已被你我击溃……请即率所部驰赴约定之地会合，以便并肩作战。"戈洛文在回书中说："你曾集结所部全体官兵武装进攻蒙古领主……而我至尊的大君主陛下方面也曾发动同样武装进攻……，还希望沙皇陛下方面派兵袭击其余台吉，你也率领所部开赴蒙古地方。"戈洛文还一再教唆噶尔丹："你应率所部前去攻打上述敌对的蒙古人——以惩其反复无常。"②这类配合行动的来往信件何止一二封！这些信件中，双方都承认他们在喀尔喀战场上是"你我""并肩"作战的。从中不难看出，沙俄大使戈洛文编导这出联合军事行动的用心，是极其险恶的。据俄国档案资料记载，戈洛文在向沙皇政府提出俄、准结盟的建议时，十分明确地指出："联合噶尔丹将使许多蒙古台吉投归陛下崇高的专制统治，永为臣民。"③

　　噶尔丹在戈洛文的诱使下，与沙俄采取联合军事行动，客观上造成了两个方面的严重后果：一方面，使清廷在尼布楚谈判中不得不考虑喀尔喀现状，而对沙俄适当让步，使《尼布楚条约》成为"俄国的一

①加恩：《早期中俄关系史》，商务印书馆，1961年，73页。
②《十七世纪俄中关系》，2卷，622—624页。
③《十七世纪俄中关系》，2卷，18页。

个重大胜利"。①另一方面,使戈洛文的部队得以利用喀尔喀王公被噶尔丹战败的形势,屠杀希洛克河一带的蒙古人民②。从这个意义上说,17世纪80年代末噶尔丹在对俄关系中犯下了勾结外国势力,攻打自己蒙古同胞的重大过错。

但是,我们也应当如实地指出,噶尔丹犯下了如此严重的错误,主要是想利用俄国的力量以实现其统治整个蒙古,与康熙平分天下的野心,他并没有为此向俄国出卖领土,奉送属民。至于苏联史书中所引噶尔丹那段话,"倘若沙皇陛下有意在这里(指雅克萨——引者)重建城堡,博硕克图汗愿将这片土地让给陛下"③,说明噶尔丹是丧失原则的,但这话在当时不过是空头支票而已。俄国档案中有一条很能说明问题的记载:噶尔丹后来向基比列夫声明说,"贵方在涅尔琴斯克(指雅克萨)与博格德人划分了土地,先前有博格德汗(指康熙——引者)的军队在,而这片土地是蒙古的,不是博格德汗的,现在蒙古的土地由我们管辖,希望沙皇处理这件事情时也同我们商量"④。该书评述说:这时噶尔丹已经不再许愿把这片土地让给俄罗斯国了。⑤综合这些记载,噶尔丹第一次不负责任的许诺只不过是有求于沙俄时的一种权宜之计。

在这一阶段中,噶尔丹对待喀尔喀臣民的态度也是比较复杂的。一方面他与沙俄的联合行动客观上必然有助于沙俄侵占一些喀尔喀

①《苏联史纲》,莫斯科,1954年,619页。
②[苏联]沙斯季娜著:《十七世纪俄蒙通使关系》,商务印书馆,1977年,144页。
③《十七世纪俄中关系》二卷,30页。
④中央国家古代文书档案库,西伯利亚衙门全宗,544号卷轴。
⑤中央国家古代文书档案库,西伯利亚衙门全宗,544号卷轴。

属民,但另一方面,从史料记载可以看出,1680 年后,噶尔丹竭力迫使原已"归顺"俄方的蒙古王公,臣服他噶尔丹,其中著名的有岱青洪台吉、斡齐尔达拉呼图克图等,致使俄方长期对这类问题深为恼火,并一再与噶尔丹交涉。[1]可见,把噶尔丹说成是不惜出卖领土和属民的卖国贼,那就可能把复杂的历史情况简单化,从而得出不够准确的结论。

三、穷途末路时期的噶尔丹与俄国的关系

有的人认为,穷途末路时期的噶尔丹是个"叛国"未遂的人物。我们不太同意这种看法。

噶尔丹一年之中扫平了喀尔喀,到 1690 年初,他所占地界西起伊犁,东至捕鱼海。[2]由于胜利,一向自负的噶尔丹这时过高估计了自己的力量,从而直接与清廷发生了对抗。他之所以敢大胆向清廷开战,主要是沙俄支持和唆使的结果。据俄方透露的史料看,在与清廷开战之前(1690 年初),噶尔丹确曾派遣达尔罕去俄国,要求俄方实现"约定"的诺言:"请即率所部驰赴约定之地会合。"[3]俄方决定"不拒绝噶尔丹的建议以备万一",俄方即派基比列夫随同达尔罕去噶尔丹处,"就共同对土谢图汗及其支持者可能采取的行动继续进行谈判"。[4]就在这位基比列夫到达噶尔丹大帐后两天,噶尔丹便发动了对

---

[1]〔苏联〕沙斯季娜著:《十七世纪俄蒙通史关系》,商务印书馆,1977 年,155 页。

[2]藤十三雄译:《草原帝国——中亚史》(格鲁赛著)的日译本《亚洲游牧民族史》,1944 年第三章十五—十八世纪蒙古的兴亡。

[3]《十七世纪俄中关系》,623 页。

[4]兹拉特金著,余太山编,马曼丽译:《准噶尔汗国史》,商务印书馆,1980 年,281 页。

清廷的第一次大战①。这类记载表明,沙俄曾与噶尔丹"约定"联合行动,而且已经不是第一次策划对清战争,而是多次商议的"继续"了。

正是在这种有沙俄为后盾的背景下,噶尔丹便把战争的矛头直指清廷。虽然他在乌尔会河战役中初战告捷,但胜利的景象维持并不太久。1690年9月3日,在乌兰布通,他被清兵打得惨败而逃,几乎一蹶不振②。此后,他曾飞檄全蒙古,并东进到克鲁伦河一带谷地,抢掠过车臣汗的羊群等等。③不过,这些最后的挣扎也只是很快招来了昭莫多之战(1696年8月12日)的彻底失败。同时1690年,策妄阿拉布坦乘噶尔丹东进之机,控制了准噶尔本土,并于1691年向清廷进贡④。从此,噶尔丹的后路又被截断。总的说来,17世纪90年代,噶尔丹经历了他生命历程中最艰难的岁月。他日益走向穷途末路,犹如日落西山。在这种处境下,他迫切期望沙俄这位盟友支援给他"兵员、火药、铅弹和大炮"⑤,因此于1691年连续修书两封,一再向沙俄求援,这确是事实,但不应当因此就对他加以全盘否定。

我们认为:当时噶尔丹与沙俄相互利用,挑起对清战争,使厄鲁特人民又蒙受一次灾难,是违反人心和历史潮流的,也阻碍了社会生产的发展。这是一种倒退和分裂行为,应予否定。这也是噶尔丹虽有出众的卓越才能,却很快遭到失败的根本原因。

---

①兹拉特金著,余太山编,马曼丽译:《准噶尔汗国史》,商务印书馆,1980年,284页。

②《清实录·圣祖朝》卷一四八,二页,康熙二十九年八月辛酉。

③格鲁姆·格尔日麦洛:《西蒙古迹乌梁海边区》2卷,圣彼得堡,1926年,656页。

④格鲁姆·格尔日麦洛:《西蒙古迹乌梁海边区》2卷,圣彼得堡,1926年,660—662页。

⑤[苏联]沙斯季娜著:《十七世纪俄蒙通使关系》,商务印书馆,1977年,164页。

　　但是,我们必须看到,即使在这样穷途末路的时候,噶尔丹还是以"同一事业的兄弟"的平等身份①,去向沙俄要求帮助的。他和他的使者都从未对沙俄卑躬屈膝。例如,遭到惨败的噶尔丹于1691年派阿钦卡什卡向俄方求援,受到俄方虐待,但"使者的举止仍不屈尊",并声明,如果"不准其前往莫斯科,则即携该公函返博硕克图汗处",坚持他主人噶尔丹的信"只能交沙皇亲收"②。这说明噶尔丹始终坚持与沙皇处于平等身份。这也正是沙俄踢开噶尔丹的根本原因。不难看出,沙俄方面最后要噶尔丹臣服归顺,要他一切行动告知"全权大使沙皇陛下所属各城堡","只有在这种条件下""才愿意援助噶尔丹"③。又借口"鉴于签订了《尼布楚条约》",俄方需要了解噶尔丹对"联盟性质"的考虑④。而噶尔丹则不能同意处于沙俄"各城堡"一样的地方政权的地位。相反,无论90年代,还是更早,他在一些原则问题上是不受沙俄摆布的。这使沙俄长期深感棘手又十分恼火。所以,经常可以看到俄方向噶尔丹进行这类交涉和指责,不是指责噶尔丹在俄、准边境冲突中"胡作非为",就是为噶尔丹夺走已臣服俄国的蒙古台吉而进行交涉。⑤这类交涉持续不断,大概,噶尔丹对俄方的交涉经常是一笑置之,然后照常挖盟友的"墙脚"。失望的沙俄眼看噶尔丹已经穷途末路,却仍不"驯服",不"归顺",便一脚把他踢开了。看来,沙俄已经

　　①〔苏联〕沙斯季娜著:《十七世纪俄蒙通使关系》,商务印书馆,1977年,164页。
　　②〔苏联〕沙斯季娜著:《十七世纪俄蒙通使关系》,商务印书馆,1977年,165页—166页。
　　③〔苏联〕沙斯季娜著:《十七世纪俄蒙通使关系》,商务印书馆,1977年,157—158页。
　　④〔苏联〕沙斯季娜著:《十七世纪俄蒙通使关系》,商务印书馆,1977年,157—158页。
　　⑤〔苏联〕沙斯季娜著:《十七世纪俄蒙通使关系》,商务印书馆,1977年,158页。

体会到"那位准噶尔人(指噶尔丹——引者)却不具备一个藩属所应具备的脾性"[1]。因此,我认为,说噶尔丹要逃奔俄国,而"鄂罗斯拒不受",似不符合噶尔丹的脾性,似不可信。在俄国业已公布的档案中,也无相似记载。据我所知,倒是噶尔丹临死前为沙俄的背信弃义所激怒,于 1696 年气息奄奄之时,还"宣布攻打俄国的一个不著名的防御工事"[2],作为他与沙俄盟友诀别的礼物。更何况,噶尔丹的一生不是以叛逃俄国告终,而是以 1697 年自杀于阿察阿穆塔台结束的[3]。

综观噶尔丹与俄国的关系,这位中国厄鲁特蒙古准噶尔部的首领,有过维护边境主权、抵制沙俄侵略的功劳,也犯过配合沙俄攻打兄弟同胞的错误。但最后,他在内外压力很大的情况下,并没有像沙俄所希望的那样,臣服于沙皇。所以,我们主张对他三十年政治生涯的复杂表现,作具体的分析,而不要一概否定。我们想,这样对提倡实事求是地研究古代历史人物,也许是有益的。

(原载《内蒙古社会科学》,1980 年 4 期)

---

① 《十七和十八世纪的中亚——卡尔梅克帝国还是满洲帝国》第五章。
② 《十七和十八世纪的中亚——卡尔梅克帝国还是满洲帝国》第五章。
③ 《朔漠方略》,四十二卷,康熙三十六年闰三月甲子。

四卫拉特联盟初探

关于四卫拉特联盟形成的时间,联盟包括的成员及其历史,可以说迄今仍是模糊不清、端绪紊乱的。对这一问题,最有代表性的史学家们的看法,可归纳为三大类:有的学者认为,"杜尔本·卫拉特"(四卫拉特)这个名称出现在成吉思汗时期,指的正是卫拉特四个万户①;有的学者则认为,本来意义的"杜尔本·卫拉特(四卫拉特)"是指:(1)旧卫拉特系(辉特、巴图特),(2)巴尔古特系(巴鲁克、布里雅特),(3)乃蛮系(杜尔伯特、准噶尔),(4)客列亦惕系(土尔扈特)这四大族系的四卫拉特联盟,它们为协助阿里不哥家族推倒忽必烈家族,而于 14 世纪末形成四卫拉特联盟。②另外一些学者认为,"杜尔本·卫拉特(四卫拉特)"是指发挥过重要历史作用的四卫拉特部的联盟。但组成联盟的四个部,有的说是绰罗斯、和硕特、土尔扈特和辉特,有的则说是和硕特、土尔扈特、准噶尔和杜尔伯特,也还有别的列举法。关于这四部联盟形成的时间,多认为是在 14 世纪末,也有说是 14 世纪末到 17 世纪逐渐形成的。③

总之,不同史学家提到的四卫拉特成员的名称有十多个,而形成联盟的时间则从成吉思汗时代的 13 世纪到 17 世纪初都有人说到,

---

①班扎罗夫:《关于卫拉特人和维吾尔人》第 1 卷,喀山,1849 年,25 页。

②冈田英弘:《四卫拉特的起源》,载《史学杂志》83 编 6 号,1974 年。

③巴托尔德:《谢米列契史略》伏龙芝,1943 年,72 页;乌斯宾斯基:《库库淖尔(或青海)地方》,圣彼得堡,1880 年,73—76 页。

真是众说纷纭,莫衷一是。至于对联盟的性质、作用及其崩溃等问题,则研究得很少,至今尚未有公认的说法。根据这一论题的研究现状,本文试图对几个有关问题进行一些初步探讨。

一、四卫拉特的起源和四卫拉特联盟的形成

在关于"杜尔本·卫拉特(四卫拉特)"的许多说法中,我们认为,首先必须把四卫拉特的起源和四卫拉特联盟的形成这两个问题加以区别。卫拉特历史上有过实际组织形式的四卫拉特联盟,我们认为,是由和硕特、准噶尔、杜尔伯特和土尔扈特四个部组成的联盟,即四卫拉特通过领主代表会盟(一般称"呼拉尔"或"丘尔干")所体现的实际联盟。组成此联盟的四卫拉特,即《藩部要略》所说:"厄鲁特旧分四部,曰和硕特,姓博尔济吉特,为元太祖弟哈布图哈萨尔裔;曰准噶尔、曰杜尔伯特,姓绰罗斯,为元臣孛罕裔;曰土尔扈特,为元臣翁罕裔,姓不著……部自为长,号四卫拉特。"①但是,这四个部组成的联盟,并不是突然形成的,它有一个发展过程。在它形成之前,四卫拉特(或杜尔本·卫拉特)的名称就早已存在,这就需要探讨名称的起源。正是基于这一前提,我们主张,探讨四卫拉特联盟的形成及其时间,应该与四卫拉特(杜尔本·卫拉特)这一名称的起源及其时间区别开来,同时,由于前者是在后者长期发展、演变的基础上产生的,所以四卫拉特联盟的整个形成过程,也应包括四卫拉特的起源、发展和最终形成联盟的各阶段。这样,许多史学家的看法就可以统一在不同阶段的卫拉特历史之中了。

那么,四卫拉特,即杜尔本·卫拉特起源于何时呢?它最初指的是什么呢?

---

①祁韵士:《皇朝藩部要略》卷9,《厄鲁特要略一》。

从现有史料记载看,这一名称起源于 14 世纪末。起源时期的四卫拉特(杜尔本·卫拉特)代表的概念是卫拉特四万户。如:《蒙古源流》记载,额勒伯克汗(1393—139 年执政)被杀前,"授浩海子巴图拉①为丞相,并以萨穆尔公主妻之,令管四卫喇特"。时卫拉特克呼古特(即克列亦惕——引者)之乌格齐哈什哈气愤地说:"乃既我在,而令我属人巴图拉管辖四卫喇特耶!"②而另一本蒙古史书《黄金史》在描述这一事件时,则全用的是"四万卫喇特""卫喇特四万户"。可见蒙古史书中最早出现"杜尔本·卫拉特"这个称呼时,"四"代替的是"四万",指的正是卫拉特"四万户"。③何况,从元朝末年开始,"四"习惯地代替"四万",正如蒙古人习惯地用"四十"代表"四十万"蒙古人众一样,已是被生活所雄辩证实了的事实。④这也就是"杜尔本·卫拉特(四卫拉特)"沿袭蒙古人的习惯,成为表示卫拉特民族的代表性称呼的起源。

前述有的学者,虽然也承认"杜尔本·卫拉特"无疑是起源于代用"卫拉特四万户",代用"土绵",但同时他们却认为,卫拉特四万户在成吉思汗时期就已存在,⑤因而推测这个名称应起源于成吉思汗时

①巴图拉一般认为即马哈木。

②萨囊徹辰:《蒙古源流》卷 5,内蒙古人民出版社,1981 年。

③也可参看符拉基米尔佐夫:《蒙古社会制度史》,列宁格勒,1934 年,135 页注:"杜尔本·卫拉特一词,应理解为'卫拉特四万户'。此名称的起源问题可以如此解决。"

④《蒙古源流》等书习惯地用"都沁·都尔本"(蒙语四十四之意)代表四十万东蒙古人和四万卫拉特人。

⑤《史集》中有一条含糊的记载,说道:"由斡亦剌惕部落组成的千户,他们是四个千户……"但作者自己也说:"详情不清楚。"(拉施德哀丁:《史集》,1 卷 2 分册,第 269 页。)认为成吉思汗时卫拉特已有四万户的学者,是把千户("敏罕")与万户混淆了。即使或有四千户,也未见当时有"杜尔本·卫拉特(四卫拉特)"的名称以及它代用四千户的任何记载。

代。这种看法没有确实的史料依据。大家知道,成吉思汗时代,总共只封有四个万户长:孛斡儿出领右手万户,木华黎领左手万户,纳牙阿领中部万户,豁儿赤领森林百姓地方之万户。连哲别、速别额合等随成吉思汗南征北战、名声赫赫的功臣,也才"置为千户",[1]微不足道的卫拉特首领忽都合别乞怎么可能统领四万户呢? 据记载,他是斡亦剌的"伯克"或叫"主君"(即千户长),他的子孙在以后相当长时期中还是千户长。[2]至少,迄今为止,我们既未见成吉思汗时卫拉特有四万户的记载,也未见当时有出现四卫拉特(杜尔本·卫拉特)之称的历史记载。因此,"杜尔本·卫拉特"(四卫拉特) 起源于成吉思汗时之说,论据不足。据史料记载,卫拉特发展为四万户是在猛哥帖木儿时期,[3]即元末明初 14 世纪的事。如前所述,蒙古史书中出现"四卫喇特"(杜尔本·卫特)和"卫喇特四万户",是在 14 世纪末额勒伯克汗时期。因此,我们认为,"杜尔本·卫拉特(四卫拉特)"这个名称是在代用"杜尔本·土绵·卫拉特(四万卫拉特)"的习惯中起源的,这不是起源于成吉思汗时期,而是元末明初 14 世纪末的事,不可能早于 14 世纪下半叶。

而且在出现"杜尔本·卫拉特"初期,它显然并不具体特指是哪四个姓氏的万户。有关卫拉特万户的系统记载也无从查找。这是因为:万户的范围极不稳定,时分时合,加之斗争频繁,各万户的地位兴衰

---

①《蒙古秘史》卷 8,卷 9,内蒙古人民出版社,1978 年。

②[苏联]符拉基米尔佐夫著:《蒙古社会制度史》,中国社会科学院民族研究所,1978 年,108 页。

③罗卜藏丹津:《蒙古黄金史》下卷。据《明实录》记载,1400 年蒙军犯边,明燕王曾发书鞑靼可汗及瓦剌王猛哥帖木儿,而到 1403 年明廷又遣人去瓦剌时,瓦剌首领已是马哈木了。可见猛哥帖木儿是 1400—1403 年间去世的,他生活的年代应是 14 世纪下半叶。

变化极大,旧的衰落,新的又代之而起。①发展到 15 世纪 20 年代前后,"杜尔本·卫拉特"在史书中才有比较明确的具体指称②,但各书的记载也还多不一致。我们认为,《蒙古源流》中对当时卫拉特四万户所指称的姓氏比较准确。这"四姓卫拉特"是厄鲁特、③辉特、巴噶图特和奇喇特(克列亦惕音译)。《黄金史》中的"四万户"名称与此基本一致,④至于嘎班沙拉勒按四组排列了九个卫拉特部,⑤除了第四组是最后形成卫拉特联盟的四个部以外,前三组的五个部,我们认为,是属于较稳定的"四姓卫拉特"形成之前,便已先后存在的一些卫拉特部。从冈田英弘先生的考证看,它们多是在 1388 年阿里不哥后裔推翻忽必烈家族时期起过重要作用的。但到 15 世纪前半叶,"四姓卫拉特"占四万户的统治地位时,巴尔古和布里雅特已退居

---

① [苏联]符拉基米尔佐夫著:《蒙古社会制度史》,中国社会科学院民族研究所,1978 年,第 135 页。

②《黄金史》是在叙述脱欢太师(1418—1440 年执政)率卫拉特四万户攻打阿台汗时,第一次说出四万户的名称。《蒙古源流》提到的"四姓卫拉特"也属这一时期,说的是马格齐哈什哈之子额色库(1415—1425 年执政)死,卫拉特人众大乱的事(卷 5,9 页)。

③ 为 ügülLüd,我们同意此处是"乌济耶特"之音讹(参看羽田明《再论厄鲁特》,载《史林》五四·四,1971 年;而且根据史实,此时三卫系乌济耶特也已加入卫拉特,(冈田英弘:《四卫拉特的起源》)。

④《黄金史》第一次具体指称卫拉特四个万户为:厄鲁特、辉特、巴噶图特和卫喇特。可见只有这个"卫喇特"与《蒙古源流》中的奇喇特(克列亦惕)不同。我们倾向于《黄金史》所用这个"卫喇特"是用总称指称当时"四姓卫拉特"中占统治地位的奇喇特,正如以后人们也用在卫拉特中占统治地位的准噶尔指称卫拉特一样,因为奇喇特相当长期一直是四万户之首。

⑤ 这四组是:(1)厄鲁特,(2)辉特、巴图特,(3)巴尔古、布里亚特,(4)杜尔伯特、准噶尔、和硕特、土尔扈特(《四卫拉特史》蒙文抄本丛刊,卷五,乌兰巴托,1967 年,转引自冈田英弘:《四卫拉特的起源》)。

到次要地位了。①

到 15 世纪中期以后，由于也先去世引起的巨大社会变动，起源时期的"杜尔本·卫拉特（四卫拉特）"才逐渐发展成了四卫拉特联盟。

从史书记载看，组成卫拉特"丘尔干"联盟的四个部，即准噶尔、杜尔伯特、和硕特以及土尔扈特，是在起源时期的卫拉特四万户（或"四姓卫拉特"）的基础上，经过兴衰起落、分裂融合而形成的产物，它们形成的时间只能在 15 世纪中期以后。因为也先死后，②绰罗斯才分裂为杜尔伯特与准噶尔部。史载："孛罕六世孙曰额森，有子二，长博罗纳哈勒，为杜尔伯特祖。次额斯墨特尔汉诺颜，为准噶尔祖。"③可见这两个部的形成最早也是也先死后 15 世纪 50 年代的事。从血统上它们出自辉特族系。和硕特出自三卫系乌济耶特，因为和硕特首领"拜巴噶斯……即乌济耶特氏"，而福余等三卫也叫"山前乌济耶特"。④和硕特是哈萨尔裔，其封地原在海拉尔一带，⑤哈萨尔 16 世孙卜儿孩时，已迁到长城北、归化城以西一带，这一带曾是和硕特领

---

①冈田英弘：《四卫拉特的起源》。在《1640 年蒙古·卫拉特法典》中还曾提到巴尔古。阿台汗（1435—1449 年执政）时东西蒙古对射的著名射手之一巴图鲁桂林齐，属卫拉特布里雅特部。但这两部当时都未能占领四卫拉特之一的地位（《蒙古源流》卷 5，第 14—15 页）。

②也先死于 1455 年左右。《明史》卷 328：景泰六年（1455），"阿剌知院攻也先，杀之"。也有说死于 1454 年的。

③《皇朝藩部要略》卷 9。《西域同文志》等汉文史料均持此说。而帕拉斯、霍沃斯等认为，这两个部的创始人是翁格楚和翁格尔辉。那更是也先以后好几代的事了。

④冈田英弘：《四卫拉特的起源》。

⑤"蒙哥可汗时，术赤哈萨尔数妃尚在，其分地在阿尔衰河枯拉淖尔·海拉尔"（洪钧：《元史译文证补》卷 1 下《太祖本纪译证》下，民国二十六年，商务印书馆，上册第 102 页）。

地。①但哈萨尔裔何时得名和硕特,尚无翔实可靠的记载。一说"和硕特之名乃脱欢太师所赐",另说是与乌兹别克的阿布尔海尔汗作战有功而得名。②我们同意后者,因为也先擒获正统帝,"留养于六千乌济耶特……"③可见,也先时期还叫乌济耶特。如果得名于西征乌兹别克,则也是15世纪中期以后的事情。④土尔扈特出自克列亦惕已无争论。但我们认为蒙古史书中第一次出现土尔扈特之称,是在1452年,⑤而不是1567年。⑥总之,从15世纪中叶以后,准噶尔、杜尔伯特、和硕特以及土尔扈特才先后载入史册。而起源时期为四卫拉特成员的辉特、巴图特,虽然还长期存在,但因实力减弱,处于附属地位,没有成为联盟的四大成员之一。由于辉特、准噶尔、杜尔伯特是同祖,故史称:"数其名则有六……核其实不过三:和硕特也,杜尔伯特也,土尔扈特也。要其种则自明及今止一,曰额鲁特蒙古而已。"⑦

　　卫拉特四部先是"各统所部,不相属"⑧,由于频繁的战争和内政外交的需要,组成联盟,选出盟主,经常召开领主代表会盟。于是,四卫拉特联盟就作为卫拉特社会的特殊组织形式孕育而生了。可惜有关的历史记载太少,只知道1587年的盟主是和硕特的拜巴噶斯,他

----

①看乌斯宾斯基:《库库淖尔(或青海)地方》,1880年,彼得堡版,89页。

②冈田英弘:《四卫拉特的起源》。

③《蒙古源流》卷5,13页。

④《哈萨克共和国史》卷1,阿拉木图1957年版,139页。

⑤据《蒙古源流》载,景泰三年(1452年)哈尔固楚克出逃时,卫拉特往追之人中有"托尔郭特"(王静安校,致此即土尔扈特)之察拉斯图尔根(《蒙古源流》卷5,18页)。

⑥兹拉特金著,余太山编,马曼丽译:《准噶尔汗国史》,商务印书馆,1980年,72页。

⑦张穆:《蒙古游牧记》卷11,商务印书馆,1938年。

⑧张穆:《蒙古游牧记》卷14,商务印书馆,1938年。

祖父以前的盟主,据传由绰罗斯家族担任。①这样,四卫拉特部从形成到组成较完整的联盟,大约又经历了一个世纪,即已是 16 世纪末叶的事了。这就是四卫拉特联盟的最终形成时期。

二、四卫拉特联盟的性质、作用

有的学者把四卫拉特联盟只看作是军事性质的联盟,把联盟施政所依据的《卫拉特法典》,说成是军事联盟的协议,②这是很不全面的。

我们认为,通过松散的盟会组成的四卫拉特联盟,是卫拉特封建游牧社会的一种特殊自治体制。这一联盟不仅仅是军事性质的联盟,也是协调各种关系、管理卫拉特公共事务的机构。

史实证明,15 世纪后半叶,原卫拉特万户和千户的位置为一些特殊的卫拉特集团所代替。史籍中称这些集团为准噶尔、杜尔伯特、和硕特、土尔扈特等“部”。这些“部”都是庞大的兀鲁思。兀鲁思的地位相当于万户,但不像原来的万户只是一万军民合一的组织,而是与军队人数无关,仅以地域单位为基础的大领地。有关蒙古社会制度方面的蒙汉文史料记载证实,15 世纪时,组成兀鲁思的“爱马克”和“鄂托克”已经是普遍的社会组织形式。如《正统临戎录》说到,被卫拉特首领也先俘去的明英宗以及原被扣押的明廷使臣,都分散到“各‘爱马’养活着”。③《蒙古源流》也证实阿拉克丞相④之子所属的卫拉特叫

①兹拉特金著,余太山编,马曼丽译:《准噶尔汗国史》,第 111—112 及 121 页注,商务印书馆,1980 年。

②兹拉特金著,余太山编,马曼丽译:《准噶尔汗国史》,第 176 页,商务印书馆,1980 年。

③杨铭:《正统临戎录》(景明刻本《纪录汇编》卷 19)。

④阿拉克即阿剌知院,据《明实录·英宗实录》记载,他死于 1456 年:“军人曹广自虏中回,言虏酋阿剌知院今年为部下所杀”(卷 269,魂页,景泰七年八月丁未条。景泰附录八十七)。

"鄂托克"。这各级组织设有官员。兀鲁思的首领一般称太师、洪台吉或汗,管理鄂托克的首领称宰桑。兀鲁思及鄂托克中都分设有掌管军事、行政、司法、税收等事务的官员,①官名往往是明朝政府新封,②也保留了不少元代的官称和十进位的习惯。为了治理整个卫拉特社会,互不隶属的四卫拉特部终于结成联盟,各部首领通过会盟协调与商议卫拉特社会内外事务,并通过兀鲁思的各级组织和官员进行贯彻。因此,它是卫拉特领主阶层封建自治的一种组织。

　　四卫拉特联盟不仅是卫拉特社会制度发展演变的产物,也是分散游牧的卫拉特社会为了克服危机形势,共同抵御外敌的结盟,因此自然具有明显的军事性质。从 15 世纪后半叶起,卫拉特便屡败于东蒙古③,逃向西方和西南的青海一带,并被迫臣属于东蒙古人。从俺答汗时期起,1552 年、1562 年、1574 年等年代,卫拉特各部多次受到东蒙古的重大袭击,损失惨重。西面又常与日趋强大的哈萨克发生冲突,甚至有些卫拉特部一度被迫臣服于哈萨克捷维克力政权。80 年代卫拉特又曾被察合台后裔的吐鲁番政权打败,而向青海等地败迁。④卫拉特七零八落的领地,各自为政的兀鲁思,无法对付几面受敌的状况。一次次战乱,一次次失败,使灾难深重的卫拉特兀鲁思通过会盟,结成联盟,共同联军抵御外敌。如 1587 年四卫拉特联盟的盟主拜巴噶斯,动员了五万军队抵抗喀尔喀硕垒乌巴什与乌梁海的八万联军,结果获胜。联盟协力作战的事件当然远非只此一次。1623、1628 等年

───────────────

　　①《西域图志》卷 29《官制》。

　　②《明英宗实录》景泰四年(1453)正月庚辰条,卷 225,15 页;《明孝宗实录》弘治四年(1491)三月丁亥条,卷 49,6 页等。

　　③详见《蒙古源流》卷 5。

　　④兹拉特金著,余太山编,马曼丽译:《准噶尔汗国史》,第 105—108 页,商务印书馆,1980 年。以吐鲁番为中心的察合台后裔政权,即东蒙兀儿斯坦。

代卫拉特联盟对东蒙古的联合军事行动也很著名。①联盟也曾多次联合对付哈萨克,如:1635、1643、1652 年等对哈萨克的战争。这些具体史实表明,四卫拉特联盟具有军事联盟的性质和作用,这是无疑的。但这只仅是问题的一个方面。

四卫拉特联盟同时也是协调关系,管理卫拉特公共事务的机构。这表现在联盟盟主出面调停 1625 年的大内讧等等。哈喇忽喇为盟主时期,这种协调领主间关系,强迫内讧各方接受他的仲裁的作用,表现得尤为明显。②又如在宗教事务方面,联盟各部也是协商行动的。

1616 年战后,盟主拜巴噶斯曾想出家当"朵内"(贵族喇嘛),很多领主不同意。最后大家商议他仍留任盟主,让四卫拉特各部首领及一些著名领主都出一个儿子去当"朵内",共同"积德"。拜巴噶斯当时还没有儿子,便认了一个义子,他就是后来驰名的藏传佛教活动家咱雅班第达。

必须指出,四卫拉特联盟在各自为政的游牧社会条件下,在多方面起过积极的作用。

首先,联盟为克服危机形势、抵御外来侵略作出了贡献。联盟多次召开盟会,努力消除内讧,协同作战,终于自 1587 年联盟军战胜硕垒乌巴什之后,开始了转折。到 1628 年联盟军又一次战胜东蒙古,四卫拉特遂在盟主哈喇忽喇的庇护下返回天山以北广大故乡牧区,并开始全神贯注于壮大实力,扩大牧区。到 16 世纪 90 年代,"卫拉特领地的边界已达到伊希姆河与鄂木河上游"。③联盟在 17 世纪上半叶几

---

①《俄蒙关系史资料(1607—1636)》,莫斯科,1959 年,123—126 页,301 页。

②《俄蒙关系史资料(1607—1636)》,莫斯科,1959 年,139—240 页。

③兹拉特金著,余太山编,马曼丽译:《准噶尔汗国史》,商务印书馆,1980 年,118—119 页。

胜哈萨克,最后哈萨克"在所有事情上都仰望着巴图尔珲台吉,并服从于他"。①同时联盟开始有力量抵御强大邻邦的侵略。如:1644 年当沙俄要准噶尔部巴图尔珲台吉攻打土尔扈特部时,不仅准噶尔部,而且各盟部,都对这种分裂卫拉特民族的阴谋坚决进行了抵制。以后也是联盟共御外敌的政策使沙俄妄图侵吞卫拉特居住地的预谋始终未能实现。所以,四卫拉特联盟虽然形式比较松散,但它在当时的历史作用和功绩是不应低估的。

其次,四卫拉特联盟的政策巩固了封建秩序,发展了游牧经济,从而也促进了与中原地区的经济和政治交往。联盟的政策集中体现在 1640 年的《卫拉特法典》中,它对蒙古(包括卫拉特)社会的内政、外交、军事、宗教、经济、刑法等社会生活的各个方面,作了详尽的规定。联盟通过《法典》竭力发展封建等级制度,规定层层隶属关系,固定牧地、牧民、贡赋。其他还有诸如关于私有财产及继承权的规定,关于高级僧侣特权的规定,驿站运输和畜牧狩猎的规定等等,②都保证了封建制度和封建经济的发展。《咱雅班第达传》记载的某些数字,可以反映出这种政策下经济迅速发展的一个侧面。例如:1643 年咱雅得到和硕特部的一份赠礼为五千头牲畜,而 1645 年土尔扈特部的一份赠礼则增加到一万匹马。1647 年额尔德尼洪台吉一个人就赠给咱雅六千只绵羊。到 1649 年鄂齐尔图汗为进藏熬茶,一次开支便准备了一万匹马。③不仅畜牧业发展快速,而且卫拉特开始发展农业,建设定居点"布克赛尔",④并开始发展手工业。经济的发展使卫拉特迫切要

①巴德雷:《俄国、蒙古、中国》,第 2 卷,伦敦,1919 年,38 页。

②戈尔斯东斯基:《1640 年蒙古一卫拉特法典》,圣彼得堡,1880 年。

③拉特纳勃哈德勒:《咱雅班第达传》,8—13 页。

④羽田明:《准噶尔王国和布哈拉人》,载《东洋史研究》,12 卷 6 号,昭和二十八年。

求与中原地区互市、通贡。卫拉特各部与中原的经济交流一般以青海和西域为中心枢纽，直至去北京进行通贡贸易活动。这促进了蒙汉人民的交流。在政治方面，联盟成立之后，尤其是1640年盟会后，加强了与清廷的通贡往来。如1646年(顺治三年)，卫拉特各部二十二名首领，包括两位盟主巴图尔珲台吉和鄂齐尔图汗，以顾实汗为首，联名向清朝奉表贡。①

综上所述，四卫拉特联盟从15世纪后半叶开始，初具雏形，到16世纪末，形成较为完善的联合体。它是分散游牧、互不隶属的卫拉特各部，向强大统一的卫拉特封建社会过渡的特殊社会组织形式。它对克服也先死后的分裂动荡和几面受敌的危机形势，对共同御敌，保障卫拉特的生存，对发展封建经济、封建制度和加强与中原的经济、政治交往，都起了积极的历史作用。

三、四卫拉特联盟的崩溃

有学者认为，1627年卫拉特联盟就崩溃了，主要理由是"土尔扈特远迁西方，和硕特迁往西藏"，脱离了联盟。②这种看法是否正确？究竟四卫拉特联盟是何时崩溃的，崩溃的标志和原因又是什么呢？

我们认为，1627年四卫拉特联盟崩溃之说理由不足，土尔扈特等部的迁徙不能作为联盟解体的标志。这不仅因为卫拉特游牧社会

---

①《藩部要略》卷9。鄂齐尔图到1657年才被达赖喇嘛梵封为车臣汗，他父亲盟主拜巴噶斯死后，和硕特的实际首领在相当一段时间是鄂齐尔图之叔顾实汗图鲁拜琥。所以清廷按成吉思汗系为正统的看法，始终封哈萨儿裔顾实汗辖诸卫拉特，并认为："是时，和硕特顾实汗最强，为四卫拉特首。"实际上，虽然当时和硕特也还占盟主之一的地位，但实力已不如准噶尔部了。

②兹拉特金著，余太山编，马曼丽译：《准噶尔汗国史》，商务印书馆，1980年，148页。

的特点本来就是经常迁徙与变动牧区，而且，前面说到，早在16世纪末，有的卫拉特部已经迁徙到遥远的伊希姆河一带。更重要的是，土尔扈特等部的迁徙并不是完全从联盟分离出去，主要是因为原牧区也的确相当"瘠苦"[①]，只好采取这种经营新牧场的做法来壮大实力，发展游牧经济。虽然他们的迁徙也包含有对准噶尔扩张不满的因素，但并不是脱离联盟。事实也证明，土尔扈特及和硕特迁离原牧区后，仍然参加联盟的重大活动。例如：卫拉特四部首领都参加了1640年的会盟。又如1643年盟主巴图尔珲台吉率领各部联军对哈萨克扬吉儿王子作战时，连远徙伏尔加河的土尔扈特也曾万里迢迢派回军队参战。至于"和硕特迁往西藏"，那更是联盟联合行动的结果。据史书记载，由于西藏格鲁派首领向顾实汗求援，顾实汗请得盟主巴图尔珲台吉的支持，遂联兵进军西藏。所以，有的学者称之为"从阿斯特拉罕直到青海的整个卡尔梅克族的远征"[②]。进军得胜初期，西藏还驻有联盟各部的联合守卫队，以后才陆续撤离，而由顾实汗及其后裔在那里统治。由此可见，上述理由都不能作为四卫拉特联盟崩溃的标志。我们认为，不仅1627年联盟远未崩溃，而且直到1640年的盟会上，四卫拉特联盟的思想还得到了最充分的体现，可以说是联盟发展的顶峰。

那么，四卫拉特联盟是何时崩溃的呢？它的标志又应该是什么呢？

按我们的看法，四卫拉特联盟是17世纪70年代崩溃的。不过它有一个开始丧失实际作用到彻底崩溃的解体阶段。如果说17世纪

---

①何秋涛：《朔方备乘》卷38《纪事始末二》。其中谈到，土尔扈特原牧区"僻远瘠苦，夏生白蝇，遗蛆人目，冬则大雪，不堪其寒"。

②莫里斯·古朗：《十七和十八世纪的中亚——卡尔梅克帝国还是满洲帝国》，里昂——巴黎，1912年，19页。

40年代联盟还有不少共同的行动，诸如联军进攻哈萨克和西藏，22名领主联名向清朝奉表进贡等等，那么，到17世纪50年代，尤其是随着精悍盟主巴图尔珲台吉的去世(1653)，联盟就开始丧失了实际作用。从此我们再未见到有多数成员参加的共同行动。而且到这时，杜尔伯特与土尔扈特由于不同的原因，实际脱离了联盟。前者(达赖台什子女)因1643年正在相互争夺遗产，没有参加远征哈萨克的联军，1646年后，曾遭到两位盟主的讨伐，自此与联盟敌对了。巴图尔珲台吉在世时，还曾派喇嘛使者去土尔扈特动员他们返回故乡牧区。土尔扈特也果真准备动身。但巴图尔去世后，土尔扈特首领暂时放弃了返回准噶尔本土的计划。他们与联盟的联系也由于必须突破途中昆都仑乌巴什、阿巴赖等敌对领主的阻击，基本处于断绝的状态。这样，四卫拉特联盟的四个成员已经有两个部自此没有再参加联盟的活动，盟会也无法召开。这是联盟丧失作用、实际解体的标志。不过联盟的形式似乎尚未最终崩溃。一方面，盟主之一的鄂齐尔图还在世，而且到1657年，一些敌对集团之间又讲和，还承认巴图尔珲台吉之子僧格是盟主职位的继承人。[1]新老两位盟主关系密切，仍然经常共同协商行动。另一方面，体现联盟思想的《法典》还在很多方面为卫拉特各部遵循着。1671年后，接替准噶尔首领僧格之位的噶尔丹，实行兼并卫拉特邻部的政策。特别是1677年他占领其叔楚琥尔的领地之后，又忌盟主鄂齐尔图强，遂"戕杀鄂齐尔图，破其部"。[2]于是，四卫拉特联盟这位最后支撑局面的盟主也退出了历史舞台。这是联盟最终崩溃的标志。1677—1678年间，噶尔丹颁布第一项加强其封建集权

---

①兹拉特金著，余太山编，马曼里译：《准噶尔汗国史》，商务印书馆，1980年，209页。

②《皇朝藩部要略》卷9。

统治的敕令。"噶尔丹既戕鄂齐尔图,自称博硕克图汗,因胁诸卫拉特奉其令(《皇朝藩部要略》卷9)。"封建民主、协商自治的组织——四卫拉特联盟彻底崩溃,开始了噶尔丹军事集权统治时期。

　　四卫拉特联盟的崩溃,当然主要不在于出了一个图谋集权的噶尔丹,而是卫拉特内外形势发展的必然结果,是历史发展趋势所决定的。当时,在外部,察合台后裔的吐鲁番政权和喀什噶尔政权①已分裂为许多相互仇杀的伯克和苏丹的零碎领地,经常求援于准噶尔。哈萨克在捷维克力汗和叶西姆汗死后,其后裔也分裂割据,争夺领地,实力大为削弱。喀尔喀蒙古和托辉特部首领,强盛一时的所谓"阿勒坦汗",1667年也已被准噶尔首领僧格征服。僧格时期,他已经有实力能够强硬警告沙俄,如果俄方不归还他的属民,他有力量攻打克拉斯诺亚尔斯克等俄国边城。显然,四卫拉特联盟形成时那种需要四部联合御敌的危机形势已经一去不复返了。在内部,经过巴图尔珲台吉的努力,尤其是《法典》精神的贯彻,卫拉特社会封建经济和封建制度得到很大发展,准噶尔实力大增,各部皆以伊犁为会宗地。②准噶尔疆域北及额尔齐斯河和鄂毕河中游,西至巴尔喀什湖以东以南,南部包括天山南路广大地区。这一民族政权成了一支威慑性的力量。到噶尔丹称汗时,各部在政治上开始隶属于汗权的军事压力。在这种情况下,四卫拉特联盟自然就为历史所淘汰了,因为它完成了使分散受欺的卫拉特各部过渡到强大统一的民族政权的历史任务。

（原载《民族研究》,1982年2期）

---

①这两个政权又称东西蒙兀儿斯坦。
②何秋涛:《朔方备乘》,卷38《土尔扈特归附始末》。

明代瓦剌与西域

瓦剌原是我国古代的北方游牧部落。它最初载入史籍,是在 13 世纪初铁木真统一"林木中百姓"时期,当时称斡亦剌,分布在今叶尼塞河上游一带,萨彦岭与唐努山之间。到明代,瓦剌常常出现在西域,对西域的历史产生过一定的影响。有关这方面的研究,迄今还很薄弱,本文仅初步探讨明代瓦剌与西域关系的几个问题。

一、瓦剌势力始入西域

从史籍记载看,早在元代阿里不哥反叛忽必烈王室时,瓦剌(斡亦剌)已经与西域发生了关系。据《元史》记载,阿里不哥反叛元王朝的军队里有"外剌(即瓦剌)及乞儿吉思军①。1262—1263 年阿里不哥受忽必烈的驱赶和粮食封锁,率众将基地由漠北转向西域,并向察合台系领地征收武器、牲畜和财物。但他征得的财物却被察合台后裔阿鲁忽夺去,于是 1262 年阿里不哥军与阿鲁忽交战于不剌城(今博乐)一带,阿鲁忽一度溃败,由伊犁河流域退往伊塞克湖,后又退至撒马

---

①《元史》卷 120《术赤台传》。这一记载显然是可靠的,不仅因为斡亦剌与阿里不哥家族关系最亲密,且据拉施德哀丁《忽必烈本纪》记载,阿里不哥的夏营地在阿尔泰,冬营地在贴克木和乞儿吉思。处在阿尔泰与乞儿吉思领地之间能斡亦剌,在阿里不哥辖内,粗成瓦剌军,也就不足为怪了。转引自岗田英弘《四卫拉特的起源》,载《史学杂志》83 编 6 号,1974 年。

尔罕等地。①阿里不哥占领伊犁盆地后,蹂躏城乡,不得人心。1262 年
他又因遭受阿鲁忽的进攻而战败,他手下的部众在此前后,也纷纷背
弃他而去。最后,阿里不哥只身逃往其兄忽必烈处告降,他从叶尼塞
河额尔齐斯河一带率军队往伊犁河流,自然包括瓦剌军在内,经历了
这次战役,便全部溃散在天山一带。②上述这些是关于斡亦剌(瓦剌)
与西域关系的最早记载之一。不难看出,作为阿里不哥属部的瓦剌
(斡亦剌)人,那时已经与西域的察合台后裔发生了早期关系,而且因
阿里不哥的失败而散留在西域地区,成了早期西迁的瓦剌人。不过他
们当时只是作为阿里不哥的随从涉入西域有关事件,还不是独立的
政治力量。

瓦剌作为一个独立的政治集团与西域发生关系,即作为独立
的政治势力深入西域,则是明代的事情,大致不晚于 15 世纪 20
年代。

1399 年瓦剌(斡亦剌)四万户的领主乌格齐哈什哈杀死东蒙古大
汗额勒伯克汗之后,瓦剌才被当作一个独立的政治单位载入史册,这
一年它与东蒙古的大汗彻底分裂,而将政治中心移向杭爱山以西。从
其活动地区和有关记载看,15 世纪头十年,它的领地已经由叶尼塞河
上游萨彦岭与唐努山之间伸展到了西域沿边一带。据《明实录》记载,
永乐年间,中官李达、吏部员外郎陈城等使西域时,瓦剌地处别失八

---

①[明]危素《危太朴集·耶律希亮神道碑》,吴兴刘氏嘉业堂刊本,转引自《新疆简史》第一册,187 页,新疆人民出版社,1980 年。
②参看巴托尔德著,米诺尔斯基英泽《谢米列契史略》第六章;彼得洛夫:《吉尔吉斯起源简史》第四章,1963 年。

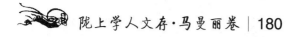

里之北,南有山与哈密相界①。当时瓦剌领地范围大致是:东起杭爱山西麓,北到额尔齐斯河及叶尼塞河上游乞儿吉思领地,南依戈壁沙漠并哈密北山(即今天山)西部伸展到别失八里②以北③。瓦剌正是在这种与别失八里、哈密等西域诸地面接邻的条件下,以崛起的姿态登上西域历史舞台的。

别失八里在秃黑鲁帖木儿执政(1346—1363)时,曾比较强大。从1360年起他接连征战原察合台兀鲁思西部河中地区(即一般所称玛危兰纳赫尔),1631年攻下撒马尔罕,控制河中,使原察合台兀鲁思一度恢复统一。但好景不长,他死后反叛四起。中亚的帖木儿崛起,多次攻入别失八里。别失八里到秃黑鲁帖木儿的幼子黑的儿火者执政(1389—1399)时期,已不得不依命将女儿达瓦库·阿噶送给帖木儿为妾,处在从属于帖木儿的地位。1399年,即瓦剌与东蒙古分裂。这年,黑的儿火者死,其子沙迷查干(1399—1408)继任别失八里汗位。据苏联历史学家兹拉特金说,就在这个时期,瓦剌与这个西域邻居发生了矛盾冲突,但在明代记述有关沙迷查干时期的史料中,却未

①《明代西域史科·明实录抄》8。真《太宗实录》卷98,永乐十三年冬十月祭已"别失里沙漠之地也,今焉哈麻王之主之二故疆东速哈密,西至撒马尔罕,后为帖木儿甜玛侵夺,今西至隔忽麻,北与瓦剌相接,东南抵于同、阿端。哈密居平川,城周三、四,开二阴,东有溪西北梳……其北有山与瓦剌相界,其西接火州等城。故哈密为西北猪胡往来要道。

②《明史》中的别失八里,即一般所称的蒙兀儿斯垣,十四世耙由察合台镇地分裂而成。它的领土几乎包括整个南疆,以及从额尔齐斯河和额敏河到天山,从巴里坤到费尔干纳和巴尔喀什湖的广大地区。

③兹拉特金著,余太山编,马曼里译:《准噶尔汗国史》,商务印书馆,1980年,第52页。

见有类似记载。①只是在沙迷查干之弟马哈麻(1408—1415)继位后不久,《明实录》中才出现了瓦剌与别失八里相互关系的记载。如永乐九年(1411),明廷同时宴请瓦剌及别失八里等处的使臣;与此同年的记载说,由于"瓦剌使者言别失八里马哈麻王将袭其部落",明朝出面阻止马哈麻,劝终"敦睦四邻"。②这里反映出瓦剌与西域的别失八里已开始了和平交往,并伴随有矛盾冲突。显然,当时瓦剌的力量还不十分强大,所以求助于明廷以摆脱受攻击的地位。这可能与瓦剌脱离东蒙古不久立即分裂成马哈木、太平、把秃孛罗三足鼎立的形势有关。更往后,瓦剌与别失八里的冲突就日益尖锐了,特别是在歪思汗(1418—1428)登位改别失八里为亦力把里之后。据永乐十九年(1421)太监海童等出使瓦剌返回时报告:"亦力把里王歪思与瓦剌贤义王太平构兵,战互有胜负",既然"互有胜负",可见20年代时他们相互战争已不止一次。至此,瓦剌势力显然已直接进入了西域。

与此同时,瓦剌开始进逼哈密地面。如:永乐十九年明廷曾因哈密忠义王兔力帖木儿告瓦剌侵掠哈密,特派使节责瓦剌贤义王太平等,并"令还所侵掠"③。哈密是"西域要道""西陲屏蔽",④也是自古西域各族争夺的"咽喉之地",⑤而且当时又是明朝进行行政管辖并设王

---

①《明代西域史料明实录抄》37页《明太宗永乐实录》卷三十三,只记有沙迷查干"率兵东向"但未明去处;卷三十四记有沙迷查干曾兵征鬼力赤;卷四十九,沙迷查干向明廷上书曰:"撒马尔罕木其先世故地,请以兵复之。"永乐帝答复说:"宜审度而举事,慎勿轻动。"

②《明太宗永乐实录》卷八十。

③《明太宗实录》卷一百二十。

④《明史》卷329《西域一》。

⑤《明宪宗实录》卷一百十八。

置卫的重要地点,瓦剌开始侵扰哈密说明它对深入西域已经跃跃欲试了。因此,我们把瓦剌势力伸向别失八里(亦力把里)与哈密,看作是它开始进入西域的标志。

二、脱欢、也先时期瓦剌对其西域近邻的政策

在脱欢、也先时期,瓦剌向西域扩张,不只是为经济上掠夺更多财物,而且也是他们求"大元一统天下"的一项重要措施①。

1418年(永乐十六年)明廷准脱欢袭父爵,为顺宁王。到1426年(宣德元年)他吞并贤义、安乐二王领地,统一了瓦剌②。不晚于1430年(宣德五年),瓦剌已控制北部的乞儿吉思③。1434年脱欢杀和宁王阿鲁台,取得玉玺,自此,他成了东西蒙古的实际大汗。他立出身成吉思汗"黄金家族"的脱脱不花作傀儡,利用后者于1438年最后杀死阿鲁台所立的阿台王子,集权于一身。不过次年脱欢也就死了,但他为其子也先留下了主宰东西蒙古的最高权力。

脱欢时瓦剌攻击的主要目标是在东部,争夺整个蒙古地区的统治权,还顾不上争夺西域,不过与西域已有交往,基本上是和睦相处的关系。这表现在,瓦剌使臣来中原常经哈密往返,或与西域亦力把里、哈密等地的使臣一起向明廷进贡,共受皇宴及赏赐等等④。也先一登太师宝座,就不限于争夺东方了,而是为"大元一统天下"迅猛地在东部、中部、西部三方面同时向南展开了全面攻势。

①谷应泰:《明史记事本末》卷三十二,中华书局,1997年。
②据1425—1426年尚有安乐王子及贤义王子向明廷进贡,此后均由脱欢代表瓦剌进贡的记载。
③《明宣宗实录》卷六十六载:"宣德五年瓦剌乞儿吉思之地万户别别儿的差副千户巴巴力等奏事至京",说明乞儿吉思已属瓦剌管辖。
④《明英宗实录》卷二十五及四十六。

也先在东部的政策（不是本文的重点，这里只概括提一下）首先是立足于巩固他对蒙古地区的统治，然后在这个基础上扩大疆域，重点控制大同一带入京通道。因此也先袭太师位后，即着手剪除那些与他争夺统治权的东蒙古代表人物，软硬兼施，控制兀良哈三卫。到1447年，"泰宁等三卫并忽鲁爱等七十四卫具受瓦剌也先诳诱"①，"西北一带戎夷，被其驱胁，无不服从……漠北东西万里，无敢与之抗者"②。接着瓦剌势力直逼女真与朝鲜。也先亲自率兵进攻大同控制贸易、进贡通道和相邻地区，也是他进行东方攻势的重点目标。

也先掌权后，在向东部发展势力的同时，也在中部和南邻采取了攻势。中部的主要目标是西域的要冲——哈密卫。从也先时期对哈密的政策看并不是旨在抢掠这条东西通道上商人和使节的财物，而是把争夺哈密当作他实现蒙古帝国的重要战略步骤。他对哈密不只是用武力压服与威胁，着重是用通婚、利诱等和平方式，以使哈密从属于瓦剌。据《明实录》记载，1443年（正统八年），即也先袭太师位初期，瓦剌进攻哈密，"抢去忠顺王母"，以此为要挟，"令忠顺王逼年去瓦剌"。③显然，也先用这种办法，使哈密忠顺王归属于他，次年（1444）十二月明廷给哈密忠顺王倒瓦答失里的敕谕中谈到，也先"将尔子母取去，今俱差人送回俱悉……又闻彼累差人往来尔处，然也先与尔俱世事朝廷，往来和好如同一家，皆以保境安民为心，朕固不禁绝之。但虑往来之人或有交构蛊惑坏久长之好，甚非尔一方之福也，切虑之……"④从这段引文可以看出：第一，瓦剌并不杀害哈密王室而立

①《明英宗实录》卷二十八。
②《明英宗实录》卷一百七十三。
③《明英宗实录》卷一百四十九。
④《明英宗实录》卷一百〇九，忠顺王母温答失里为也先娘。

仇,相反,以礼送返;第二,瓦剌控制哈密后,并未与明廷断贡,因此明廷也不便"禁绝"他们来往;第三,瓦剌与哈密往来十分频繁,显然瓦剌对哈密的控制已有成效,而使明廷"虑之",不得不做诱导工作。而且明廷于第二年(1445)即急忙下令哈密"今后瓦剌差人数多,及无印信文书,不系紧要者,尔处不必起送"①。但实际上,此时也先已经成功地使哈密听命于他了,这从不久后一系列事件中表现得很明显。如1446年元月,也先令瓦剌头目塔剌赤等去哈密时竟将撒马尔罕使臣等一百余人连同"进贡方物"以及"沙州逃来人家"都"诱引"往瓦剌了。如果不是哈密方面配合,这样的"诱引"恐怕是难以办到的。同年九月,也先遣人召哈密忠顺王及其母和陕西丁等去瓦剌,且"至则礼待甚厚,赠以豹皮、马、羊等物,又将前后劫掳人口六百有余纵还",陕西丁返哈密时,也先"属(嘱)其约束人马,亦俟以纳失里王调用"。②1447年"也先既诱挟买卖回回锁鲁檀等"……又诱令哈密与撒马尔罕等使臣三百多人"自陕西入贡"。③这些记载说明,也先通过"礼待甚厚"等手段已经使哈密任他"调用"摆布了。直到也先去世,哈密一直在瓦剌控制之下。

也先对哈密的夺取,不是孤立的行动。他在对哈密进行各种行动的同时,对沙州、罕东、赤斤等三卫也采取了相应措施。例如:1443年瓦剌进攻哈密,同时也袭击了沙州、赤斤一带。④随着对哈密采取的和平攻势,瓦剌也遣人去沙州卫都督困即来、赤斤蒙古卫都督且旺失加等处,求结秦晋之好⑤,并授给"沙州、罕东、赤斤蒙古三卫都督喃哥等

---

①同上,卷一百二十四。
②同上,卷一百三十四。
③《明英宗实录》卷一百四十五。
④《明英宗实录》卷一百五十八。
⑤《明英宗实录》卷一百〇八及一百十。

平章等官，又檀置甘肃行省名号……"①通过这一系列军事政治手段，到 1447 年瓦剌也控制了沙州等三卫。②这样，瓦剌很快把哈密到嘉峪关一带进入中原的要道夺取到手中。瓦剌利用这条西域要道和东边大同一带贡道，分头向中原频繁入贡，并进行市马和其他私市贸易。仅以入贡为名的求赐、计封，往往一年数次，动辄两三千人，其数量之大，交易之频繁，从明廷官员等奏"钞贯不敷"③，"在京口外官员、军民人等……于闲僻之地，私相交易"④等记载中可见一斑。直到瓦剌竟一次遣使"增至三千余人，又虚益其数，以冒支廪饩""稍不足其欲，辄构衅生隙"。⑤最后也先亮出了他执行这一系列政策的政治纲领："令彼（指明廷——引者）南迁，与我大都。"⑥

在西边，瓦剌的势力在脱欢时期已经伸进西域的亦力把里（即蒙兀儿斯坦）。虽然脱欢、也先都屡败亦力把里汗，但看来都没有达到他们预期的目的，即要使亦力把里从属于瓦剌或受控制，因此，相互的武装冲突，连绵不绝。据记载，在歪思汗统治亦力把里时与瓦剌军"在伊犁河两岸"交战过六十一次，只胜过一次，两次被瓦剌俘虏。⑦从瓦剌两次放回歪思汗这种做法看，瓦剌对亦力把里的政策也与在哈密执行的类似，不是立足于抢掠，主要是想收服亦力把里执政者。不过在也先时期，并没能完全制服亦力把里，只达到使佳拉斯部和巴林部等部分蒙兀异密臣属瓦剌，势力扩展到天山西部伊犁河地区。有的异

---

①《明英宗实录》卷一百二十四。

②《明英宗实录》卷一百二十二，一百四十三及一百四十九。

③《明英宗实录》卷一百五十八，一百六十。

④《明英宗实录》卷一百三十七。

⑤《明英宗实录》卷一百八十。

⑥《明英宗实录》卷一百八十四。

⑦巴托尔德《谢米列契史略》第七章。

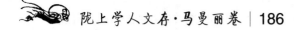

密,为避开瓦剌人的袭击,迁到伊塞克湖地区筑堡以自卫。①

尽管瓦剌没有能在这里实现预想的意图,但把他选择七河地区作为西部的进取目标,与他在哈密一带的政策联系起来分析似应认为,瓦剌这一时期的西域政策在政治、经济上用心是深远的。一方面,亦力把里当时是成吉思汗后裔领地中还坚持住帐,食肉等游牧生活方式的属民,自称蒙兀人②(没有完全定居生活影响)。也先统一东西蒙古后,自然认为这一带是理当纳入他的帝国范围的。另一方面,早在元代,瓦剌的祖先已经有少量西迁到伊犁河流域。亦力把里这一带疆域,历来是我国西北少数民族徙来牧去的场所。更不容忽视的原因,是亦力把里正处在瓦剌通往中亚贸易城市的通道上,不能自给自足的畜牧经济非常需要控制这条通道,向中亚换取生活必需品。因此无论脱欢、也先他们都憧憬于成吉思汗时代的蒙古大帝国。在这一政治目标下,他们孜孜以求,重点夺取的三条贸易通道,其中西域就占了两条。这就反映了瓦剌这一时期对西域政策的政治、经济基础和性质。

三、也先死后瓦剌活动重心移向西域及瓦剌与中亚的关系

也先死后,即15世纪50年代中期以后,瓦剌与西域的关系发生了重大变化。国外学者在论述相关问题时,反映出两种截然不同的看法,一种认为"在也先死后的时期里,瓦剌退出了历史的舞台,不再在历史上起积极作用,而且消失得无影无踪",另一种则说"实际上瓦剌对外政策的积极性只是在方向上有所改变,由于跟中原王朝信息隔

---

①米咱尔·穆罕默德·海答儿:《什拉德史》(英译本),1972年,第78—79页。
②陈诚:《西域番国志》,中华书局,1991年。

绝,在争夺东方通道中遭到失败,瓦剌成了活跃在西部和北部东土耳其斯坦、希布察克草原和中亚草原的一支生气勃勃的力量,对这一地区错综复杂的历史事件产生过重大影响"①。我对这两类看法都不尽同意。

我认为,一方面从目前国内外见到的史实看,也先死后,瓦剌远没有退出历史舞台而无影无踪,仅《明实录》对它与东蒙古和中原等地关系的记述,就延续到16世纪末,也就是说,在也先死后,仍有瓦剌的一个半世纪的活动记录。另一方面,在肯定瓦剌没有退出历史舞台的前提下,也应该承认,瓦剌对外政策的性质发生重大变化,它的历史作用显然逐渐减小。其根本原因是也先死后,中央集权土崩瓦解,后元帝国的目标像海市蜃楼般消失了,也先长子火儿忽答孙楚王②等居扎布汗河一带,也先弟伯都王等则投奔在哈密的姐姐忠顺王之母。东西蒙古各部领主开始各自为政,史载:"彼处未有君长,所遣之使非出一人。"③于是也先死后直到明末,瓦剌逐渐进入一个由于分裂而实力减小的时期。他在西域的政策和活动的性质也已经不是跃跃欲试地积极追求称霸,而主要是诸领主以追求各自的经济利益为重心了。

我们看到1446年(成化二年)瓦剌太师阿失帖木儿还能待在"迤北",也还有力量"挟朵颜三卫人从喜峰口"入贡。④到1469年因阿失帖木儿"部下作乱",瓦剌出现较大分裂,"拜亦撒哈平章等率众近哈

①兹拉特金著,余太山编,马曼里译:《准噶尔汗国史》,商务印书馆,1980年,71页。

②按准噶尔部世系,此长子应即是杜尔伯特祖博罗纳哈勒。

③《明英宗实录》卷二百五十三,并可参看《准噶尔汗国史》第一章第二节。

④《明宪宗实录》卷三十七;《明史》卷三二八认为阿失帖本儿是也先之孙;日本和田清士认为是被也先封为太师的次子。我倾向于后一说,阿失帖本儿也即准噶尔之祖额斯墨特达尔汉诺颜。

密住牧",此后,拜亦撒哈忽而拥众抢掠中原边境,忽而又随哈密及吐鲁番使臣向明廷进贡。①继他之后陆续有瓦剌部落迁驻哈密附近一带,阿失帖木儿的实力,虽因此有所削弱,不过他在世时,即15世纪70年代,瓦剌势力尚称强盛,主力还未被挤出漠北。②到15世纪80年代中期,其子克舍已深恼"迤北小王子常为边患,且阻其人贡之道",而欲"借三卫兵往劫之"。③这里的"小王子"是指七岁时(1464)(由其成年妻子满都海赛音哈屯摄政)的巴图孟克。他称汗(达延汗)后势力日强,到15世纪80年代时,瓦剌已被他的势力所困阻,必须依靠借兵来打开局面。1486年克舍弟阿沙继为太师,阿沙之弟阿力古多等部又与之分裂,而向西域沿边迁徙:"率众至边,欲往掠甘肃,且胁罕慎,欲与和亲。"次年,除驻牧把思阔(今巴里坤附近)一带的养罕王外,当时连阿失帖木儿的儿子阿沙太师等许多瓦剌的主力部落也迁来了。④于是西域哈密都督罕慎苦于"瓦剌养罕王及阿塞(沙)太师等在彼处逼胁,未获宁处"⑤至此,原驻牧漠北的主要瓦剌部落已活动在西域哈密一带了,这不晚于成化末年(1487)。

这年正值统治亦力把里的歪思汗之子羽奴思死,羽奴思的长子马黑木,继承其西部的河中以及塔什干等中亚地区的领土;次子阿黑麻则占据从阿克苏到吐鲁番的新疆地区。以吐鲁番为中心的东亦力

---

①《明宪宗实录》卷六十五,七十二等。

②从《明宪宗实录》成化六年(1470)的记载看,阿失帖木儿尚"率四万骑"与"迤北孛罗乃"对垒。还说到"……孛罗乃部下为干(阿)失帖木儿所败",可见势力尚盛,主力在漠北征战。其子克舍也还属于明朝所称"迤北虏酋克失(舍),"《明宪宗实录》卷七十九及二百五十一。

③《明宪宗实录》卷二百八十一。

④《明宪宗实录》卷二百八十,二百九十。

⑤《明孝宗实录》卷十一。

把里(东蒙兀儿斯坦)自 15 世纪中叶起日益强大,1473 年一度占据哈密,1482 年在明朝支持下,哈密首领罕慎夺回了哈密,但阿黑麻执掌以吐鲁番为中心的东亦力把里后,意欲称霸西北。他不满足于速檀称号,同时自称可汗,并于 1488 年与 1491 年两次攻占哈密,进扰瓜州、沙州,逼令这一带部落向他进贡。在强大一时的吐鲁番面前,15 世纪中期以后瓦剌在哈密原有的地位被吐鲁番所取代。所以 15 世纪 80 年代后,虽然瓦剌活动重心移至哈密一带,也已经无法控制这一地区了。为争夺哈密,瓦剌与吐鲁番的关系是充满矛盾冲突的。阿黑麻速檀时期,由于瓦剌屡被打败,并受残杀,瓦剌人给阿黑麻取了"杀人魔王"的绰号。①但瓦剌迫于困境,以后与吐鲁番的关系变化莫测,特别是到了阿黑麻之子满速儿为吐鲁番速檀以后,瓦剌一会儿称"与吐鲁番世仇",不断交战,向明延表示"诚心内附",共讨吐鲁番;②一会儿又与吐鲁番联合,使吐鲁番得以"势驱沙、瓜,姻连瓦剌,借名诸番,拥兵二万",而进犯甘肃。③吐鲁番速檀满速儿一死,其次子"乃复阴据哈密……"并"结婚瓦剌以为援,潜种沙州田以为资,意在西抗彼兄,东侵我土(按指中原)"。④这时瓦剌不仅不与之争夺哈密,相反支持他反对其兄沙速檀(1545—1570),结果沙速檀便死在与瓦剌的一次战争中。这一时期在吐鲁番与瓦剌的关系上,瓦剌只着眼于暂时图利或摆脱困境,或者解释为,这是不同的瓦剌部落为了生存发展而各自为政的结果。

西部,在也先死后,瓦剌在亦力把里(蒙兀儿斯坦)发生关系的同

①巴托尔德《谢米列契史略》第七章。
②《明武宗实录》卷一百十八,百一六十四等。
③卢问之疏,参看福一清《关中奏议》卷十二附录部分。
④《明世宗实录》卷三百○七。

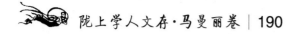

时,曾一度涉入有关中亚哈萨克与乌兹别克的历史事件。

15世纪中期,正值金帐乌兹别克的阿布尔海尔汗(1428—1468)向中亚扩张之时,他当时已经统治了白帐,所以领土"东南部一直伸展到锡尔河下游和蒙兀儿斯坦边境",①与贴木尔后裔领地和东亦力把里察合台后裔领地相邻,阿布尔海尔的政敌——原白帐巴拉克汗的两个儿子克烈和扎内伯克,败于阿布尔海尔,率部众逃往亦力把里所属的七河一带,他们二人就是哈萨克的奠基人。当时亦力把里由也先卜花执政,他怕乌兹别克过于强大,决定支持哈萨克,把楚河与塔拉斯河谷地拨给他们二人做基地,以便抵制乌兹别克。以后从阿布尔海尔统治下流亡来的人云集于这一带,就都叫哈萨克——漂泊者。②就在阿布尔海尔向中亚一带扩张时,瓦剌军曾踏遍亦力把里,并在锡尔河岸击败过乌兹别克。一般认为瓦剌这次远征的时间是从也先在世时的1452年延续至1455年他死后。1472年瓦剌还曾在七河地区战败亦力把里汗羽奴思,③并一直追击羽奴思到锡尔河。逃到这里后,羽奴思打败了乌兹别克人,但次年他却被塔什干总督俘虏了。一年后,当羽奴思回到亦力把里时瓦剌人已经撤走了,④虽然不清楚。瓦剌这次追到锡尔河时,是否与当地乌兹别克有交锋,但这次进军,比起也先时期"踏遍蒙兀儿斯坦"的数年远征,实力显然大为减弱,否则瓦

---

①伊凡诺夫:《中亚史纲要》,莫斯科,1958年,25页。

②《哈萨克共和国史》,阿拉本,1957年。

③兹拉特金著,余太山编,马曼里译:《准噶尔汗国史》,商务印书馆,1980年,74页。顺便说说,兹拉特金在这里把羽奴思汗的死年注为1496年,我认为是不对的。因为弘治元年(1488)的记载已说道:"哈密忠顺王罕慎为吐鲁番速擅阿黑麻所杀",阿黑麻是在羽奴思死后才当速擅的,所以以羽奴思死年是1487年(《明孝宗实录》卷二十,也可参看巴托尔德《谢米列契史略》第七章)。

④《谢米列契史略》第七章。

刺军就不致很快撤出亦力把里。此外,这种迅速撤回的军事行动,就只能看作是仅仅为了去大肆抢掠一番了。

至于也先后时期瓦刺与哈萨克的关系,几乎有一个世纪基本上是和睦相处的,这是因为当时还没有引起冲突的重大因素。初期哈萨克所占的七河西北部那小小一隅之地,不是什么有利可图的地方;漂泊的逃亡者也不是值得掠夺的对象,但是哈萨克在克烈之子巴兰杜克时期,日益强大,甚至战胜乌兹别克著名的昔班尼汗而夺得部分锡尔河的城市。1510 年昔班尼汗死,其后继者激烈争夺河中为中心的政权,无暇顾及原属乌兹别克的巴尔喀什湖西北广大草原,哈萨克便乘机占领。同时由于昔班尼后裔争战激烈,逃亡加入哈萨克的人数剧增,当时号称百万哈萨克,而巴尔喀什湖以南实际不再属于亦力把里,而为大大增强了的哈萨克所占。瓦刺与中亚贸易的通道自此不是为亦力把里,而是为哈萨克所阻了。不久,哈萨克塔希尔汗执政(1523—1530),暴虐无道,众叛亲离,他终于死于柯尔克孜人手中,哈萨克汗国一时瓦解。[1]瓦刺乘机西移,自此开始与哈萨克邻邦的频繁冲突。这就是瓦刺与哈萨克之间和平关系转化为长期武装斗争的主要原因与背景。一般认为,他们相互关系的急剧变化正是发生在 16 世纪 30 年代。到 16 世纪中叶哈萨克又强大起来,逐渐将一些瓦刺部落置于其管辖之下。[2]于是,瓦刺处在日益强大而又与之矛盾尖锐的逃亡的时期,特别是劳动人民处境更为艰难。不过,瓦刺在尝尽分裂与衰弱之苦后,仍顽强地挣扎,追求统一,并逐渐形成松散的四卫拉

---

[1]《哈萨克共和国史》141—142 页以及《新疆简史》212—213 页。

[2]兹拉特金著,余太山编,马曼里译:《准噶尔汗国史》76 页。兹拉特金谈到了 16 世纪 30 年代和平关系转化为武装斗争,但对"哪些情况"决定这种转化,称"不太清楚"。

特(瓦剌)联盟。这种逐步走向统一的趋势,给瓦剌带来了曙光,终于以哈喇忽喇和巴图尔珲台吉为代表,立志统一瓦剌的准噶尔领袖崛起了。明末清初他们在我国西北边疆建立起强大卫拉特民族政权,并为保卫我国西北边疆作出了历史贡献。

(原载《西北史地》1984 年 1 期,2008 年《新疆历史研究论文选编》全文刊载)

论吐谷浑与周邻的关系

南北朝时期,中原地区战事频仍,地方割据政权不断更迭,在这种形势下,偏居于甘、青、川交界的吐谷浑政权却能长治久安,这不能不说是一个很值得研究的问题。吐谷浑政权在诸多短命政权混战的时代之所以能长久存在(晋永嘉末至龙朔三年,312—663),因素是多方面的,其中主要的一个方面,是吐谷浑与周邻的关系。关于吐谷浑与周邻的一般关系,有的论著已有所论及,本文特别就南北朝时期吐谷浑的周邻关系与其游牧经济的特色,谈一些肤浅的看法。

一、吐谷浑崛起时期与羌氏等族关系的性质

吐谷浑所率慕容鲜卑部,约在晋太康后期迁离故乡,当时仅一千七百户,不过数千人[①]。而他们来到的群羌之地,仅以羌族而论,在西汉时就已经"子孙支分凡百五十种"其中仅钟羌就"胜兵十余万","其余大者万余人,小者数千人"[②]。此外,当地还有其他民族,如氐、匈奴、西域胡、高车和汉人等等。不难看出,这支慕容鲜卑人与当地的土著和其他早已在这里的民族,在人数上的悬殊是何等之大。可是后来,

①《宋书》《魏书》的吐谷浑传作七百户,《晋书·吐谷浑》作一千七百户,每户以五口人计,合三千五百到八千五百人。

②《后汉书·西羌传》。

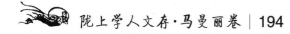

这一支外来的、在数量上明显处于劣势的慕容鲜卑人,终于在这一带取得了稳固的统治地位,建立起了以吐谷浑后代为首的政权,铸造了一个称之为吐谷浑的民族。这一史实本身就是以吐谷浑为首的这支鲜卑人,善于处理民族关系的体现。

《魏书·吐谷浑传》等书说,吐谷浑首领们"兼并羌、氐,地方数千里,号为强国",笼统地记载其强大是"兼并羌、氐"的结果;有的学者认为"鲜卑人羌化了,因之,吐谷浑实际上是羌族的国家","羌族在青海建立起吐谷浑国,是社会发展中一个光辉的标志"[①];有的学者认为吐谷浑是民族融合的结果。

我认为,吐谷浑作为一个新民族,作为一个民族政权的崛起,是以吐谷浑后裔为首的鲜卑人,通过多种方式兼并、联合以羌族为主的当地民族,相互结盟,相互吸收、融合的结果。为了阐明这种相互关系的性质,需要强调两层意思:

第一,虽然一般说来,在那个相互攻伐的乱世,不凭借武力是难以立足的,但是单纯的暴力兼并,并不是一支外来的、小小的慕容鲜卑成功的秘诀。试看吐谷浑子吐延(317—329)时,虽已拓土到白兰,在用武力征服羌氐等方面,显然是很有成效了,但他却被羌酋姜聪刺死,说明起初的兼并活动遭到了羌人的激烈反抗,甚至被驱逐到退保白兰的处境。但是他们能吸取教训。吐延自己临终时说:"竖子刺吾,吾之过也……"过在何处? 史书评论他"性酷忍,而负其智,不能恤下,为羌酋姜聪所刺"[②]。他的继承人吸取了这个教训。从吐谷浑孙叶延(329—351)起,与当地民族的关系有了变化。他开始吸收汉族治国的

①范文澜:《中国通史》第四册第四章,人民出版社,1978年。
②《晋书·吐谷浑传》,中华书局,1974年。

经验并依靠当地民族来管理政事①。从史籍中记载的吐谷浑官员的姓名看,有司马薄洛邻,长史钟恶地、司马乞宿云、长史曾和等等,多属羌、高居、汉人等。可以看出,吐谷浑对其统治下的羌、氐②、汉等各族的上层采取了笼络的手段,表现出一种相互联盟和依靠的关系。再如碎奚③(351—376)执政时期,羌人在吐谷浑政权中势力大,地位高,"王之左右"都是羌人,其势力大到可以把吐谷浑王弟随意杀了的程度④,但他们却没有利用如此大的权势谋反。这说明,吐谷浑最高统治者的联合政策是成功的,身居高位的羌族代表人物,从根本上是支持与维护吐谷浑后主及其国家的利益的,他们已经成了吐谷浑政权的基础。这种相互依赖、结盟联合的关系,正是吐谷浑得以在群羌之地立足的主要原因。

我们还看到,树洛干在位时(405—417)之所以达到了"控弦数万"⑤的局面,是因为通过"轻徭薄赋,信赏必罚"等措施⑥,进一步调整了与属下羌、氐各族的政治经济关系,以致"众庶乐业","沙漒杂种莫不归附"⑦,使他竟能与强邻南凉抗衡,并多次得胜。426年,慕璝执政后吐谷浑进入了鼎盛时期。看来这与吐谷浑长期以来对属下羌、氐等族的政策也有重大关系。如史书曾说到慕璝"招集秦、凉亡业之人及

---

①他仿效汉族,以吐谷浑为国号,为氏。《北史·吐谷浑传》载,叶延自幼"颇视书传,自谓曾奕洛韩始封昌黎公,吾为公孙之子,案礼,公孙之子得以王父字为氏,遂以吐谷浑为氏焉"。

②《南齐书·河南传》提到"鲜博慕容魔,庶兄吐谷浑为氏五",反映氐人也是吐谷浑立国的基础力量。

③《北史》作碎奚,《通监》作辟奚。

④《通监纪事本末》卷一〇三,晋简文帝咸安元年条。

⑤《晋书·吐谷浑传》。

⑥《通监纪事本末》卷一一四晋安帝义熙元年条。

⑦《晋书·吐谷浑传》。

羌戎杂夷众至五六百落……部众转盛"①。仅仅通过"招集"说能使羌、氐等族纷纷归附，只能证明吐谷浑政权对河湟等地各族的政策是比较得人心的。它没有像这一时期有的民族政权那样动辄就残酷杀戮，甚至"无贵贱男女少长皆斩之"，或"与羌胡相攻，无月不战"，而大失民心②。它不是单纯靠武力征服、兼并羌、氐等族，它的"兼并"在相当程度上是采用了"轻徭薄赋、信赏必罚""招集亡业之人"等等方式，也包括与当地民族的上层结盟、联合，使其参政的政策，使一些邻族"莫不归附"。这似应看作吐谷浑与当地土著、与部分邻族相互关系中颇有特色的一个方面。

第二层要强调的意思是，无论吐谷浑国，或者吐谷浑族，并没有被同化，而是处于最高统治地位的慕容鲜卑人与羌、氐等土著相互吸收，相互融合，也包括吸收和融合了汉族文化，从而形成了一个崭新的民族共同体——吐谷浑族。这根本的原因应是当时、当地羌人部落大多数还处在分散、落后的状况下，他们虽然发展很不平衡，有一些进入了封建社会，发展了定居农业，但多数还处在"不立君长，无相长一，强则分种为酋豪，弱则为人附落，更相抄暴，以力为雄"③的那种原始社会末期的状况，而慕容氏还在三国时，其先祖莫护跋就因"从宣帝伐公孙氏有功，拜率义王"。以后"乃仰华风"，与汉频繁交往，到晋元康四年时，已经"法制同于上国"④。所以从理论上说，羌族不具备能够同化鲜卑人的经济文化基础。结果便在慕容鲜卑人统治下，与甘、青、川一带的羌、氐、汉、西域胡人以及其他鲜卑人逐渐通过相互融

①《魏书·吐谷浑传》，中华书局，1974 年。
②《晋书》卷 107，石季龙载记（下）等。
③《后汉书·西羌传》，中华书局，1973 年。
④《晋书·慕容廆载记》。

合、相互吸收,形成了一个新的民族——吐谷浑,这一带后来也成了吐谷浑较稳定的活动地域。吐谷浑复杂的语言情况和混合的习俗等等,也说明它是一个体现了民族融合关系的新的民族共同体①。所以说,它的形成本身就是我国历史上这一动荡时期一种民族关系的体现。这种民族关系推动了当时这一"群羌之地"的社会进步,也是吐谷浑政权得以崛起的重要因素。

二、吐谷浑兴盛时期与周邻关系的实质和特色

吐谷浑在慕璝时(426—439)进入兴盛时期,直到南北朝结束,它经历了一百多年欣欣向荣的黄金时代。这一时期吐谷浑与周围邻族、邻邦的关系表现出一种周旋于南北对立政权之间、广交周邻各族的特色。吐谷浑统治者在这个时期为什么采取这种对外政策呢?这种政策的实质何在?

马克思曾指出:"各民族之间的相互关系取决于每个民族的生产力、分工和内部交往的发展程度。"②吐谷浑对周邻政权和民族的关系,从根本上来说,正是取决于吐谷浑族本身的生产和社会的发展状况。还在拾寅以前,吐谷浑政权随着与羌、氐等族关系的稳定,生产与生产关系比较协调,畜牧业生产和社会进入兴盛时期,但农业和手工业的生产在吐谷浑经济中的比重较小,不足自给,出路或者是依靠掠夺、寇边,或者是广泛地进行商品交换,这是摆在吐谷浑统治者面前的两条道路。吐谷浑走上了后一条道路,采取了广交周邻的政策,从而使蜀汉市场、河西贸易通道和青海道都得以为其所用,它的封闭畜

---

①周伟洲著:《吐谷浑史》,宁夏人民出版社,1985年。

②《德意志意识形态》,见《马克思、恩格斯选集》第1卷,人民出版社,1972年,25页。

牧经济迅速向商业型畜牧经济发展。这样，这一时期它与周邻的关系，从实质看，主要反映了吐谷浑封建畜牧经济商业化的要求。

松田寿男先生在《吐谷浑遣使考》中认为拾寅时代的三个新倾向，即城居之风的发生、佛教的采用、向北魏遣使数的增加，"与大规模的国际贸易有关"。"这是与北魏的贸易关系，也是与南朝的贸易关系，不外乎欲保两边有利。"①松田氏有关吐谷浑双边"贸易关系"一说，无疑接触到了实质性的内容，但他基本上没有阐述拾寅执政以前的情况。我认为，在阿豺执政（417—426）末期和慕璝时期（426—436），吐谷浑的游牧畜牧经济已经开始向商业型畜牧经济的转化。

阿豺执政末期，吐谷浑夺回了沙州、漒州等原领地，向西北扩展到弱水（今甘肃张掖），向南方扩展到龙涸（今四川松潘）、平康（今四川黑水县芦花镇东北六十里处）一带。这意味着吐谷浑的势力已经伸向蜀汉市场区和河西贸易通道，这两个自古联系中西贸易的重要地区，为吐谷浑畜牧经济的商业化提供了重要条件。阿豺执政末期修筑了西强城（在西倾山，即在洮水中上游所谓漒川之地）、浇河城②（当今青海贵德一带），此二城很可能就是当时吐谷浑利来用与蜀汉市场和河西走廊通商的两大贸易点。到慕璝时期，这种商业化倾向更加明显。史载慕璝"招集"秦、凉流民，"南通蜀、汉，北交凉州、赫连"③。慕璝的这种政策，正是他顺应吐谷浑畜牧经济商业化的要求，用外交政策保证蜀汉和河西这两个贸易通道的反映。

但有的学者认为吐谷浑的这种对外政策始于拾寅时期（452—

---

①松田寿南：《吐谷浑遣使考》（下），载《西北史地》，1981 年第 3 期。

②《通典》卷一七四《州郡四》廓州达化县（今青海尖扎东南）云："浇河域即晋时吐谷浑阿针所筑，在县西一百二十里。"

③《魏书·吐谷浑传》。

481）。这种看法是不全面的。正如笔者前面所述,拾寅之前,即慕璝时,吐谷浑的这种基于畜牧业商品化基础上的对外政策,实际上就已经开始执行了。如 429 年遣使刘宋,次年受封陇西公;431 年他旋即奉表于魏,受封西秦王,两面进贡,南北受封。而且同时开始扮演"中介人"的角色。429 年左右,柔然开始遣使到宋廷进行政商合一的朝贡①,史载柔然"常由河南道而抵益州"。柔然走的这"河南道"一路,即指经当时北凉②的酒泉或张掖,再经吐谷浑所据河南的据点浇河,沿西倾山北麓至龙涸,顺岷江而下进入蜀地③。古代游牧民族遣使向中原王朝进贡,往往带有庞大的商队,中原王朝除对其来使封官晋爵外,还大量回赠丝绸布匹等特产,这种朝贡具有官方贸易的性质,所以吐谷浑当时充当柔然的中介人实际上是在从事中介贸易。根据柔然在这一时期的势力范围,吐谷浑至少已介入了与丝绸之路南北道有关地区的贸易,很可能介入了以中亚地区为中枢的国际贸易。我们这样说的理由是,虽然柔然控制焉耆、鄯善、龟兹、姑墨的具体时间始于何时,尚有争论,但至少,437 年(太延三年)前,柔然执政者社仑的后代已使这些丝路城邦国臣服并扩展到了伊犁河的乌孙地,这是国内外史书记载所肯定了的④。只不过柔然曾扩展到中亚大月氏之北,且数侵大月氏的记载⑤,具体情况很不清楚,还有待于发掘更多的新资料。当

①《宋书》卷四六《张邵传》。

②《通监纪事本末》卷一二二,宋文帝元嘉八年条称,北凉统有"武威、张掖、敦煌、酒泉、西海、金城、西平七郡"。

③周伟洲著:《吐谷浑史》,宁夏人民出版社,1985 年,135 页。

④《宋书·芮芮传》:"芮芮,一号大檀……焉耆、鄯善龟兹、姑墨……并役属之。"据 437 年董碗出使西域的报告材料写的《魏书·乌孙传》记"其国(乌孙国)数为蠕蠕所侵,西拔葱岭山中"。也可参看格鲁姆·格尔日麦洛:《西蒙古与乌梁海边区》,1926 年,列宁格勒版,172 页注 5 和 181 页。

⑤《魏书·大月氏传》;也可参看格鲁姆·格尔日麦洛上引书 172 页注 5。

然，在拾寅以前这一时期，吐谷浑仅仅为柔然等个别周邻充当中介人，尽管柔然是"常由河南道抵益州"，还终究不是常态，只能是初期状态的。但仍然可以说明，吐谷浑在这一时期，即拾寅以前，至少已经充当了内地与西域贸易的中间者，甚至有可能已经介入了国际贸易。

在北凉灭亡之前，吐谷浑是与北凉协同中介。北凉也和吐谷浑一样，是既向南朝又向北魏进贡的，这样做，与其说是为了在两大政权中求生存，不如说更主要的是为了在中介贸易和双边贸易中获利。吐谷浑和北凉因为共同常常进行中继贸易，表现出相互依赖的关系。直到439年以后，北魏灭北凉，势力深入河西，北凉乐都太守沮渠安周在魏军追击下，曾南奔吐谷浑，吐谷浑主慕利延惧魏军南下问罪，便西逾沙漠。此事也说明，吐谷浑与北凉联合充当丝绸之路上的中介人而成形的紧密关系。

至于到5世纪40年代时，青海道已通，大致在慕利延西入于阗前后，柔然、高昌、北凉政权向刘宋遣使贸易的道路，是由青海道、河南道入蜀的[1]，这一时期吐谷浑充当贸易中继人的作用自然更加明显[2]。

由上可见，还在拾寅之前，吐谷浑与邻族邻邦的关系已经表现出周旋于南北对立政权之间，广交柔然、北凉等四方周邻的特色，其目的是既满足了本社会商业经济的需要，也满足了充当国际商业贸易中介人的需要。只不过不像拾寅时期那么广泛，那么明显，但其实质是一样的。慕璝以来吐谷浑与周邻的关系，已经可以看作是其畜牧经济商业化初期阶段的反映，或者已经介入了萌芽状态的国际贸易。

---

①唐长孺《北凉承平七年(449)写经题记与西域通往江南的道路》，载《魏晋南北朝隋唐史资料》第一期。

②慕利延西走时，曾"南征宾(今克什米尔)"，如吐谷浑与这个丝路国际贸易中转的要地有联系，则是吐谷浑介入国际贸易的又一渠道。

　　而拾寅执政(452—481)以后,由于青海道的畅通,吐谷浑对外的交往和商业贸易都进入了大规模频繁国际贸易的阶段。1955 年,在西宁一次就出土了 76 枚波斯萨珊朝卑路斯(457—483)王的银币①,就是很好的证明。为了参与东西交往中的大宗贸易,这一阶段,吐谷浑不仅频繁地周旋在南北朝之间,而且与周邻的交往达到南北东西极为广泛的状况。473—534 年间,吐谷浑向北魏通使可查的达 56 次,向南朝曾发展到"其使或岁再三至,或再岁一至"②。它不仅为于阗、龟兹等许多西域小国与中原进行贸易充当中介,而且直接为中西亚的嚈哒(滑国)及其周围一些国家,甚至更遥远的波斯(萨珊)等国充当翻译、中介,引导他们到南朝。范围之大,交往之广自然是拾寅以前的初期阶段远不能比的了。

　　但到夸吕时期(约 535—591),北魏已分裂为东西魏,北魏原据有的河西走廊一带东西贸易的要道落入西魏和后来的北周之手。东魏、北齐与西域的贸易受阻于占有河西的西魏、北周,只有横切河西,经由吐谷浑来进行。从共同的利益出发,东魏立国初就动员吐谷浑共抗西魏,所以"喻以大义,征其朝贡",于是夸吕"乃遣使人赵吐骨真假道蠕蠕,频来东魏"③,并且相互联姻。以后,西魏对河陇地区的统治日益巩固,又占据四川,置益州,切断了吐谷浑与南朝的交往。这样,吐谷浑从活跃地为东西贸易作中介而逐渐转入贸易出路受限制的艰难时期。还是由于这种情况,史书上多处见到吐谷浑对西魏和北周"寇抄不已""数侵疆场""每为边患"之类的记载,吐谷浑也开始走向衰弱。总之,这一阶段与夸吕以前吐谷浑广交四邻时的情况相比,可以有力

　　①夏鼐:《青海西宁出土的波斯萨珊朝银币》,载《考古学报》,1958 年第 1 期。
　　②姚思廉撰:《梁书·河南传》,中华书局,1973 年。
　　③《北史·吐谷浑传》。

地说明并不是一切以游牧畜牧经济为主的民族，都必然以掠夺和战争为生。当各方的贸易渠道畅通，使之能比较充分地满足生活的需要，使其畜牧经济能较顺利地商业化，那么，相对的和平交往是完全可能的。从这个意义上说，吐谷浑为我们提供了历史上游牧民族处理周邻关系的另一个具有特色的典型范例。

三、这一时期吐谷浑的内外关系对其生命力的作用

综观吐谷浑在南北朝时期与境内各族和周邻的关系，主流基本上是追求和平交往，至少不是靠穷兵黩武和发动对邻族、邻邦的攻伐战争来壮大自己，因而在那个战火纷飞的年代里，得到了较其他小政权相对稳定的环境。我们不妨回顾一下历史，从吐谷浑政权略具雏形到它进入鼎盛时期的近一百年时间里，后赵、前燕、前凉、前秦、后燕、后秦、后凉、西秦、夏、南凉等十来个政权已经退出历史舞台，而吐谷浑政权却迎来了自己的盛世，进入了与北魏这样强大的统一政权抗衡的时代。被看作这一时期正统王朝的北齐、北周，在这种群雄争斗的环境中，只不过存在了 20 年，就连曾统一北方而强大的一时的北魏，也才延续了 100 多年。而与之相比，一个地处边荒的吐谷浑政权，却存在了整整三个半世纪，至于吐谷浑族则存在得更久。这就是吐谷浑有强大生命力的表现。在当时条件下，吐谷浑为什么会有如此强大的生命力呢？

一般大家都认为，吐谷浑的长存是因为他们生活的那块"不毛之地"无人争夺，无人觊觎。这当然也不是没有一点道理。也就是说，对这一地区的争夺，比起河西等贸易要道带来，相对是少一些，但并不是兵锋不至的。实际上，一些强邻多次大军压境，欲灭吐谷浑，却都未能灭掉它。如乌纥堤 405 年曾受乞伏乾归进攻，亡走南凉，死于该地，但继而即位的树洛干，又振兴了吐谷浑。义熙十三年（417）树洛干又

遭到正处在极盛时期的西秦的攻击,被迫"退保白兰",愤恨而死,但其后继者又恢复了对旧地的统治。特别是像北魏、隋朝这样强大的王朝,也没能灭掉吐谷浑。如北魏于444年后接连三次大举进攻吐谷浑,企图灭掉它,但最后"竟不能克"[1]。吐谷浑王慕利延在北魏大举进攻下,一度远遁于阗一带,但446年又能返回"故土"。[2]吐谷浑统治者历史上多次被击走,但无论退保白兰,还是远遁异乡,终能"复其故地"。如果没有前述与羌、氐等当地民族巩固的联盟,这是难以想象的。

另外,吐谷浑不追求穷兵黩武,而是明智地争取发展自己的较稳定的环境,也是孕育吐谷浑生命力的一个因素。例如:在吐谷浑进入鼎盛时期之前,与其战争冲突较多的是西秦。造成这种关系主要是因为吐谷浑视连时,西秦和后凉曾占去原属吐谷浑的浇河、漒川、甘松等郡[3],而以西秦威胁为大。为了求得和平,视连被迫向西秦"遣使贡方物"[4]。但视连死后,其弟视罴不甘心于称臣纳贡的地位,激怒了乞伏乾归。398年左右,视罴发兵攻打吐谷浑,双方发生第一次大战[5]。视罴败,遁保白兰,遣使谢罪。同样,树洛干时,与南凉有冲突,也是为了收复南凉从后凉手中夺去的原属吐谷浑的浇河地区。直至最后西秦为夏国赫连氏灭亡时,吐谷浑乘双方精疲力竭之时,一举收复自己被西秦占去的领土,顺便占有了西秦的故土,并擒获了赫连定。似可认为这种巨大的收获是收复失地时的"渔翁得利",也可认为是吐谷浑多年来与邻族以和平交往为主,从而增强了实力的结果,而不是穷兵

①《魏书·吐谷浑传》。

②周伟洲著:《吐谷浑史》,宁夏人民出版社,1985年。

③《晋书·乞伏乾归载记》。

④《通监纪事本末》卷一一〇,晋安帝隆安二年条。

⑤《魏书》卷九九《乞伏国仁传》。

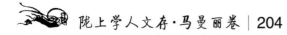

黩武的收获。

这样，在强大一时的西秦"内外崩离，部民多叛"[1]而终于灭亡之时，曾经屡遭西秦欺凌的弱小吐谷浑，却一举崛起，不仅乘机占据了西秦故地，还把灭掉西秦的夏国赫连氏纳入了吐谷浑的组成部分，一跃而成为西北地区举足轻重的强国，进入了鼎盛时期。

更重要的是，由于吐谷浑广交周邻，从而介入了国际贸易，这对吐谷浑社会及其生命力产生了极为深远的影响。其中为柔然、嚈哒，特别是为嚈哒充当中介，来往于控制蜀汉市场的南朝，意味着一种大规模的国际贸易。据《梁书·诸夷传》，天监十五年（516）至大同七年（541）间，嚈哒曾多次向梁进行政商合的朝贡。学者们从"其言语待河南人译然后通"等记载证明，吐谷浑是当时远在中亚阿姆河流域的嚈哒及周围各国来中原王朝的中介人。《梁书》还记有波斯萨珊朝于中大通二年（530）到大同元年（535）间也曾数次遣使来梁朝。从西宁出土有萨珊朝钱币来看，吐谷浑与波斯、嚈哒或有关地区的贸易，更可肯定无疑了，而且意味着规模之庞大。仅以嚈哒为例，大家知道，5世纪时，嚈哒先后攻占粟特、吐火罗斯坦一带，并大败波斯萨珊，后者也开始向嚈哒交贡[2]。公元500年左右，嚈哒已派特勤施拉曼那作为北、中印度的最高统治者。特别是6世纪头30年，嚈哒曾统治中亚、波斯、印度和塔里木盆地的大片领土，而中亚一带自古是通印度、黑海、里海的商业中枢地带。[3]吐谷浑通过充当嚈哒的中介人，所介入的国际贸易范围之广，可想而知。而西魏凉州刺史一次截获吐谷浑商队，有胡商240人、驼骡600头、杂彩丝绸数以万计，由吐谷浑将军、仆射

---

①《魏书》卷九九《乞伏国仁传》。
②加富罗夫著：《塔吉克史》第七章，莫斯科版，1955年。
③加富罗夫著：《塔吉克史》第七章，莫斯科版，1955年。

之类高官率领,则证明了商业规模之大。正是这种多渠道的广泛贸易使吐谷浑的财富及经济实力增长极快。拾寅时,460年北魏对吐谷浑发动大战,就因吐谷浑"多有金银、牛马,若击之,可以大获"。史书还说到伏连筹时"塞表之中,号为富强"①。《梁书·河南传》:"其地与益州邻,常通商贾,民慕其利,多往从之。"这说明正是吐谷浑的多渠道贸易,使境外人多往从之,民富国强,想必这也是吐谷浑虽多次被击走,又能重返故地的另一内在原因。这种经济实力一直到隋代仍很牢固,隋廷与突厥联合攻吐谷浑而不能灭,突厥人靠掠夺吐谷浑而"部落致富"②。看来直到吐蕃占领吐谷浑一百多年后,"退浑种落尽在"③,吐蕃一直与吐谷浑联姻、封官,也是因为要依靠吐谷浑的财力、人力,《关于新疆的藏文文献》中就有吐蕃向吐谷浑征收粮食、羊只的具体材料④。所以吐谷浑实际又生存了一百多年,这些都与吐谷浑积累的经济实力有关。最后因为吐蕃在长期的唐朝的战争中将吐谷浑派充先锋军,加之吐蕃故地长年混战,于是吐谷浑人力、物力被消耗殆尽,才彻底灭亡。

总之,本文认为,吐谷浑在南北朝时期与周邻的关系,基本上是我国分裂时期一种追求相对稳定的和平交往关系的例证。这是吐谷浑游牧畜牧经济商业化和生存的需要。多数吐谷浑首领明智地看到自己地贫力薄的状况,或者依靠与联合境内羌、氐等族人,以壮大自己;或者冲破种种敌对关系的阻力,周旋于对立政权之间,与各方发展经济、政治交往,求得生存与发展;或者利用自己地理上的优势,充

①《魏书·吐谷浑传》。
②《隋书》卷67《裴矩传》,中华书局,1973年。
③《四部丛刊初编》集部,《吕和叔文集》卷2,上海书店,1989年。
④托马斯:《关于新疆的藏文文献》第二册,阿豺部分。

当东西交通上有关各族的中介人,千方百计发展贸易经济,以至国际贸易,从而与各方邻族、邻邦发展了多渠道的联系,相互吸收,共同发展,创造了一个畜牧商业型经济的民族政权,也孕育了自己的生命力。这是我国民族关系史上一个值得重视的范例。

(原载《甘肃社会科学》,1987 年 4 期)

从汉简看汉代西北边塞守御制度

有汉一代,虽然有边陲萧条、障塞残破的时期,但从出土的各批汉简[1]中有关边塞的记载来看, 汉代边塞守御制度基本上是完备的。本文利用居延等地出土的汉简,勾画汉代西北边塞守边的概貌,并试图通过勾画证实, 汉代西北边塞的守边制度已经呈现一个综合守御体系的模式。

一、边塞守御工事及军事设施

汉代边塞前沿工事及军事设施一般由侦察工事、障碍工事、守御器及候望与烽火信息传递设施组成,形成一种层层设防的前沿守御体系。主要以天田[2]这种军用工事侦察敌人的足迹;配以悬索、枪柱和虎落之类的障碍物和守御器,阻止敌人入侵;并以亭燧望楼为中心,日夜监视入侵者,形成向其他烽燧和坞壁、障塞等各方面传递情报的候望制和烽火联防制,进行守御。

塞上亭燧侦察敌情的主要手段是"迹",其重要设施为天田,与悬

---

①新中国成立前, 英籍匈牙利人斯坦因与瑞典人贝格曼发现的汉简数量最为可观。1906年—1915年间,斯坦因在敦煌一带采获汉简约千枚。1930年,西北科学考查团成员贝格曼在额济纳河流域的大湾、地湾、破城子等汉代烽燧遗址中掘得汉简一万余枚。新中国成立后,1959年—1986年,共获汉简两万余枚。

②《汉书·晁错传》:"为中周虎落。"颜师古,苏林曰:"作虎落于要塞下,以沙布其表,旦视其迹,以知匈奴来入,一名天田。"

索、枪柱、虎落(强落)组合,作用近似一组守御工事。各燧戍卒均需修天田、悬索等工事,并随时巡查敌情。如:

(1)第三燧长,见。卒一人,见。侯史,见。天田皆画、县(应为悬)素,完、枪柱,完。

EPT59·23

(2)四月乙卯卒王宫迹尽甲子积十日,四月乙亥卒许柱迹尽甲申积十日,四月乙丑卒邓录迹尽甲戌积十日,凡迹积卅日毋人马兰越塞天田入迹。

EPT4:83

天田和塞,汉简中经常相提并论。居延简称外逃越境一律作"兰越塞天田"。天田位置当在塞(即塞墙)的外侧,与墙并行。各亭燧的天田约连成一长条地带。悬索一般设在天田附近,或单行,或数行,大致与天田并行延伸。作用有点像铁丝网。枪柱为安装悬索的排列状木柱。在城障、烽隧外围有屏藩,汉简称"强落"(虎落)。如:

(3)□来□□临亭燧强落天田

239·22

(4)五月壬辰乘燧,戍卒许朔望见燧北强落上有不知何

EJ·613

强落在(3)简中,与天田并提,(4)简中在燧北,从居延金关遗址考,即其北侧的柳枝编篱笆墙①。《汉书·晁错传》"中周虎落"郑注:"外藩也,若今时竹落",也说明它是边塞前沿一道简易工事性质的障碍物。

汉代边塞守御制度中,烽火信息与候望系统的运用与传递,比先

---

①参见甘肃居延考古队:《居延汉代遗址的发掘和新出土的简册文物》,《文物》1978 年第 1 期。

秦时远为进步。先秦墨家之术主要用于内郡人口密集的重要城邑,固守城镇;而汉时的守御则远扩于边塞城障烽燧。特别是昭宣时期,有鉴于武帝时东征西战,终使国库空虚,因而致力于完备边塞守御制度①。仅现存敦煌境内 150 公里的长城线上,便布有烽火台 70 多座。这类森严的屏障,对抵御来去迅速、攻坚交锋较少的匈奴人入侵,颇为有效。汉代以烽火联防②为核心的这种警戒防御制度兼亦出击,是使数十年匈奴无敢犯汉的重要原因之一。

汉代边塞中,执行《逢③火品约》与候望制度的基层单位即烽燧。应当指出,汉简所见候望系统的"亭"有两类,一是候望系统基层组织——"烽燧",如:

(5)□月□未书从□□燧亭

182·29(甲 1043)

另一类是指烽火台的建筑"亭"。如:

(6)举亭上烽

14·11(甲 117)

但汉代烽燧这一基层组织也常称"亭""亭燧",与烽火台的"亭""亭燧"经常通用不分。不过仍可以按简牍的上下文判断其含义。如:

(7)骍北亭卒东郡博平侨里皇随来

14·2(甲 121)

(8)使人急持来亭

276·16

---

①汉代守边制度自文帝时已得到重视。《汉书·晁错传》记载有,晁错上书言"守边备塞"事,文帝悉从,但《冯唐传》又记,文帝曾感叹无将御边。

②关于烽火制度已多有学者论及,本文不再赘述。初师宾:《居延烽火考述》,见《汉简研究文集》,甘肃人民出版社,1984 年。

③逢火,即烽火,逢为烽之繁异体。

(9)灭寇燧

(10)灭寇亭

(11)匈奴人入塞承塞中亭燧举烽燔薪

74EPF16:13

汉代"烽燧""亭燧"(亭)通用的情况有史书为据。《史记》在记述同一马邑事件中的同一地时,一处曰"烽燧",一处则用"亭",这是很有说服力的证明①。

史书也记载了烽燧的主要任务是"谨候望,通烽火",要求警戒瞭望,观察敌情,发放信号,急传言府。《说文》称:"燧,塞上亭守烽火者"。《急就章》曰:"亭有高楼,所以候望也。"可见其作用类似于登高望远、监视敌情的边防哨所,其职责有专人完成。如汉简:

(12)状辞居延肩水里上造年四十二岁,姓匽氏,除为卅井士吏,主亭燧候望,通烽火,备盗贼为职。

(456·4)

为戍守和候望、举烽等需要,边塞前沿必专设有守御器备设施。守御器藏于军需仓库"邸阁"中(破城子简 28.13)。它与兵器分开登入守御器等,故与兵器有一定区别。从一些守御器簿中可见,当时的守御器中,既有可作战杀敌的长枪、斧、箭、弩、(木制杀人器)连梃②、羊头石(三棱形石头)、铁戉大斧式等利器,还包括远望用"深目"和举烽用"木薪""积薪"等等守御用具。汉简中守御器又称"斗具""战

---

①《史记·韩安国列传》记:"于是单于入汉长城武州塞。未至马邑百余里,行掠卤,徒见畜牧于野,不见一人。单于怪之,攻烽燧,得武州尉史。"而《史记·匈奴列传》对此次武帝光元中匈奴入寇马邑事件的记载则是:"单于既入汉塞,未至马邑百余里,见畜布野而无人牧者,怪之,乃攻亭,是时雁门尉史行徼见寇,保此亭。"

②关于"梃",《孟子·梁惠王下》曰:"杀人以梃与刃,有以异乎?"据此,我以为应为尖头木制杀人器,而不是木棒,因木棒难以杀人。

斗具",其名目十分繁杂①。

一旦在天田上或候望时发现敌情,便通过烽火及传递系统通报给其他烽火台和坞、障等高一级的守边组织。虽然"亭燧""亭障"经常连用,但并不能证明"障"和"燧"一样与"亭"等同。应邵《汉官仪注》:"障塞破坏,亭燧灭绝",恰恰说明"障塞"和"亭燧"不是一回事。"障"一般为小城式建筑②。从居延一带遗址的实际情况看,至少障比亭燧大一二倍以上。一般亭燧长宽均仅数米,而障的长宽往往达数十米。坞为小部③,较小的坞一般长宽也有二十来米。据考,障、坞多为侯官一级居处,但也有候望等军事守御设施,以便于更大规模的军事御敌行动和反击活动。如《居延汉简·释文》中说到坞上原有候望设备:

(13)坞上矢目二,不事用

〈192〉68·95

坞壁,障塞组织守御、反击的作用,从《后汉书》记载中可略见一二。如《樊准传》:"五年,转河内太守。时羌复屡入郡界,准辄将兵讨逐,修理坞壁,威名大行。"《西羌传》也记述:"元初元年春,遣兵屯河内,通谷冲要三十三所,皆为坞壁,设鸣鼓。"《皇甫规传》:"后先零诸种陆梁,覆没营坞。"

二、守边管理制度

西北边塞的设官置守制度,基本上是在郡太守(郡守府)下设四

----

①初师宾:《汉边塞守御器备考略》,见《汉简研究论文集》,甘肃人民出版社,1984年。

②《史记·正义》引顾胤语:"障,山中小域。"《汉书·武帝纪》师古注:"汉制,每塞要处别筑为城,置人镇守,谓之候城,此即障也。"

③《说文》曰:"坞,小鄣也,一曰库城也。"

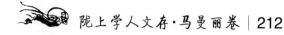

个主要的边塞机构:都尉府、侯官、部、烽燧。都尉府设都尉,其驻地称城或关城;侯官的首长称侯,驻地多称障或坞;侯官的下一级军事机构是部,部之长称侯长;部的下一级即燧或亭,燧设亭燧长,为边塞最前沿的管理人员[1]。除府、官、部、燧的都尉、侯、侯长、亭燧长这四级主管人员外,各级组织都有下属基层官员,如:都尉丞、千人、司马、侯丞、侯史、令史、士吏、尉史、督盗掾等等(参见碟书97.10)。郡一级往往一次遣戍卒数千人[2],各燧人数一般仅数人[3]。边塞机构有泛称为府、署的治所(145.5),规定边塞人员必须尽职守、勤查巡、督促守御制度的落实。凡有军事情况而"不在署"的,要举报问罪(206.16),至少塞尉、侯长、督盗掾等都必须经常亲临边塞第一线循行所部,检查军备及守边情况。除有"行塞书""行亭书"为证外(45.4)(45.35),有的简中有巡查的详细记录,如简:

(14)侯长武光,侯史拓,七月壬子尽庚辰积廿九日日迹,从第卅燧北尽鉼庭燧北界,毋兰越塞天田出迹。

24·15

(15)侯长㳙,未央侯史苟,燧长畸等,疑虏有大众,欲并入为寇,檄到㳙等各循行部界中,严教吏卒,定烽火辈,送便兵战斗具,毋为虏年萃椠,已先闻知失亡,重事毋忽,如律令。

278·B

这些基层军官侯长、侯史等,如果因故不能出巡所部,要记录备

---

①薛英群等注:《居延汉简释粹》,兰州大学出版社,1988年,12页。
②《流沙坠简·屯戍丛残·薄书类》第一、二号简记有"敦煌郡到戍卒二千人"。
③在1991年中国简牍国际学术会上,对烽燧人数争议未决。前书《居延汉简释粹》中认为:"燧有燧长,管辖戍卒,少则人九人,多则卅余人不等",而有的学者则认为一般燧卒为三人,见《西北史地》,1991年第2期,21页。

案。如候史李赦之因三月二十八日到三十日不能出巡,记录有:

(16)吞远候史李赦之,三月辛亥迹尽丁丑积廿七日,从万年燧北界,南尽次吞燧南界,毋人马兰越塞天田出入迹。三月戊寅送府君至卅井县索关,因送御史李卿居延,尽庚辰积三日不迹。

206·2(甲 2434)

监督边塞烽火执行情况的官员"督邉"(督邉掾),一般循行于所辖烽燧,检查烽火制度执行情况,包括对邉、苣、积、薪、蓬竿、绳索等都要严格检查,及时汇报。如:

(17)必须加慎毋忽,督邉掾从殄北始度以□□到县索关。加慎毋忽方循行,如律令。

428·8

(18)第七燧长尊……尊火尊一不事用……大小积薪薄燧……烽苣少卅七……表二不事用。

(甲·475)

(19)望虏燧长充光,积薪八,毋持□不涂拐,大积薪二,未更积,小积薪二未更……坞上大表一右……毋角火苣五十

(264·32)

督员除有责任将循行中发现的问题及时上报都尉府外,还有权提出处理建议,如:

(20)复汉元年十一月戊辰,居延都尉领甲渠督掾取之,城北燧长侯京、侯长樊隆皆私去署燧报刺史毋状,罪当死,叩头死罪死罪,敢言之

(74EPFZ:242)

都尉府搜集到各方的军事情报后,如果认为敌情严重,立即以檄书形式向有关烽燧发布普戒命令,在该地区实行戒严,并作战斗准备。这类檄书简,如:

(21)府檄一到,警备如律令。

271.8

(22)写移疑虏有大众不去,欲并入为寇,檄到循行部界中,严教吏卒:惊烽火、明天田、谨迹候=望,禁止往来行者,定烽火辈,送战斗便兵具,毋为虏所萃椊,已先闻知失亡,重事毋忽,如律令/十二月壬申殄北甲渠

278.7A

而且亭燧对每天所发出或传递的警戒信号,都必须有完整的记录。这类军情记录的简,如:

(23)乐昌燧长已戊申日酉中时,受并山燧坞上表再通,夜人定时,苣火三通,已酉日□

(甲·1705)

从出土汉简看,边塞有整套巡哨制度与相关的记录、作簿制。各燧必须每天有戍卒巡哨天田等前沿工事。一般每月的巡哨值勤由三个戍卒轮班进行,每月巡哨十天左右。巡哨到两燧交界处,要"刻券"资证。巡查的起止路线、时间、结果等等情况,均要记录备案,作所谓《日迹簿》。《日迹簿》又分"卒日迹簿"和"军官日迹簿"①。看来,一般是由候长、侯史汇总上报。从汉简上多数在一个简上记录一月左右的活动推测,似为一月一上报的制度。除了《日迹簿》,还有《作簿》(包括《卒作簿》《日作簿》或其他专项作簿),由部侯和燧用来记录所辖戍卒日常劳务。证明上述这类制度的汉简,如:

(24)第三燧卒□□甲辰迹癸巳积十日,卒张□甲午迹尽癸卯积十日,卒韩宪金甲辰迹尽壬子积九日,凡积廿九日毋人马兰越塞天田

---

① 永田英正:《居延汉简集成》,载《东方学报》第 47 册。转引自《简牍研究译丛》第二辑,中国社会科学出版社。

出入迹。

（257·3）

巡哨到两燧交界处,要"刻券"。如《疏勒河流域出土汉简》737号简:

（25）四月　威胡燧卒旦迹　西与玄武燧迹卒会界上　刻券

侯官将所辖各侯的《日迹簿》上报都尉府的居延简,如:

（26）甲渠侯长、侯史十二月《日迹簿》:戍卒东部利等引道贳卖衣财物郡中,移都尉府,二事二封,正月丙子令史齐封

（45·24）

（27）□□侯长□敢言之谨移吏,卒日迹簿一编

（157·6A）

综上所列各简,不难看出,汉代守边的管理制度,总体来看还是比较完备的。

三、对守边人员的奖惩、秋射等其他制度

为了保证边塞守御制度的贯彻执行,汉代还制定有其他辅助制度和措施。如对守边军事有功人员的奖励措施,对失职人员的严惩办法;"秋射"①比武制度;军屯和野战驻军制度,军戍人员家属安置办法和戍卒养老制度等等。本文仅探讨与守御制有关的奖惩措施与秋射制。

从汉简记载看,当时对守边有功尽职者和玩忽职守者,有明确的奖罚措施,或称劳迹课考制度。据"北边挈令"第四条规定,侯史日迹赐劳的标准为两天劳动量算三天,即奖50%工作量:

---

①秋射,史书称"都试"。参见《汉书·霍光传》《汉书·武五子传》等。

(28)北边挈令第四,侯长、侯史日迹及将军吏劳二日皆当三日。

10.28

(29)五凤三年十月甲辰朔居延都尉德,丞延寿敢言之,甲渠侯汉疆书言侯长贤日迹积三百廿一日,以令赐劳百六十日半日……敢言之。

159·14

规定对守御或反击中能捕获敌人或勇敢杀敌者,给予升级或物质奖励:

(30)其生捕得酋豪王侯君长将率者一人,吏增秩二等,从奴与购如比。

74EPF22:223

(31)有能生捕得匈奴间侯一人,吏增秩二,民与购钱十万,□人命者除其罪。

74EPF

对长期"署边"的戍卒,也有物质奖励办法,如:

(32)戍卒居延昌里石恭,三年署居延代田亭,四年署武成燧,五年因署受絮八斤。

74EPT4:5

而对于守御不善,或严重失职者,规定有杖打、负算,直止死罪的各类惩罚办法。如:

(33)侯史广德坐,①不循行部、涂亭趣具诸当所具者,各如府都吏吏举,部糒不毕,又省官檄书不会会日,督②五十。

74EPT57:108

---

①坐:从罪。《汉书·功臣表》:"元狩六年,嗣侯亲资坐为太常牺牲不如令,免。"
②督,即责打。

(34)鉼庭侯长王护,坐燧长薛隆误和受一苣火,适①转②一两到□

74EPT65:228

(35)坞上望火头三不见所望负三算。

(36)坞上望火头二不见所望负二算。

52.17

(37)甲渠次吞燧簿。次吞燧长长部,卒四人,一人省,一人车父,在官已见。二人,见。……天田百八十步不□□,负一算,县索三行,一里卅六步敝绝,不易,负七算,……凡负廿廿四算

74EPT59:6

汉代西北边塞到内郡,每年都要进行秋射。但这一边郡定制,历史文献资料较少,而汉简为我们保留了十分珍贵的原始资料,可以了解这一制度的梗概。如:

(38)五凤二年九月,庚辰朔己酉,甲渠侯汉强敢言之,府书曰:侯长、士吏、烽燧长以令秋射,署功劳,长吏杂试□□

6·5

(39)□长安世自直言:常以令秋射,署功劳,□中弞矢□于课如得□

227·15

这两枚简是甲渠侯汉强等向下级转发的都尉府关于举行秋射考核的文件。其中规定侯长、士吏、烽燧长都应参加秋射比试,并按成绩优劣赏罚。凡应参加秋射的人员,因故如不能在规定的时间内进行比试,经允许可"诣官"补考。如:

(40)吞远侯长放,昨日诣官上功,不持射具,当会月二十八日,部

---

①适:责也,指处罚。

②转:车辆。

远不及到部,谨持弩诣官射,七月丁亥蚤食入。

203·18

从汉简看,秋射一般每年一次,多在秋季,如:

(41)五凤元年秋以令射。

312·9

(42)□凤二年秋以令射。

202·18

因为边塞燧障居于高处,"射"技对守边至关重要,所以考核比武中,以比射各种弩具为主。如:

(43)功令①第卅五侯长、士吏皆试射,射去埻帑②弩力如发,弩发十二矢,中帑矢,六为程,过六矢,赐劳十五日。

45·23

也可见,秋射优劣也与晋升有关,同时"赐劳"。

综上所述,在汉代边塞上,前沿工事,层层设防;侦查手段,有候望与烽火联防系统;从守御制度看,日夜巡哨,记录军情,各级职责明确,军情通报与警戒命令的发布,规定严密;对士吏功过的奖惩办法,检查御敌能力的秋射考核制度等等,都相当完备。所以,我们认为从汉简记载看来,汉代守御制度可以说已基本具有综合体系的概貌。

(原载《中国边疆史地研究》,1992 年 1 期)

---

①功令,指考核、擢升官吏的法令和依据。
②帑是靶子,一般用醒目彩色织物缝成,排于木板上,即埻帑。

论成吉思汗的奖惩机制

　　本文着重论述成吉思汗奖惩机制在其由弱转强、建军兴国、治国安民方面的运行情况和巨大作用，剖析了成吉思汗激励机制与惩罚机制的指导思想和特色。文章强调成吉思汗的不分门第，忠者重奖，论功重赏；叛者必诛，军法严明等一系列指导思想和特点，最终调动了各阶层的积极性，从而使他周围"猛将如云，谋臣如雨"，并使原来不讲伦理、盗贼猖獗的混乱社会变得出不闭户、路不拾遗，创造了治国安民的奇迹。

　　成吉思汗不仅是天才的军事家，杰出的政治家、思想家，自古至今他也一直是一位毁誉参半的历史人物。笔者以为，无论是"毁"是"誉"，是褒是贬，都无法否认一个事实：一个带有奴隶社会，甚至氏族社会烙印的"野蛮人"，竟能从一个走投无路的少年，历尽坎坷的人生道路，最终奋斗成一位蜚声中外的人物，并使原来默默无闻的蒙古族迅猛崛起，震惊世界。仅凭他这种奇迹般的成功史就对人们有无法抗拒的魔力。为了搜集人们可以借鉴的精神财富，笔者以为，发掘那蕴藏在成功者非凡业绩中的智慧，可能比无休止地争论他们的历史功过更为重要。本文论述的成吉思汗的奖惩机制，就是他由弱到强、抚民兴国的成功瑰宝之一。

一、成吉思汗奖惩机制的指导思想与特点

　　1. 从成吉思汗采取的大量具体措施中，可以看出奖惩机制的

指导思想。其激励机制主要是忠诚者重用，能人、功臣重赏，他主张："诚言者也，将委以大任乎。"①即对忠诚或真心投降归附的人，给以各种物质与精神上的待遇，高官厚禄，世代承袭。其惩罚机制主要是对顽抗之敌彻底消灭，对背叛者和违犯其军纪、法纪者一律重罚，虽贵必诛。

成吉思汗初期处在"自影外无其友，尾外无其缨"②的困窘逆境，没有物质奖励的可能，靠的一方面是他个人的品德与宣传，让人相信他是感神光而生的"特殊种类"，"要成为万民的君主"；③另一方面，则允诺一定将掠得的大量牛羊、属民、美女分给他的属下。成吉思汗把敢于直言进谏也看作忠诚的标准。他即大汗位，并分封九十五千户长时曾说："孛斡儿出、木华黎你们二人，劝说我做正当的事，直到我做了为止；谏阻我做错的事，直到我不做方止。所以我才能坐到这个大位子里。如今你们的座次，排在众人之上，九次犯罪不罚。"④由于这种指导思想，他的周围也就不可能有阿谀奉承之辈的立足之地，因此他才能建奇功、立奇业。对有功者，他不计前嫌，一律重用。如张荣是归降的汉族将领，因造船有功，"太祖嘉其能，而赏其功，赐名兀速赤。癸未七月，升镇国上将军、炮水手元帅。"⑤又如，曾射伤过成吉思汗的哲别，因其诚实和屡立战功被成吉思汗从十户长一直提拔到千户长。

---

①道润梯布：《新译简注〈蒙古秘史〉》，203 页，内蒙古人民出版社，1978 年。
②道润梯布：《新译简注〈蒙古秘史〉》，38 页。
③策·达木丁编，谢再善译：《蒙古秘史》，中华书局，1956 年，21—35 节。
④策·达木丁编，谢再善译：《蒙古秘史》第 205 节。第 210 节记载："忽难、阔阔搠恩、迭该、兀孙老人四个人，凡是看见的不曾隐瞒，听见的不曾隐讳。他们就是这样直言教谏的四个人。"
⑤《元史》卷 151《张荣传》。

成吉思汗对不战而降蒙古者和顽抗之敌基本上执行了奖惩区别对待的政策。①当然,有时他出于复仇思想而战,使无辜百姓遭受残酷屠杀,应予以批判。但也必须看到,成吉思汗激励和平归降的政策是相当成功的。如他对和平归降的畏兀儿等地区没有屠杀,对其巴尔术阿尔忒的斤亦都护,"宠异冠诸国",②使之愿"为仆为子,竭犬马之劳也"。③有的外国人也承认在和平招降激励政策下,"畏兀儿人、哈剌鲁突厥人、阿里麻里人和其民族的驻地在没有抵抗的情况下归附成吉思汗,乃是成吉思汗玩弄外交手段的成果"④。和平招降的还包括吉尔吉思、秃马惕等许多地区。实际上,当时占有西域广大地区之西辽,也因其招降政策与宗教政策导致西辽民众纷纷反戈,也可以说属于和平倒戈地区。

招降与奸灭、重赏与重罚并用之原则,在成吉思汗统一时期的活动中,成果尤为明显。成吉思汗除对他的世敌塔塔儿部和蔑儿乞人实施重罚外,蒙古高原几十个部落中绝大多数人都是降服而成蒙古的属民。在他招降与重用降者的激励机制下,反金的兵将也纷纷倒戈。这足以说明成吉思汗和平招降政策之成功并不逊于其武力之成功。

2. 成吉思汗激励机制的最大特点是其广泛性与群众性,体现了普遍奖励与不论出身门第贵贱一律论功重奖的威力,最终形成了巨

<hr/>

①马曼丽著:《成吉思汗暮年思想探幽》,《成吉思汗研究文集》(1949—1990),内蒙古人民出版社,1991年。

②赵孟頫:《松雪斋文集》第7卷。

③何秋涛校正:《元圣武亲征录》,商务印书馆丛书集成本,1939年。据载,屡配公主给畏兀儿名门贵族,畏兀儿人地位在蒙元时期仅次于蒙古统治阶级。另据《新元史》卷29《氏族表》记载,单在元廷任高官的就有二十九大家族。

④库特鲁科夫:《蒙古人在东突厥斯坦的统治》,《鞑靼蒙古人在亚洲和欧洲》,莫斯科,1978年俄文版。

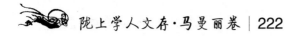

大的群众性支持力量和核心新贵族。

在当时的社会条件下,人们投靠成吉思汗,舍生忘死地作战,不仅仅是为"天"的代表——成吉思汗卖命,同时也因为他们看到成吉思汗更能保证他们的切身利益。他对部下的物质利益十分重视,战后普遍论功行赏:"将战利品,就全体士兵间,作极公平的分配,凡有需要,向之请求者,均不吝赠予。甚至解衣以赠。有需马者,亦愿下骑以授。"①《史集》记述成吉思汗的敌部泰亦赤兀部百姓反映:"泰亦赤兀的异密无端压迫和虐待我们,而这位君主铁木真把自己的衣服脱下来给人穿;下了自己的马把它给人骑。他是能照顾地方,关心军队,把兀鲁思管得好的人。"这类敌部的大部分人,也纷纷归附了铁木真。②其激励机制的鲜明特点,尤其表现在对有功的人,不论是奴隶还是一般牧民,他一律给予重奖。因此,他曾多次得到一些奴隶和百姓的帮助,使之摆脱了"威胁全军覆没的危险"。③这些帮助对成吉思汗的成功起了重要作用。成吉思汗称汗后没有忘记这些人,并嘱咐自己的后继人要子子孙孙、世世代代照顾这些有功之臣的后代。④成吉思汗在建国后的西征等战争中,虽然掠夺战俘为奴的现象仍然大量存在,但是世袭奴隶制的基础,却由于他不论门第等级的激励机制而动摇了。如世袭奴隶巴牙兀惕部因成吉思汗奖赏该部出身

①布尔森著,沈颖译:《成吉思汗传》第1章,1948年。

②[伊朗]拉施特著,余大钧、周建奇译:《史集》第1卷,第2分册,商务印书馆,1983年,117页。

③《史集》第1卷,第2分册,171页。

④《新译简注蒙古秘史》第171页记载,成吉思汗特地降旨说:"缘巴歹、乞失里黑二人之功,赐以王罕之全副撒金褐子帐,金制酒具、器皿并具执事人等。以客列亦惕之汪豁只惕氏为其宿卫,命带弓矢、吃喝盏,直至其子孙之子孙自在享乐之。"

的汪古儿而不再是世袭奴隶；①海都以来的世袭奴隶札剌亦惕部，"（他们中间有许多人）……成为异密和受敬人的"。②——按功从札剌亦惕部中封木华黎为万户，还封了许多千户，无怪乎拉施特称这些世袭奴隶传到成吉思汗已是"最后"一代；③王罕克烈部的奴隶董合亦惕部④和兀良哈部的"普通奴隶"⑤兀答赤氏族等奴隶部落的许多人，都因投靠成吉思汗而解除了奴隶地位，成了他的那可儿战士，或千户，或答儿罕。这种现象不是个别的，许多人还成了新贵族，使蒙古的奴隶社会向封建制迅速过渡。其激励机制的这种特性，动员了许多基层群众为摆脱奴隶地位或取得世袭高官厚禄，冒死为蒙古而战。

二、成吉思汗的奖惩机制造就了兴国胜敌的精兵

成吉思汗以很少的兵力，征服欧亚两洲之大部，建立了空前宏大的蒙古帝国。其胜利原因何在？很多人至今仍觉得蒙着一层神秘的色彩。用《大统帅成吉思汗之谜》的分析说："成吉思汗是一个伟大统帅。

①《蒙古秘史》第14—16节说到，巴牙兀惕部祖先是成吉思汗祖朵奔蔑儿干来的奴隶。该部出身的汪古儿受赏时要求"收集"本族"散在各部落里"的人，被允许。可见，战争中实际已有机会各自投奔不同的新主人，所以，散在各部，已经改变了不得逃离主人的地位。

②《史集》第1卷，第1分册，159页。

③《史集》第1卷，第1分册，149页。

④《蒙古社会制度史》第145页称，拉施特说该部"始终是客列亦惕部首领们的奴仆和战士……后来全体都来为成吉思汗服务"。

⑤《史集》第1卷，第1分册，259—260页说道："成吉思汗时代，森林兀良哈部落出过一个千夫长，名叫兀答赤，为右翼异密……""这兀答赤氏族，由于他们是普通奴隶，自古以来不把姑娘嫁给（外人），也不娶（自外人）"。

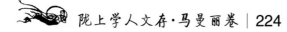
之所以成为伟大的统帅,其故何在呢?还是一个'谜'。"①目前,世界上有几十个国家,专设机构,研究成吉思汗兵法。其中日、美、英、俄等国更加重视,他们的研究成果十分显著。他们为什么这样关心研究成吉思汗兵法呢?《罗马帝国衰亡史》注解者伯力说:"蒙军布置之精密,战略之优良,为欧洲任何军队所不能及。""蒙古远征军之所以成功,并非靠其优势兵力,而是靠其独特之战略。"②成吉思汗的兵法与战略战术值得研究,但只强调兵法,而忽视对其建军治国的政策与思想的研究,是长期以来成吉思汗研究的一个误区。我们认为,对成吉思汗的定位应该不仅是天才军事家,而且还是杰出的政治家和思想家,③其奖惩机制在建军兴国和安民治国方面的运用,则是这种定位的一个反映。

1. 奖励忠心的那可儿,④形成了最初的核心军。成吉思汗的父亲死后,部众尽失,他在孤立无援的情况下开始建军,最初是靠接纳一批忠于他的那可儿聚集在自己的周围,初步形成雏形军队的核心力量。他不仅把掠夺的畜群、女人、孩子和百姓,赏给那可儿,而且将自己的马匹和衣服赠给战士。到后来,那可儿这支核心力量是成吉思汗南征北战的依靠。其中多是他破格提拔的一批赤胆忠心屡立战功的伴当。也由于他的激励机制,他的那可儿队伍迅速壮大,并造就了大量精兵强将。

---

①自巴音图:《成吉思汗兵法与时代特点》,《蒙古族哲学思想论文集》,民族出版社,1987 年。

②韩生:《成吉思汗独特战略》,《蒙古族古代军事思想研究论文集》,内蒙古人民出版社,1990 年版。

③杨建新、马曼丽著:《成吉思汗评传》绪论,南京大学出版社,2003 年。

④"那可儿"(Nokur)意即扈从、同伴,《蒙古秘史》中称为伴当;F·D·拉森《蒙英字典》中释为友伴(见 F·D·Lessing,Mongooen-English Dictionary,P.539)。

　　成吉思汗在封授一些人为千户后说："这驸马并九十五千户,已委付了,其中又有功大的官人我再赏赐他。"这"功大的官人",大都是指战功卓著的那可儿出身的军事统帅。这都是激励机制下产生的后来世居显赫地位的"十千夫长""十功臣""十投下"。①

　　2. 在那可儿基础上扩充并巩固了怯薛(护卫军)制度。在 1204 年成吉思汗将宿卫军、散班、弓箭手共五百五十人组成最早的怯薛军。

　　怯薛军也用激励机制组建,享受千户以上的高待遇。这种职务是世袭的,享有各种特权,比之枢密各卫诸军,"为尤亲信者也"。札奇斯钦认为,这种怯薛军"也是全国的最高训练中心和可汗发掘新人才的机构"。②

　　成吉思汗使用各种特权和优厚待遇的激励机制,把千户长、百户长以及那颜的子弟笼络在自己的身边,既保卫了自己的安全,又如同质子控制着千户、百户,足以"制轻重之势"。③怯薛被称为蒙古旋风的骑兵,在当时是组织严密、马匹精良的一流军队。正如日本学者吉原公平所说:"成吉思汗为了鼓励怯薛歹(歹即从人,怯薛歹即番士)的忠诚、勇敢、勤奋,多次赋予他们破格的特权。例如:当他建立怯薛制度的时候,准许千户子弟的怯薛歹可率领从士十人服务,百户子弟的怯薛歹可领从士五人服务。"④可见,这是成吉思汗在千户制基础上利用激励机制迅速发展的、具有举足轻重作用的亲信精锐骑兵。仅仅两

　　①《元史》卷 121《畏答儿传》:"与十功臣同为诸侯者,封户皆异其籍"(畏答儿即铁亦勒答儿);《元史·木华黎传》卷 119:"丙戌(1226)夏,诏封功臣户口为食邑,曰十投下,孛鲁居其首(木华黎之子)。"

　　②札奇斯钦:《谈成吉思汗的言行和他成功的因素》,《蒙古史丛书》,台北学海出版社,1980 年;《蒙古秘史》第 224—234 节。

　　③《元史》卷 99《兵志》。

　　④[日]吉原公平:《蒙古马政史》,东京东学社,昭和十三年。

年,1206年,成吉思汗亲自控制的这支精锐的队伍就在原有"老宿卫"五百五十人的基础上,很快扩充到一万人的怯薛军。

3. 成吉思汗根据战争发展的需要,还建立了探马赤军。成吉思汗不论出身门第重用有功者的激励机制也使探马赤军迅速壮大,战功赫赫。据《元史·兵志》记载:"国初,木华黎奉太祖命,收札剌儿、兀鲁、忙兀、纳海四投下,以按察儿、孛罗、笑乃歹、不里海拔都儿、阔阔不花五人领探马赤军。既平金,随处镇守。中统三年,始祖以五投下探马赤立蒙古探马赤总管府。"由此可确定,探马赤军是成吉思汗指令木华黎收集札剌儿(即札剌亦惕世袭奴隶部落)①等这类出身较低微的部落民组建的。先锋军的要求是勇敢,为了世袭为官,大批平民,甚至奴隶敢于冒死作战。探马赤军后来为迅速灭金立下显赫战功,其出身并不高贵的领导人则都受封百户以上,而其子很多为千户,②这也说明成吉思汗在建探马赤军中不论出身门第均论功受封赏的激励机制和重赏制度是很有成效的。

虽然最初的探马赤军是为1217年木华黎王率军伐金而组成的打先锋的五个小军团,但以后迅速壮大,"在征服中亚、西亚的战争中",在朝鲜、西藏、阿塞拜疆等地也同样实现了像探马赤军那样的编制。他们的任务原是先锋军,以后也作镇守军。这不能不认为是成吉思汗的激励机制使大批出身低微者愿冒死应召并勇争战功之成果。③

---

① 《史集》第1卷,第1分册,159页。
② 《元史》卷122《按扎儿传》、卷120《肖乃台传》、卷123《阔阔不花传》等。
③ [日]荻原淳平:《再论木华黎国王下的探马赤军》,美国《蒙古研究》1982年第13期;[美]保罗·布尔勒:《蒙古帝国探马赤军的社会作用》,[美国]《蒙古研究》,1980年第6期。

4. 成吉思汗平时极重视军训,就像实战一样要求,特别是军纪极严,违者重罚,保证了军队所向无敌。他在练兵中不仅练军事技术,而且还非常重视培养官兵英勇顽强的思想作风。"成吉思汗平时行军安营扎寨,总是以战斗阵容驻防。有时召集各军营部队考核军队训练,或从各部队选拔优秀士兵搞武艺比赛和摔跤,优胜者给予鼓励奖赏。"①成吉思汗在使用重奖与普奖激励机制的同时,也有严峻的惩罚机制。笔者以为,将惩罚机制引入治国治军,对千户制进行锁链制的军法管理形式,是成吉思汗对十进位制度的重大发展。如规定:"军队在作战时……若他们不是全军整个儿退却,逃跑者一律处死;同样的,若有一个、二个人或更多的人被俘,而其余的伙伴没有去救他们,那么这些人也将处死。"②这种军法军纪虽较严厉,但在当时那个时代,正是成吉思汗军战斗力极强的原因,对其严酷性则应历史地看待,是与当时蒙古社会由奴隶制向封建制过渡的社会关系相适应的。而且成吉思汗治罪不分亲疏,"乃诸敌临帐不用命者,虽贵必诛"。③如他征服花敕子模国时,他的爱婿脱忽察儿违犯军纪进行掠夺,成吉思汗当即罢免其职务,并降至一般士兵。

三、成吉思汗利用奖惩机制创造了治国安民的奇迹

成吉思汗崛起时,蒙古高原原有几十个部落④各自为政,相互混

①宝音达来:《成吉思汗军事思想研究》,《成吉思汗研究文集》(1949—1990),内蒙古人民出版社,1991 年。
②迦儿宾:《蒙古史》,俄文本第 6 章第 1 节,[英]道森编,吕浦译、周良霄注:《出使蒙古记》,中国社会科学出版社,1983 年。
③赵珙:《蒙鞑备录》。
④陶宗仪:《南村辍耕录》,中华书局,1959 年,12—13 页。书中记载的部落为"七十二个"。

战。而当时的社会风气更是盗窃、抢掠成风。"儿子不遵从父亲的教诲，弟弟不理会兄长的话语，丈夫不信任妻子，妻子不听从丈夫。"①而成吉思汗居然能把这样一个原来伦理无影、盗贼猖獗的混乱社会治理得出不闭户，路不拾遗，这在今天看来也不能不认为是治国的奇迹。

1. 成吉思汗采用法律手段保证其奖惩机制有章可循，切实贯彻。笔者认为，"元兴，其初未有法守"②之说未必可信。除成吉思汗的正式法令外，他还常常在不同的场合提出一些指示，这些就是著名的训令。札撒存在的这一事实，几位可靠的编年史学家都有记载。根据术外尼（卒于 1238 年）的记载，成吉思汗每个后裔的宝库中都藏有札撒缮本。拉施特（1247—1318）也记载，第一任金帐汗拔都曾令其全体臣民遵守札撒，否则处以死刑。③

成吉思汗认为，一个民族如果不懂得忠孝伦理，轻视风气和法令，那么就会使"窃贼、撒谎者、敌人和（各种）骗子遮住他们营地上的太阳。这也就是说，他们将遭到抢劫，他们的马和马群得不到安宁"④。因此，他表示治国是"首先着手之事，则在使之有秩序及正义"⑤。所以在成吉思汗的大札撒里，表现了他坚决革除蒙古社会各种恶习及尊重各类有识之士的思想观念。大札撒要求"蒙古人须推崇、尊重不论属于何种民族的谦虚、纯洁、正直有学识和各种明智的人"⑥，严禁盗

---

①《史集》第 1 卷，第 2 分册，354 页。

②《元史》卷 102《刑法志》。

③以上参见维尔纳德斯基：《成吉思汗札撒的内容与范围》，美国《哈佛亚洲学报》第 3 卷，1938 年。著名的旅行家伊本·巴图塔（约 1304—1356 年）的报道一般都是很精确的，他也说有。

④《史集》第 1 卷，第 2 分册，354 页。

⑤多桑著，冯承均译：《多桑蒙古史》上册，中华书局，1956 年，157 页。

⑥维尔纳德斯基：《成吉思汗札撒的内容与范围》。

窃、掠夺等恶习,违者一般要处死刑。同时,对于商业规定,保证"各种商旅在城市与大道上通行无阻"。①所以,一般研究者都公认:"蒙古诸部一归降成吉思汗,汗即恶其某些恶习,如盗窃、通奸等,并决心予以革除,俾能以秩序与正义修治国家,使各种商旅在各城市与大道上通行无阻。他要为他们提供安全与安乐,使他们能头戴金饰,就像人们通常头顶粗瓶一样,遍历境内无虞。"②

看来,这类治理并非一开始便奏效的,所以蒙古汗国的法律,更加重了对"强盗"惩治的严厉性。成吉思汗曾对大断事官失吉忽秃忽说:"如有窃贼诈伪的事,你惩戒着,可杀的杀,可罚的罚。"③这足以说明他的坚决态度。

据说,由于对盗马的处罚非常严厉,蒙古人中间绝无盗马人。④柏朗嘉宾曾说到经成吉思汗治理后的蒙古社会情况:"他们之间从来不会爆发斗殴、对骂、打架或杀人,人们甚至在那里发现不了偷窃农作物的小偷和大盗。所以他们盛放自己财宝的幕帐和马车从不上锁或门闩。当偶尔有牲畜走失,如果有人发现也会让它自由自在地走,或者是将之驱赶到专门指派负责收容工作的人那里……"⑤这是何等的成功!

2. 成吉思汗得以这样成功地安定了社会,看来与他采用激励机

---

①贝勒津:《成吉思汗的札撒》,《蒙古史研究参考资料》第 18 辑。

②维尔纳德斯基:《成吉思汗札撒的内容与范围》。

③第·达杆编,谢再善译:《蒙古秘史》,中华书局,1956 年,第 203 节。

④维尔纳德斯基:《成吉思汗札撒的内容与范围》。

⑤《柏朗嘉宾蒙古行记行·鲁布鲁克东行记》,39—40 页。维尔纳德斯基也说:"他们盛放自己财宝的帐幕或马车从不上锁或门闩。"参见《成吉思汗札撒的内容与范围》。

制千方百计网罗各族人才，组成"猛将如云，谋臣如雨"①的智囊团有密切关系。如执行札撒的断事官制度便是从畏兀儿学来的。蒙古虽原有习惯法，但法律逐渐完善则与耶律楚材、郭宝玉等传入汉法有关。②另外，成吉思汗对有才能的降将均予重任。在这种不计前嫌，能者重赏重用的政策下，招降了一批批汉族和其他各族武将文臣，尤其是因多给以重用，使他们能调转枪头，成为攻金战争的实际主力，如刘伯林、耶律留哥、史天倪父子、张柔、石天应等一大批降将都屡立战功，也被封显赫官职。成吉思汗还通过耶律楚材、耶律阿海、郭宝玉等许多智谋出众的降臣，听取他们关于立法、纳税、治国的建议和统治经验。《元史》的数十个列传，也可以说，多是成吉思汗以激励机制用人的记录，也是他在各地向各种人吸收先进多元文化的记录。

成吉思汗原来不重视治国文臣，且说："国家方用武，耶律儒者何用？"耶律楚材直率地回答："治弓尚需用弓匠，为天下者岂可不用治天下匠耶？"使成吉思汗"闻之甚喜"。"帝重其言，处之左右"，③因而成为成吉思汗的近臣，后来是蒙元帝国的脊梁，赋税、立法、建户口、设科举等治国之策多出于他。又如畏兀儿的塔塔统阿，"性聪慧，善言论，深通本国文字"。他是太阳汗的掌印官。成吉思汗重用了他，"是后，凡有制旨，始用印章，仍命掌之"。后来，成吉思汗命他"将其法令训教用畏兀儿字写蒙古语，传示国中蒙古青年"。④从此蒙古族才开始有了自己的文字和知识分子，这是蒙古向文明迈进的里程碑。可见各

①《元文类》卷23。

②《元史》卷149《郭宝玉传》。如1211年2月初，成吉思汗统军进攻金之西北边墙乌沙堡，守将郭宝玉举军投降，并向成吉思汗建议"建国之初，宜颁新令"，成吉思汗遂"颁条书五章"。也可参见《元史》卷146《耶律楚材传》。

③《元史》卷146《耶律楚材传》。

④多桑著，冯承均译：《多桑蒙古史》上册，中华书局，1956年，159页。

族奇才到成吉思汗麾下,便能大展宏图。

成吉思汗由于爱惜各族人才,善于用各族人才,并通过他们吸收各族优秀文化,从而在他周围形成了一个体现多元文化内涵,在当时可称为一流的精华荟萃的智囊团,所以史称"猛将如云,谋臣如雨"。正因此,他才能所向披靡,取得"灭国四十"的"奇勋伟迹"。[①]

一般来讲,思想根植于当时的时代,成吉思汗吸收了他那个时代其他民族的思想精华。成吉思汗有热爱其本民族的草原文化的主体意识,这是无疑的,但他对异族、异文化进行吸收和移植,也是其思想相当重要的一个组成部分。他的思想不是封闭型的,这也正是他与游牧民族其他一代枭雄的不同之处。众所周知,在亚洲的历史上,形成过不少强盛一时的游牧民族国家,但他们所建的"渗透王朝""征服王朝"后来都销声匿迹,连同其本民族都退出了历史舞台。唯有成吉思汗却能给予原本默默无闻、连固定名称也没有的蒙古族以新的文明和生命力,在世界文明史上烙下了特有的痕迹。这使我们有理由去发掘成吉思汗的成功背后与游牧民族其他一代枭雄不同的思想文化内涵,而成吉思汗的奖惩机制则是这种思想文化的重要内涵之一。

(原载《民族研究》2001 年 4 期,2006 年版《成吉思汗文化论集》全文重新刊载)

---

①《元史》卷 1《太祖本纪》。

第三辑
文化与理论研究

论中国发展民族学的理论框架与视角特色

"民族学"作为一个名词,起源于古希腊文,由 ethnos(族体、民族)和 logos(科学)组成,是一门研究民族共同体的学问。英文的 ethnology、法文的 ethnologie、德文的 volkerkunde,都是民族学的意思。英国的"社会人类学"(social anthropology)、美国的"文化人类学"(cultural anthropology)和当前合称的"社会文化人类学"(sociocultural anthropology),无论从研究对象和范围来说,都基本上等同于民族学,彼此间也经常互相通用。

19 世纪中叶是西方资本主义发展的"黄金时代"。一些主要资本主义国家到世界多地区寻找原料和市场。为了扩大殖民地、统治当地的国家和民族,必须研究殖民地多民族的社会状况。在长期积累资料的基础上,为适应当时的需要、民族学作为一门独立的学科正式产生。可以这样讲,民族学的形成是伴随着西方资本主义的殖民扩张完成的。西方民族学最初的目的是为西方资本主义的殖民统治服务。如民族学形成以后,西方主要国家纷纷建立了专门从事民族学研究的组织,如 1839 年法国的巴黎"民族学学会",1842 年美国的"美国民族学学会",1843 年英国的"民族学学会",1869 年德国的"人类学、民族学和原始社会协会"等。这些机构陆续组织了一些考察队或探险队,到殖民地和边远地区的民族中进行调查研究,除了详细记录各族人民的现实社会现象、生活方式和文化风俗之外,还搜集了各种文物作为研究资料。此后,实地调查或田野工作逐渐成为民族学的主要研究方法,从搜集和展出民族文物发展到建立民族学博物馆,也成为民族学研究的一个组成部分。

毫无疑问，这一时期西方民族学家的研究目光主要是投向殖民地的民族。但现代民族学已经发生了巨变，出现了过去民族学根本不涉及的研究未来领域的发展民族学。

西方"发展人类学"的初步确立，是近30年的事。笔者认为，1976年美国成立"发展人类学研究所"和1977年英国成立"发展人类学学会"，可以看作是这门学科名称确立的标志。但其在理论上，可以说至今尚未构建起权威的系统理论，而处在将发展社会理论引入人类学并围绕欠发达地区和民族的"发展范式"进行争论的阶段。近年，联合国教科文组织对这门研讨"文化与发展"关系的学科十分关注，因此在其核心刊物上介绍了一些较权威的典型观点，希望引导国各学者研讨能否有一种世界各民族较能接受的多元文化社会的"发展范式"。

一、西方发展人类学产生的背景与主要发展理论评介

西方发展人类学产生的现实基础，最初是出于从事发展工作的国际机构的实际需要，如世界银行等组织，需要研讨如何促进被支援的欠发达国家和民族的发展。美国叙拉古大学格林·科克伦教授说：从事这类欠发达国家人民物质条件改善和发展工作，一是需要有关于当地文化的知识，二是需要在分析研究的基础上把握其他领域的涵盖趋势和发展方面的所有知识精华，三是需要有怎样实施发展计划的知识。一个应用人类学家，如忽视后两类发展方面的知识，那么他将远不能像有这类知识的发展工作者那样发挥重大的作用。[1]所以，他的书取名为《发展人类学》。这个"新名称"，是"一种

---

[1]Cochrane, G., *Development Anthropology*, p.4, New York, Oxford university Press, 1971。

新的探索",期望通过交叉学科的引入,给予发展人类学远比一般应用人类学的学识更巨大的扩展。①

人类学引入发展理论经历了三个阶段,先后有三个典型流派。

现代化理论,即最初的西方发展范式论,兴盛于 20 世纪 60 年代,主要用"模式变量"和二元对立论来解释传统社会和现代社会的结构特征及发展问题。有的学者归纳出"八项对立特征",将不发达国家未能实现现代化发展的原因归纳为其社会内部的"传统性"。②如有的学者认为,西方社会应付和解决由结构分化、社会流动所引起的各种社会结构和文化变形的能力较强,因而提前进入现代社会;而在非西方不发达国家中,社会文化不具有独立性且依附于政治,社会变革都会因触及政治而破产,从而造成"现代化的挫折"。③西方有的学者认为,只有"西方世界可以使其他欠发达地区文明化",使"第三世界从不发达阶段成长到资本主义民主、富足和大规模消费阶段";只有将"西方价值观向这些地区扩散",才能实现"发展"。④因此结论是:"现代化与西方化两个概念之间有着不可分割的联系","在某些方面的增长水平和速度接近西方国家的时候,社会就成为现代的,或西方化的"。⑤显然,这种理论认为,要将所谓"传统""统统抹掉"才能"发展"。"抛弃传统制度被看做是发展的先决条件","但又没能提出亚洲要怎样才能改变传统制度和

①Cochrane,G.,*Development Anthropology*,pp.25,29。

②张琢主编:《国外发展理论研究》,人民出版社,1992 年,53 页。

③张琢主编:《国外发展理论研究》,55—56 页。

④[美]R.H.奇尔科特著,潘世强译:《比较政治学理论》,社会科学文献出版社,2001 年,296—297 页。

⑤孙立平:《现代化理论研究》,华夏出版社,1989 年,83 页。

价值体系"。①这种发展人类学的宏观"发展范式"也就与原已存在的资本主义为核心的"全球体系扩张"理论融为一体,②本质上是西方一元"发展范式"。

反依附论拉美和非洲地区一些国家推行这种西方发展范式的失败促进了反依附论的产生。如联合国第一个十年发展计划(1960—1970) 的实施,虽然使一些非西方不发达国家国民生产总值大幅增长,年均增长率为 5.2%,甚至高于发达国家,但在经济方面,其经济命脉往往被发达国家控制, 发达国家将自身经济危机转嫁到不发达国家;政治方面,发达国家频频操纵欠发达国家;社会方面,贫富分化日益严重,社会动荡不安。于是产生反依附论。它以马克思主义关于资本剥削的社会经济理论为基础,其主要观点认为,在当代不平等的政治经济格局和国际贸易关系下,"边陲"国家不得不依附"中心"国家,并受到它们的剥削,依附在造成"中心"国家发达的同时,也造成了"边陲"国家的不发达。③依附论造成的是"经济主义的"依附,"文化和秩序目标遭到冷落……这样的一种民族精神会给秩序带来种种难以克服的复杂问题",并因"发展成果分配不公产生不和与冲突"。④虽然反依附论没有提出自己的发展模式, 但它提示了发展与国际不平

---

①[印]S.C.杜布著,何素兰译、吴承梅校:《发展的文化维度》;中国社会科学文献杂志社编:《社会转型:多文化多民族社会》,社会科学文献出版社,2000 年,214 页。

②杨冬雪:《国外全球化理论:概念、热点和使命》,《国外社会科学》,1999 年第 3 期。

③张琢、马福云:《发展社会学》,中国社会科学出版社,2001 年,85 页。

④[印]S.C.杜布著,何素兰译、吴承梅校:《发展的文化维度》;中国社会科学文献杂志社编:《社会转型:多文化多民族社会》,社会科学文献出版社,2000 年,214 页。

等政治经济结构、发展与稳定的关系。其差异结构观点也为第三阶段的发展理论——世界体系论——提供了理论借鉴。

世界体系论。它认为,任何单个国家和社会都不是一个自足的社会体系,当代已形成了世界体系规模的资本主义世界经济体系,任何国家和民族的发展都要受这一体系的制约,各处于这一体系的"核心""半边陲"和"边陲"三个层次,而后两种层次国家地位变动的发展机遇,只有当世界经济在周期性上升或停滞阶段才有机会获得,并且地位的升降是受世界体系整体结构制约的,而不是可以由一国自身努力所左右的。世界体系论还认为,一种世界体系的灭亡,一是反体系力量的强大,二是这一体系本身发展到不能再继续进行资本积累时,体系才会崩溃,而代之以更能满足全人类需求的体系。当前的各种反体系力量,包括核威胁,都不足以改变现实的世界体系结构,它呈愈来愈巩固的趋势。①近年新世界系统论接受各界对其"坐等体系安排"发展命运这种观点的批评,承认忽视了对具体国家发展道路的探讨,已开始关注"国家层面的世界体系研究"。②但其结构决定论的缺陷是明显的。

发展人类学作为一门交叉学科,顾名思义,主要是将发展理论引入人类学,正如经济学引入发展理论而形成发展经济学、社会学引入发展理论构成发展社会学一样。但也并不仅限于此,更不等于简单相加,发展人类学应根据自己的学科特色对其他学科有关理论进行综合吸收与构建,并且特别需要充分发挥人类学实证调研的特色和本

---

①萧煌编:《低度发展与发展——发展社会学选读》,台北巨流图书公司,1985年,314—316页。

②周长城:《当代西方发展理论及其演变》(下),《社会科学动态》,1997年,第6期。

国特色实际等等。不过,人类学之引入发展理论,应该说是个巨大变革。一方面,探讨欠发达国家与民族的发展问题,与文化人类学的传统研究对象为"边缘的""落后的"民族与地区这一传统规范是吻合的,但传统的人类学是以依靠现实调研与实证资料为特征的,一般不介入未来发展领域。因此,发展人类学的产生也是当代西方人类学研究领域时空巨变的产物。它反映了一种新的指导思想和新的基本规范,主要是认为:"人类学者要达到成熟,便一定要寻求更多的途径",包括"进入它从不愿进入的预告领域",不过,这种预告不应是乌托邦式空想,而是比如"它以若干已知事实为根据,预告某一事情将发生"①。这门学科的研究对象,是"把文化与发展联系起来,形成发展人类学",②即这是一门研究民族、文化与发展关系的学科,其性质应属文化人类学(民族学)的本体分支学科。

二、构建中国发展民族学的理论框架探讨

当代各国的学科都在不断跨越旧有的知识边界、国家边界而参与国际对话,中国民族学界也理当对前述这类与发展中国家和多民族社会密切相关的重大论题及学科发展,予以充分关注。为此,构建中国发展民族学应该提上日程。从学术上看,我国学人可以说才刚刚开始接触西方发展人类学。虽然陈庆德等出版了《发展人类学引论》,这是国内学者首次涉及这一学科,但正如作者所言,该书"主要聚焦

---

① [加]希利尔·贝尔绍著,陈恩译:《社会人类与文化人类学的未来面临挑战》,中国社会科学杂志社编:《人类学的趋势》,社会科学文献出版社,2000年,126页。

② [美]阿图罗·埃斯科瓦尔著,黄觉译:《人类学与发展》,中国社会科学杂志社编:《人类学的趋势》,社会科学文献出版社,2000年,76页。

于经济领域",较少涉及以民族、文化与发展的关系为研究对象的真正发展人类学理论。①我们从国外论著中所能见到的,也只有一些讨论人类学与发展关系的少量论文章节,也至今未见国内有系统评介,未见提出自成系统的理论。所以,以发展民族学正式命名的理论构建在中国还是一片空白。但我国领导人关于民族地区发展的理论论述和实践,却符合发展人类学的理念,是我们构建中国发展民族学的重要指导思想。

因此在理论框架构建方面,笔者的看法是,需要从发展人类学的研究对象、学科定位等基本规范出发,参与国际对话,对国际上围绕"发展范式"展开的各种流派的争论,取综合取向,并在剖析世界和本国发展现实的实证资料基础上,与时俱进地研究马克思和中国领导人的有关理论,积极鼓励中国学者探讨与尝试创建各种发展理论,特别是切合中国实际的、符合欠发达地区和人民需要的发展范式和理论。不过,根植于不同国家文化底蕴的同一学科都应有自己的特色,有自己的独特视角和对理论、方法的创造性运用,并将其同社会需求的目标、理论内容的价值和科学性进行整合。

首先,关于构建发展民族学理论的综合取向问题。必须从人类学、民族学的研究对象(民族与文化)出发,综合研究发展理论,并与其微观调研的实证方法相结合,同时广泛吸收其他交叉学科的有关理论与方法,对这三方面进行整合,实现中国发展民族学的规范构建和创新。从现代化理论的西方"发展范式"的实践看,有成有败,似不能简单强调负面的"依附"作用。无可争辩的事实是,反依附论尽管并未对欠发达国家和民族的传统社会如何发展进行明确论述,但其主

---

①陈庆德等:《发展人类学引论·后记》,云南大学出版社,2001 年;陈庆德:《发展理论与发展人类学》,《思想战线》,1998 年第 8 期。

张日益得到受西方力量挤压的非西方民族社会的认同。这可能是因为当代发展表现为多元文化与民族性对强权推行"发展"的巨大反抗性,以及多种主体共同参与发展的特点。世界体系论客观地剖析了世界结构存在的差异,把发展具体化为在"边陲—半边陲—核心"的差异结构中由下一层次向上一层次的升迁,但由于认定"边陲国家"等无法依靠自己的力量决定"发展",而是取决于整个世界体系的结构调整的结果,所以,实际上仍未给出欠发达国家与民族现实的发展途径。

这样,从发展人类学的研究对象出发,中国必须有自己的发展民族学理论来回答上述理论的缺陷问题,如:什么是中国发展民族学的发展观? 第二,当代世界"核心""边陲""半边陲"国家的差异结构的发展与"民族和文化"的关系如何? 第三,欠发达国家其民族与传统文化应如何发展?

比如经典现代化理论,由于持传统与现代的二元对立观,认定中国家族企业因存在裙带关系等弊端,是传统力量极强的制度,需要否定。但香港学者黄绍伦在考察了中国家族企业之后,修正了这种夸大中国传统家庭价值观负面作用的看法, 他的实际调研证明:"根据家庭对香港的中国企业内部组织的影响",它"对经济发展有很强的正面作用"。①各种传统都会有复杂的内涵,而中国家族企业发扬的是中国传统价值观中的凝聚性、协调性。所以,对待某一民族传统,需要细致调研考察其是否有可发扬的内涵, 分清哪些属于无障碍的中性传统和障碍性劣质传统,然后取不同方式使之适应现代化发展或消亡,而不加鉴别地摒弃传统往往会引起反作用,甚至冲突。

除上述两个方面外,研究历史事实中的实证性资料,也有助于构建中国发展民族学理论,并把握其真理性的准确度。这里以一段史实

---

①张琢、马福云:《发展社会学》,中国社会科学出版社,2001 年,79 页。

资料为例,考察一下"结构"变迁发展的制约因素。

从人类不同阶段的发展道路看,某一时代的发展方向,的确与当时"核心国家"为中心的结构及其相关民族的作用密切相关。如蒙元为什么能将东亚、中亚、西亚以至欧洲的大片领土纳入其疆域,而形成欧亚大帝国的结构? 当时中国处于分裂结构中, 可以说是客观因素,但是中亚的花剌子模国正处鼎盛,这一"核心"霸主,按世界体系论的说法, 也绝没有周期性衰弱而需另一霸主取代或变革世界结构之时。显然,如果没有饱经磨难的成吉思汗等一批精英人物,如果不是成吉思汗起用了大批奴隶将士这一新兴阶段,如果不是有"猛将如云,谋臣如雨"的人才,如何能有一段世界发展史和这个游牧"征服王朝"的辉煌! 可见客观时势、人的能动性及其造就的文化力等等在构建世界体系格局中的合力作用。同样,蒙古帝国及其后霸权时期的元朝之灭亡,也符合霸权必衰的发展规律,不仅仅亡于先战事、后佛事的耗资巨大的这类客观经济原因, 更重要的是消亡于当时处于下层的国内相关传统文化的巨大反抗力,这正表现了改变结构的能动力。归根结底,霸权结构的变迁,不只取决于各国自身经济、军事实力,更重要的是霸权引起的种种复杂反抗因素的合力作用。[1]

其次,在了解、吸收国际各种发展理论的同时,运用马克思和中国领导人提出的科学发展观与有关理论, 研究构建符合人类发展规律,并能为世界人民广泛接受的宏观发展范式。比如, 笔者认为人类发展可以是一种多元"殊途同归"范式。马克思主张的全球"发展"观,是等到生产力极大发展之后,"每个人都可以在任何部门内发展","随自己的心愿"选择工作,这种"人"的发展就是达到了"全人类的解

---

[1]马曼丽:《从历史个案论民族与文化结构塑建》,《卫拉特研究》2004年第3期。

放"。但这种发展是需要"以生产力的普遍发展和与此有关的世界交往的普遍发展为前提的","只有作为世界历史性的存在才有可能实现"。①我国领导人的科学的文明发展观提出"以人为本""三个代表"重要思想,促使各民族走上"生产发展、生活富裕、生态良好的文明发展道路"。笔者认为,这种发展目标可能通过多元文化"殊途同归"的"发展范式"来实现。这里的"同归"就是指共同达到前述那种理想的"人"的发展目标。马克思充分肯定了资本主义的"生产方式和交换方式"在破坏"一切封建的、宗法的和田园诗般的关系"方面,曾起过"非常革命的作用";②肯定了资产阶级在"不到一百年阶级统治中所创造的生产力,比过去一切时代创造的全部生产力还要多,还要大"。③他指出,只要社会还处在"不是出于自愿"的分工阶段,人们就必须追求生产力的高度发展,否则"那就只会贫穷的普遍化"。而在这种社会发展阶段,"它迫使一切民族——如果它们不想灭亡的话——采用资产阶级的生产方式"。④笔者所言的"同"也指这种共同"采用"资产阶级的生产方式。

马克思还指出:"资产阶级除非对生产工具,从而对生产关系,从而对全部社会关系不断地进行革命,否则就不能生存下去。"⑤因为资本主义衍生的劣质文化现象,包括在世界交往中推行"没有良心的贸易自由"⑥等价值观念,必然引起巨大的、复杂的反抗力,从而迫使资本主义变革。同时也指出其变革后方向趋同的"革命化"发展,而能使

①《马克思恩格斯选集》第一卷,人民出版社,1995年,86—87页。
②《马克思恩格斯选集》第一卷,人民出版社,1995年,274页。
③《马克思恩格斯选集》第一卷,人民出版社,1995年,277页。
④《马克思恩格斯选集》第一卷,人民出版社,1995年,276页。
⑤《马克思恩格斯选集》第一卷,人民出版社,1995年,275页。
⑥《马克思恩格斯选集》第一卷,人民出版社,1995年,275页。

之"不断地革命化"的力量来自其国内和国际的反对不平等待遇、反掠夺、反霸权的民族及爆发的文化力的作用。

笔者认为，既然是"同一个地球，同一个人类"，世界不会无限地、不受协调地多极多样发展下去，正如《共产党宣言》所说，"过去那种地方的和民族的自给自足和闭关自守状态"，被 "互相依赖所代替了"，"各民族的精神产品成了公共的财产"。①这一论断日益成为现实。不仅自然科学已成为不分东西方的现代文化，各国不同的传统民族文化也有一部分形成了不分东西方的文化。发展会受到全球化这个"世界协调化系统"的制约，有可能在矛盾、冲突和协调的反复过程中互动发展。②因为全球化结构日益使人类利益互联，所以，损人终将损己，助人有利互赢。世界人民终将会认识到，必须能动地改造国际不平等政治经济格局，保障逐步实现经济、文化、价值观念、科学技术等全方位的"互动嫁接""互助发展"，最终促成不同国家"殊途同归"的追求"人"能够平等地、"随自己心愿地"共同发展。尽管这可能是长期的、曲折的复杂过程，但像植物界多数"嫁接"品种往往多能培育出新优品种一样，"互动嫁接""互助发展" 应是促进全球和平发展的一种重要途径。

再次，中国发展民族学必须结合本土实际进行应用理论构建。国际经验已证明，为了"解决多文化国家中的实际问题"，民族学（文化人类学）是"不可或缺"的，那么，解决"民族和文化的发展"问题的发展民族学，自然也是不可缺少的。一方面，国际发展人类学在 20 世纪 80 年代已在许多方面表现出明显的应用贡献：发展人类学者的发展

---

①《马克思恩格斯选集》第 1 卷，人民出版社，1995 年，276 页。

②马曼丽主编：《中国西北跨国民族文化变异研究》，民族出版社，2003 年，6—9 页。

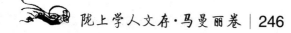

方案因符合文化背景而更为有效;搜集制定计划、政策必需的第一手资料;修改那些引起不满的经济方案;评价和干预文化和社会效果,等等。国际上发展人类学家进入到前所未有的广阔领域,把文化、社会结构与"发展"连在一起,"扮演着发展进程中的重要角色"。[①]我国也应该重视发展人类学者的作用,促进民族地区的全方位发展,同时探索发展应用理论。另一方面,我国要求社会科学理论与研究既有社会效益,又有学术价值,这基本接近国际规范。[②]而各种价值都要求实践来检验。所以,我国要求理论工作者"研究改革开放和现代化建设提出的重大理论和实际问题,在认识世界、传承文明、创建理论、咨政育人、服务社会方面不断作出新的建树"。[③]

笔者考察民族地区,深感我国多民族多元文化社会有三大实际问题比较突出:多民族地区农牧业经济多处于小生产状态,相对发展缓慢;文化封闭,尤以聚居民族为甚,其内部许多人不懂汉语;政治上虽各民族实现了平等,但封建社会残留的宗教与传统习俗以及基层干部的封建权力观念等等仍起着不小的作用。应以这类民族地区的实际为依据,以中央政府所定建设小康社会的社会主义初级阶段发展目标为指导,构建有本土特色的应用型发展民族学理论。笔者主张

---

①[美]阿图罗·埃斯科瓦尔著,黄觉译:《人类学与发展》,中国社会科学杂志社编:《人类学的趋势》,社会科学文献出版社,2000年,78页。

②国际上对理论的科学性的真理标准和价值标准规定详尽,包括解决实际问题的视角与作用,真理性鉴定以及是否有经济价值、社会价值、充满探索性的理论价值、伦理价值等等。参见《美国人文社会科学研究成果的评价机制》,中国社会科学院外事局编:《美国人文科学现状与发展》,社会科学文献出版社,2001年,371页。

③《胡锦涛在"三个代表"重要思想理论研讨会上的讲话》,《人民日报》,2003年7月2日。

首先构建流动发展机制与相关理论。对于长期受封建社会束缚的中国来说,须充分认识人类发展的历史本质就是冲破封闭建立"流动机制",流动是"发展"必不可少的因素。在中国,因为历史上还有一点可以通过科举制度"优则仕"的流动传统,成了千百年来人们追求"发展"的希望之星和光明大道,也培养了一代代传承中华优秀历史文化的精英人物。而流动包括众多方面。在当代中国,作为生产资料的土地归属相对固定,农牧业人口也就很少流动,所以,中国农牧业社会至今总体上保留着坐待政府扶贫或干部集权化安排生产的传统价值体系,这在多数封闭的民族聚居区非常普遍。对中国地少人多的民族聚居区来说,不宜提倡分占土地的移民流动,重要的是组织发展民族学家的扶贫志愿者队伍,以带动建立经济贸易、资源开发、新闻传媒、供销信息网络、普及教育等领域全方位的流动机制。

一个国家或地区,农牧民流往城镇越多,经济越发达。当代发达国家城市人口比例一般高达 80%~90%。"封闭的农业经济需要一种巨大的振动和冲击,才可能释放出劳动力",这正是促使农业机械化的"工业革命"。[①]不能守着只够温饱的一块土地和羊群度日,需要试验发达国家已取得的经验和各种流动发展模式,[②]如进行划小政区,开发交通,建立旅游城镇、戈壁城市、现代化社区发展工程等试点,促使少数民族群众价值观发生开放式改变,爆发出主动追求现代化发展的动能,自觉冲击阻碍现代化的封建传统而实现小康社会的发展目标。

---

①王章辉、黄柯可主编:《欧美农村劳动力的转移与城市化》,社会科学文献出版社,1999 年,10、64—65 页。

②陈耀:《国家中西部发展政策研究》,经济管理出版社,2000 年,46—79 页。

中国发展民族学理论的视角特色构建一门学科，其视角特色与其国家和民族的主流文化底蕴及所处时代环境密不可分。中国特色社会主义国家的性质、悠久的中华传统文化以及早在西方民族国家形成之前便已存在的中华各民族悠久的发展史，决定了中国发展民族学在发展观、理论依据及全球政治视野等方面的视角特色。

在国际上，中国不以牺牲他国、他族利益求一己发展，而是追求国家、民族不分大小、强弱一律平等地发展，同时又信赖与依靠各民族人民的能动性而实现发展。在国内，中国领导人提倡"生产发展、生活富裕、生态良好的文明发展道路"，中国共产党提出的"以人为本""三个代表"重要思想都是主张"发展先进生产力和先进文化是实现最广大人民根本利益的基础和前提，实现最广大人民根本利益则是发展先进生产力和先进文化的目的和归宿"。要求"聚精会神搞建设、一心一意谋发展"，"'处理好改革、发展、稳定的关系'"，逐步实现全体人民的共同富裕。认为只要"最广泛最充分地调动一切积极因素，妥善处理各种利益关系和社会矛盾，切实维护社会稳定，形成全体人民各尽其能、各得其所而又和谐相处的局面，我们就能集聚起推进事业发展的强大力量"。①构建中国发展民族学理论应更加突出与完善这种视角，并实践之。即发展人类学是以"为一切人的发展和人的全面发展为基点"审视发展问题的。而且"发展的目的决不是要强迫人们不情愿地像牛一样被喂养"，而是"有意识地自己教育自己，并且不用暴力来实现自己的解放"。②

---

①《胡锦涛在"三个代表"重要思想理论研讨会上的讲话》，《人民日报》，2003年7月2日。

②[法]弗朗索瓦·佩鲁著，张宁等译：《新发展观》，华夏出版社，1987年，117页。

其次,西方主流发展理论总体否定传统或过分强调结构决定论,而我们的理论视角是取辩证的、多方位的视角。笔者认为传统有复杂内涵,而结构可以发挥人的能动性来塑建,因此应尊重各民族的适应与选择。这是因为中华各民族大多是古代便已形成的民族,各有悠久的历史。民族传统和人的主观能动性以及各族人民共同要求发展的规律性变革结构和创造发展的能动因素,往往可以改变居于统治地位的权力阶层造成的不平等差异结构。

从发展人类学、民族学的宏观视角看,中国的全球政治视野具有明显的维护国际关系公正平等、国家主权与世界和平发展的视角特色。我们也正是为此而从维护"同一个地球、同一个人类"的共同利益原则出发,寻找"发展"的"殊途同归"规律性途径,并看作是为本国和世界的不发达群体和平美好生活奋斗的行为的一部分。所以,我们反对"核心国家"为本国私利压榨欠发达国家和民族,支持建立国际公平的政治经济新格局,但同时也反对极端主义、分裂主义、恐怖主义等阻碍世界和平发展的活动。我们肯定资本主义先进的经济、科技、文化,但支持反体系力量变革其"没良心"的腐朽文化的运动。这一切都表现出为了全人类的平等发展,为了主权国的权益而奋斗的政治态度与视角特色。同时为了全球能在矛盾冲突中争取"殊途同归"地逐步协调发展,我们特别关注国际、国内的政治合法性问题。当代全球化进程使个人、团体选择机会增多,加上传统政治的弊端,如腐败、官僚主义等日益明显,特别是冷战结束后,意识形态压力的骤减以及"全球化越广泛,个人的团体选择对那种独特性(uniqueness)的支持越大。地方选择的独特性也越明显",①也即新认同政治对传统政治的

<hr>

①D.J.Elkins,*Globalization,telecommunication and virtual ethnic communities*,International Political Science Review,1997,vol.18。

冲击来自民族身份、地方身份以及宗教等文化团体身份的问题日益突出，由边缘问题变成了当代政治的中心问题而频频引发包括发展中国家在内的政治合法性危机和分裂危机，从而往往使"发展"的成果因分裂动乱而毁于一旦。事实是政治分裂、分裂动乱往往造成"现代化挫折"，而不是其他什么政治干预传统造成这种挫折。因此，为国家统一和稳定发展，任何国家都不仅要保卫领土，还需要发展经济、塑建文化、研究政策，而且必须以人为本，否则，任何政治合法性的基础就潜伏着危机。只要对当代国家分裂事件、民族自决和移民群体权益要求，以及恐怖主义等现实略加扫视，就不难发现，当代人类和不同国家的发展面临重重障碍，其中尤以恐怖主义利用极端民族性和宗教极端主义等传统文化破坏国家认同，利用经济落后与"人权"借口造成合法性危机等等问题最为突出。所以，当代要实现全球宏观发展范式，用军事手段解决这类国际问题和保卫领土疆域是远远不够的。各国均需追求"殊途同归"的和平发展范式，并同步进行有关理论构建。也可以说，这是当代各种极端主义思潮和不平等差异"发展"的时代特征下，我国为维护国际社会的安全、稳定与和谐发展应突出独特的政治视角。

（原载《民族研究》，2005 年 3 期）

附：中央编译局出版社《2005 年学术年鉴》第 5 期对该文的转载评论：

西方"发展人类学"的初步确立，是近 30 年的事。近年，联合国教科文组织对这门研讨"文化与发展"关系的学科十分关注，希望各国学者研讨能否有一种世界各民族较能接受的多元社会的 "发展范式"。马曼丽该文首先介绍与评价了以"文化与发展"为研讨对象的西方发展人类学产生的背景及其三种典型"发展范式"的理论流派，即以西方发展范式为中心的"现代化理论";反对不平等的依附于核心国家的"依附伦";以及主张处于世界经济体系的核心、半边陲和边陲三个层次以相对稳定的世界体系论。然后探讨了构建中国发展民族学的理论框架,提出了吸收各国理论合理内核的理论综合取向、实证方法和学科性质等进行整合的基本框架,并提出了以马克思全球发展观、中国领导人科学发展观为指导的人类"殊途同归"宏观发展范式和联系中国民族社会实际的流动发展应用理论框架。最后,剖析了中国发展民族学在发展观、理论依据、全球政治视野等方面的视角特色。认为发展民族学反映一种新的指导思想和新的基本规范,主要是这一新学科认为"人类学者要达到成熟,便一定要寻求更多的途径",包括"进入它从不愿进入的预告领域"。

　　文中提出了一些重要的创新观点,如提出和论证了"殊途同归"发展范式。认为人类发展的"同归"是归于"每个人都可以在任何部门内发展","随自己的心愿"选择工作这种"人"的极大发展;按马克思主义,"同",既指共同"采用"资产阶级的生产方式:"它迫使一切民族——如果他们不想灭亡的话——采用资产阶级的生产方式。""同"也指资本主义的"革命化":"资产阶级除非使全部社会关系不断地革命化,否则就不能生产下去"(《马克思恩格斯选集》第一卷,人民出版社,1995 年,第 86—87、276—275 页)。文章并认为,因为全球化结构是人类利益互联,多元"殊途同归"发展范式在全球化这个"世界协调化系统"的制约下,有可能在矛盾、冲突和协调的反复互动过程中,日益成为现实。又如:文章根据中国三大实际问题,主张首先构建流动发展机制与有关理论,认为人类发展的本质就是冲破封闭的"动",流动是"发展"必不可少的因素。中国历史上因为还有一点可以通过科举制度"优则仕"的流传系统,成了千百年来人们追求"发展"的希望之星和光明大道,也培育了一代代传承中华历史文化的优秀人物。

"流动"的内涵极广,而根本问题是当代作为生产资料的土地既属固定,农业人口也就很少能流动。再如:文章针对当代各种极端主义思潮不平等差异、发展的时代特征,提出了塑建国家精神疆域观念及其理论构建。人类和不同层次国家的发展面临重重障碍,尤以利用民族性和宗教等传统文化将国家领土宣扬为民族领土,破坏国家精神疆域认同为突出,所以要实现全球宏观发展范式,仅用军事手段解决这类问题和保卫领土疆域,在当代是远远不够的。

历史上的中华经济文化圈

一、农耕与游牧经济关系的二元对立论与统一共生论

在我国北方,包括西北和东北,主要是以畜牧业为特征的游牧经济和游牧文化圈地区;南部,包括中原一带,则是以农耕业为主的农业经济和商业经济文化圈地区。对于这两种经济文化体系相互关系的研究,实际上也就是对中国边疆与中原关系的研究。迄今,这方面的研究已经形成有影响的几大典型学派的看法:其中,日本学者中的南北对立论,影响较大。日本早期东方学家从白鸟库吉先生起,就有相当系统的两元对立论的论述,强调中国边疆与中原的关系是北方游牧民族、西疆游牧民族与南方农耕民族因游牧文化圈与农耕文化圈截然分离而形成的二元对立关系。昭和年间的松田寿南先生又进一步以干燥亚洲和湿润亚洲这两个对立的历史地理概念来解释二元与二元对立论。二战后,江上波夫先生则提出了有关这方面论题的骑马民族征服王朝论。这些日本学者的研究,总体上是期望通过中国北方和南方边疆与中原、游牧文化与农耕文化的对立关系,通过国家与文化圈的关系来把握亚洲史的发展规律。

与这些研究相呼应并取得一定成果的德裔美国汉学家维特夫盖尔,也从文化人类学的角度提出了渗透王朝与征服王朝论。

不过,应当指出,维特夫盖尔在研究北方民族与南方民族二者之间存在着的对立斗争关系时,指出北方游牧民族与南方农耕民族之

间还存在"共生"关系等种种社会历史现象,认为是文化形态不同的各民族之间在文化方面的冲突或融合,并以此来分析历史事实。他在研究北方契丹族建立的辽王朝的过程中,把远在辽朝建立之前四五世纪就进入中原并在华北建立了北魏王朝的鲜卑族和契丹族作了对比,发现这两个民族虽然同样都是出身于北方的游牧民族,但所建立的两个王朝在与汉文化接触时,所持的态度却明显不同。北魏的鲜卑统治者在统治被征服的汉人社会的过程中,完全被优秀的汉族文化所吸引,终于陶醉其中。他认为,在他们的国家结构中,人们找不到游牧民族所特有的文化形态及社会体制,毋宁说他们正是在汉族文化理念的基础上建立起国家体制的。由于采取以汉族文化为基调的文化政策,不久,北魏政权借以立足的鲜卑族本身的社会基础就崩溃了,他们终于浸透并被同化在汉人的社会中。与北魏相反,契丹族所建立的辽朝虽然也同样被汉文化所吸引,但他们能够意识到游牧骑马文化所具有的独特的价值,把它纳入王朝的政治结构中,从而建立起自己独特的国家体制。在指出这两个王朝的显著不同之后,维特夫盖尔主张应把北魏这一类的王朝命名为渗透王朝(Dynastiesofh-filtration),把辽朝这一类的王朝命名为征服王朝(Dynastiesof Conquest)。并且,把辽朝以后的金、元、清诸王朝,与辽朝相同,都归属于征服王朝之类。①他的这种理论在揭示南北对立的背后存在"共生"关系方面,显然是颇有建树的。

中国学术界多年来研究有关论题,则以边疆与中原的关系为重点,在于揭示边疆民族、边疆民族政权与中原内地、与中原王朝的源远流长的,经济文化交流关系和政治上的臣属关系。这一学派通过这方面的大量研究力求证明,中国南北关系的主流不是对立,而是统一

①[日]《丝绸之路》(杂志)第 6 卷第 2 号,1980 年 2 月。

和融合。这类文章不胜枚举,故不一一引用。笔者认为,上述中外研究从不同的视角涉及中国边疆与中原王朝、游牧畜牧地区与中原农耕区的关系,涉及游牧文化与农耕文化关系的特点以及游牧民族的"渗透王朝"和"征服王朝"这类不同的政权模式,功不可没。但是,也可以从中看出,上述各研究的认识差异是明显的,这正反映了对有关问题的研究还很不够,所以远未对有关实质性问题达到大体趋同的看法。

二、中华南北矛盾统一的经济文化圈论

那么,笔者的看法是什么呢? 我们的观点可以归结为中华南北经济文化圈论,即主张中国南北文化的矛盾统一论。我们主要认为,在中国特定的南北地理生态环境下,游牧经济与农耕经济有互补互利的经济基础,但又存在要求互补的程度的差异和前者对后者依赖性相对较大的矛盾。不过,双方克服二者之间的矛盾而共同生存发展下来了,而且最终统一共生在中华大地上的历史,证明了中华经济文化圈的存在与发展,即不认为二者有绝对的对立本质,但承认两种经济文化之间的矛盾是存在的,其实质则是对立中可以统一的。这主要由游牧经济与农业经济的特点所决定,因为两者关系的实质中存在可互补的本质因素。特别需要指出,中原实际是夹在真正的南北之间,南北的互补往往通过中原王朝推行的互市、朝贡和组织大型商队等手段来实现,即历史上中华经济文化圈一般是通过中原来运作的,而中原王朝操纵这种运作模式真正依靠的,是拥有农业经济和开放性商业经济的先进的南方地区。中原文化的先进形象实际也主要靠南方形成,如茶、丝绸等享誉国际的先进文化都源于南方地区。当然,南北经济文化各有特点,各有需要互补的一面,也有矛盾的一面,但最终在中华经济文化圈内共生共存。

游牧经济的特点,首先是它的单一性。这种经济,从本身讲,是一

种相当完整和单一的自然经济。游牧民族从事牲畜的牧养，乳饮肉食，寝毡服皮，牲畜既是他们的生活资料，又是他们的生产资料。手工业虽然或多或少地已经产生，但是不发达，与之相应的是内部的商业交换也很不发达。牲畜乃是一种财富，一种货币，用自己的剩余产品换取定居地区的产品，乃是游牧业经济发展的主要动因。这就决定了它需要向农业区交换粮、茶、布帛、铜铁等生活与手工业必需品，决定了它对农业区的依赖性。特点之二是它的游动性。游牧民的迁移一般情况下是依照比较固定的路线，在传统确定的范围内往返进行或开辟新牧区，但是容易由于天灾或其他民族的干扰而受到破坏，因而迫使他们进行超乎平常的大规模与远距离的流动和转移，或者征服活动。第三，与上述两特点紧密相连的是这种经济表现出特殊的脆弱性。一次突发的暴风雪，就可能导致大范围内牲畜的大量死亡，使牧民的生活与再生产受到毁灭性的打击，甚至造成部众溃散和覆灭。游牧经济的这种脆弱性，更增强了它对外界农耕经济区的交往要求与依赖性。中国疆域内南北两种地理环境恰恰适应了北方(含西北、东北)游牧经济与南方农耕经济，并形成依赖的统一体。

中国西北边疆的游牧民族，对中原的互市、朝贡、臣服和征战，都是这种经济依赖性与互补性在不同内外形势下、不同条件下的产物。而中原供给西北游牧民族的粮、茶、丝绸、布匹等日用品，则大都依靠富饶的南方地区提供，特以茶叶和丝绸为例说明、茶是北方游牧民族必不可少的生活必需品，而南方各省是茶叶的大批量供应地。据载，"自秦人取蜀而后，始有茗饮之事"①秦汉时期茶已由南方传入中原。以后的茶马互市充分体现了中华文化的互补性，也是凝聚力的来源

①顾炎武:《日知录》卷7。

之一。《新唐书》载:"此后尚茶成风,时回纥入朝,始驱马市茶。"①唐文成公主进藏,藏族自此离不开茶,茶叶始终是汉藏民族之间进行经济文化交流的重要产品和维系民族关系的纽带。茶叶还以其清心去火的作用,为佛教徒广泛饮用,而与佛教文化结下不解之缘。到了宋代,随着中华儿女大批漂洋过海,这些海外同胞多从海路把茶文化广泛传播到了世界各地,至今风靡世界,成为中华文化的象征之一。南方的丝绸,则是通过中原,经草原丝路或绿洲丝路,运往西亚和欧洲的又一中华文化的代表产品,陆路丝绸古道上的运送人,往往是游牧民族的商队,丝绸也就成了古代游牧民族致富的重要物资。所以丝绸也是使中华南北统一在同一文化圈中的维系纽带之一。

农耕经济,特别是中国历史上的小农经济,虽然基本上自给自足,但也十分需要游牧经济提供生活常需的牛羊肉食、皮毛衣物,尤其是古代中原王朝要想强盛,就十分需要游牧民族提供战马、车马和骁勇的士兵。这就形成两种经济本质上的互补基础,于是,其总趋势就不以人的意志为转移地共生下来了。这也就是历史上互市封不住、贸易割不断,近万年中国西北边疆与内地经济文化交流源远流长的最本质的根源。交流、臣服、争战等等都是表现形式,实质是两种经济文化形成的基本互补的经济文化圈所起的作用。

三、经贸关系决定论

苏联学者兹拉特金认为:"在严酷的干燥自然条件下,游牧业是最为有利的生产活动项目,它不但对畜牧业有利,而且也对邻近的定居农民和手工业者有利。一旦找到推销剩余产品的销售市场和定居

---

①《新唐书·隐逸陆羽传》卷Ⅱ96。

农民及手工业者产品的供应来源之后，游牧业便在整个欧亚草原境内具备了稳定地、不断发展地进行生产的性质。中国历代史籍中谈到与游牧民进行贸易的时间大约是公元前3世纪至前2世纪左右。这些记载说明，由中国运往草原地区的商品种类，基本上是丝织品、布匹、缎子、成衣、大米、小米、酒和装饰品。黑海沿海的斯基泰人得到的希腊产品，大体上也是这些东西。在双方对贸易同样感兴趣的情况下，其相互关系基本上是睦邻关系。如果其中一方对贸易的经济兴趣低于另一方，贸易就会中断，睦邻关系就会变成武装冲突和战争。试让我们对斯基泰人和希腊、中亚游牧民和中国的相互关系史作一番比较。欧亚草原黑海沿岸地区同其邻近地区相比，连绵不断、洗劫一空的战争情况要少得多；而欧亚大陆的东方，则诚如我们所知，情况就完全不同了。这里重要原因之一，在于农耕文明在与游牧草原进行贸易中，缺乏较大的经济兴趣，在这方面，中亚游牧民与罗斯和俄国在中世纪的相互关系史，也可作为一个旁证材料。这种关系史的基本特点是双方都对贸易感兴趣，以及俄国善于满足游牧民对于日常生活和补给方面的需求。他们之间没有发生长期的大规模武装冲突，就可说明这一点。"[1]

这里反映的游牧民与欧洲、俄国等地的频繁和平交往与睦邻关系史，恰恰证明了我们前述的基本原理，即游牧经济最本质的需要是交换贸易，而不是战争。也在一定程度上说明从世界范围看，游牧经济与农耕和工业地区的相互关系，本质上不是对立关系，而是以互补为基础的睦邻关系。至于侵略战争与游牧社会的客观经济需求，并无必然的共同之处。战争的发动者和组织者是游牧民族中，对扩大权力

---

[1] [苏]兹拉特金：《游牧民族社会经济史的若干问题》，载《亚洲民族》1973年第Ⅱ期。

或牧地范围和对直接掠夺别国财富感兴趣的统治阶级和当权人物。游牧劳动者如同农业劳动者一样,根本不需要侵略战争。某些著作中流行的理论——把游牧民的袭击和侵略活动,解释成为他们的生产独具的特征——实在是大谬。中国历史上游牧方与农耕方二者间发生战争和对立,除了上述兹拉特金的解释外,即除农耕区的中国古代王朝,对与游牧民贸易"缺乏较大的经济兴趣"外,还需要对有关复杂原因作进一步研究。

首先,所谓中原一带缺乏较大经济兴趣,这只是表象。究其实质的原因,乃是我国小农经济本质上是可以自给自足的,它对游牧经济的需要只是适当补充,而游牧经济则是对农业经济有较大程度的依赖。这种差异造成的矛盾,才是中国中原王朝有时没有表现较大兴趣,而对游牧一方采取贸易限制的原因。这时游牧民一方的暴力和掠夺,就很自然地成为互市与交换的继续和补充。除这种最常见的原因外,其次,事物的复杂性也同样表现在二者的相互关系中,如代表农耕方的中原王朝,政策上的失误;中原王朝经济实力在某一时期的衰弱而无力满足游牧经济的需求;游牧经济大发展而大规模的要求交换,造成游牧地区出现主张穷兵黩武的人物;或者,中原王朝处于政局混乱时期,割据政权切断了交换贸易渠道,也往往使有关地区战祸频繁;或者中原王朝强大时发动统一边疆的战争等原因,也可造成双方的对立。但历史证明这不是二者关系的必然性。在我国,二者关系的发展主流,也可以证明我们的观点。例如,秦汉统治者曾以筑长城这种错误的隔绝政策来防止游牧民族南下,由于威胁后者交换生活品的生路,其效果恰恰相反,匈奴南下掠夺战争连绵,这也说明匈奴的游牧经济因地广人稀,对农耕区依赖性也大。于是匈奴"连岁入边杀掠人畜"的记载,史不绝书,仅文帝后元二年那次入云中、辽东二

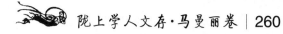

郡,被杀者达"万余人之多"①。后来因西汉大规模出击,使匈奴处于"失我祁连山,使我六畜不蕃息;失我焉支山,使我嫁妇无颜色"②。在汉、匈数百年关系中,从和平时期看,匈奴以牲畜、皮货同中原交换粮食、手工业品,每次所交换牛马多达数万头。"匈奴好汉缯絮、食物",汉与匈奴"通关市,饶给之。匈奴自单于以下皆亲汉,往来长城下"③。从汉匈关系的结果看,经过几百年经济文化和战争的交往,在 1 世纪末,两种经济文化类型的人民,最后终于大都倾向共同生活,这正是中华经济文化圈形成过程中最初共生关系的体现。于是南匈奴南迁内蒙古、山西等内地降汉,而与汉人杂处,这种交融在中国历史长河中源源不断,也是南北关系典型的代表性结局。三国时,匈奴已弥漫北朔。晋时,其人塞居者,凡十九种,与"晋人杂居"④,十六国时,以这些内迁匈奴为支柱,曾建立前赵、北凉、夏等国,争取与汉人一样有建立中原政权的权利。

两种经济交往、互补,南北方一般处于和平关系,否则,则重开战端的例子不胜枚举。鲜卑也是"数犯障塞,且无宁岁。唯至互市,乃来靡服"⑤。北周时突厥"始至塞上,市缯絮,愿通中国",周文帝遣使相通,"其国皆相庆曰:'今大国使至,我国将兴也'。"⑥足见游牧民族对与中原交往贸易何其重视。但当天灾人祸,生活资料和用以交换的牲畜缺乏时,游牧民族便多采取掠夺邻区的方式,而中原王朝在国势和经济衰退时,无法满足游牧区广泛的交换要求,游牧经济的依赖性也

---

①《通鉴纪事本末·匈奴和亲》。
②《史记·匈奴列传》卷 1 真 0。
③同上。
④《晋书·四夷传》卷 97。
⑤《后汉书·应劭传》卷 78。
⑥《周书·异域下·突厥》。

往往以战争掠夺手段解决经济需要。明代中叶，蒙古地区射猎不足以供之，经济衰退，不得不掠夺。中期以后，达延、俺达等汗又极力争取互市，经济与和平关系得以恢复。这种经济上的要求仿佛是一个巨大的磁轴，有力地吸引着北方游牧民族。因此，西北游牧民族反复发生与内地的频繁网状交流交往的向心运动，是由其本身经济要求所决定的，同时又是由特定的地理环境所形成的客观规律运动决定的。边疆游牧经济由于生产的流动性，其相关文化本质上是开放性的，对异族文化一般善于移植，有兼容并蓄的特性。而中原历史上的汉文化虽因自给自足小农经济而具有一定的封闭性，但它毕竟起源早，较早发展到了农产品需要交换与加工的商业经济及手工业经济阶段，这些经济形态都较先进，尤其是由于相邻许多游牧民族善于吸收先进文化，而使汉文化在长期历史发展中变得辐射性极强，成为对边疆游牧民族影响极大的一种文化。另一方面又往往由于游牧民族进入中原和南方，向内地输入了游牧文化及外来文化。两种经济、文化经数千年互补、吸收与辐射的结果，其交融是无时无处不在的，这就形成了历史上南北相互交融、密不可分的中华经济文化圈的格局。

　　人是生产力最基本、最活跃的因素。大批具有先进生产技术和先进文化的汉人流人草原，无可避免地给边疆游牧民族开放的社会经济和文化带来巨大的影响，这也是汉文化辐射的重要途径。战国末年的战乱和秦朝的暴政都曾造成大量汉人的北流，匈奴中就有所谓"秦人"。颜师古注云："秦时有人亡入匈奴者，今其子孙尚号秦人。"①长期以来，汉人北流匈奴的现象一直不曾停止。而几乎所有北方游牧民族的勃兴和强大，没有一个不是与大批汉人流入有关的。卫律教匈奴穿

---

　　①《汉书·匈奴传上》。

井、筑城、建楼藏谷,中行说为匈奴充当谋主,匈奴的实力因之得到加强。突厥因"隋末乱离,中国人归之者无数,遂大强盛"。"邻藩燕人军士多亡归契丹,契丹日益强大。"①《五代史记·契丹传》说:"中人士归之,文法由是渐盛。"汉人教契丹,"契丹由是益强"这类记载很多,反映了汉文化辐射和影响的事实。"幽州人韩延徽教阿保机树城郭,分市里,以居汉人之降者。又为定配偶,教垦艺以生养之。"②契丹统治者全面引入中原人才、经济文化及政治制度,从而加速了其本身社会的发展。再如元代,徐世隆也建议忽必烈:"陛下帝中国当行中国事。"③"中国事",乃是指适应于中原封建经济基础的汉文化传统。这说明以游牧文化为代表的少数民族,从历史的经验和实际的政治需要中,认识到学习治国的经验,才能使他们在中原的统治稳定,所以,他们中的一些人如阿保机、忽必烈、玄烨等之所以不同于冒顿单于、土门可汗等人,就因为他们长期受过汉文化的教育与陶冶,是游牧民族接受汉文化的代表人物。包括成吉思汗之所以能南征北战,攻城势如破竹,与使用了汉人的攻城炮和招降了一批汉将不无关系,只不过成吉思汗接受汉文化的形式较隐蔽,更为理智而已。中国南北两种文化的交融,加速了中国边疆的历史进程。一般说来,从原始社会的后期,经过奴隶社会而进化到发达的封建制阶段,是一个千百年缓慢发展的过程。但是,因为有汉文化的辐射、与汉文化的交融,各种生产技术、种子、制铁、织布养蚕、凿井开渠等等科技文化传播到西北边疆,使西北方民族能够在短短的百十年内完成这一漫长的历程。

另一方面,南方农业文化是比较平和且有一定辐射力的文化,但

①《契丹国志》卷1。(宋)叶隆礼,上海古籍出版社,1985年。
②《辽史·韩延徽传》卷74,中华书局,1974年。
③《元史·徐吐隆传》卷Ⅱ,中华书局,1976年。

历史证明它与游牧文化相比，原是缺乏骁勇的游牧民族那种尚武精神的文化。因此，历代凡有雄心壮志的中原统治者，无不促使中原吸收游牧文化的尚武精神。而当汉文化一旦融合了游牧的这类优良文化传统时，同样显示出强大的生命力。尤其是游牧民族广泛使用战马，历史上代表游牧民族优质文化的"马"文化，是保证他们在军事战术上优越于定居民族的一个最主要的因素。贝申姆、科桑比等印度学家指出，印度雅利安人能够战胜当地的居民，不仅因为有精良的武器，而且因为有套上战车能惊破敌胆的、奔驰迅速的草原牲畜。①第一批印欧人迅速迁移到旧大陆的广阔地区，是同驯马和制作新型单轴马车有关的。这种马车的轮子有配上辐条的毂，人们把马套上这种战车，有双套的、三驾的、四驾的。这是当时体现先进军事力量的军事方面的革命。如较强盛的唐王朝，就不仅因较开放的政策而闻名于世，而且吸收了以"马"文化武装的所谓"胡人"及其尚武精神，才有鼎盛和强大。唐朝疆域在开元时期扩大到中亚，中亚来人可自由出入内地，唐朝并有意让塞外各族迁居内地，以便一面种田，一面当兵，以后这些塞外迁入的各族同化于汉族。开元四年，并州长史王㛃上书请将突厥人迁往内地，称"二十年外，渐变旧俗，皆成圣劲兵，虽一时暂劳，然永久安靖"。开元末年后，唐朝政治腐败，爆发安史之乱，是依靠用重酬招来的回纥兵，才平息了安史之乱。保护唐廷的很多李姓将官也并非汉人，是赐姓改姓的。如李光弼等大将就是契丹等少数民族。还有很多将官是突厥、回纥和沙陀等其他西域人，是被招募或归附唐廷的。这如同汉武帝发起养马，促进民间养马与学习尚武精神一样，是汉唐王朝得以成为较强大的大一统王朝的重要原因。即使早在3世纪的赵惠文王在位的分裂时期，中原对西北"代马""胡犬"的需求也

①贝申姆等：《印度的奇迹》，莫斯科科学出版社，1977年，俄文版。

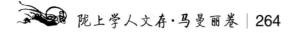

已载于史册。①

当然,生产技术也并非只是中原和南方向边疆输入,边疆科技文化同样丰富与补充了中原和南方之不足。如宋代以前,棉花的种植只限于西域、闽广等边疆地区。到元代,由于政府的提倡,植棉技术传于中原。《农桑辑要》一书不仅详细介绍了植棉的技术,号召在全国范围推广,而且驳斥了那些"以风土不宜"②阻碍普及种棉的种种谬说。

比较上述论点,仍可证明中华经济文化圈的形成与作用,它是中华悠久文明发展的产物,是边疆与内地长期经济文化交流的结果。中华文明史究竟有多悠久? 从近年不断出土的文物证明,至少已也是"今始岁五千"了,甘肃秦安大地湾文化更是距今约已 8000 年,而据1989 年公布的考古发掘报告, 河南贾湖遗址测定年代在 7500 年—8500 年间, 据贾湖契刻符号测算汉文字起源已有约 9000 年历史。"文起羲炎"③,也当在万年左右。所以,我们同意中华民族近万年文明史的意见。考古发掘也已证明,西北边疆与内地的交流也在数千年至近万年,足以证明中华南北互补的经济文化圈的渊源。如新疆哈密七角井、吐鲁番阿斯塔那、罗布淖尔等地均发现过细石器遗址,它们与山瓯下川、河南许昌灵井、陕西大荔沙苑等地的石器,表现了数千年前交往的共同特征。而北部大窑文化的大批石器,与河南、山西等地的旧石器时代出土物相同,则证明在一万年前后,西北边疆即与内地存在交流。至于殷商以后,玉器、货贝、丝绸、铜器等等的交流,在考古

---

①《史记·赵世家》卷 43。

②《农桑辑要·论宁麻木棉条》卷 2。

③刘尧汉:《中国史前神话传说时代》,朱琚元:《贾湖刻符与中华彝族万年文明史》,史式、黄大受主编:《中华民族史研究》第 2 辑,海南国际新闻出版中心,1997 年。

资料中更不胜枚举。①

　　也正是历史上中国境内这种长期的东西南北的交融，许多边疆的政权即使在割据时期，往往仍与中原在政治上密不可分，一直是中国的政权。例如，10世纪上半叶建立于西域西部的哈拉汗朝，就自认是中国人，其汗自称是"桃花石汗"，即中国汗。同一时期的于阗，其统治者自称姓李，是已亡的唐宗室之后。以中国契丹人耶律大石创建的西辽，也沿袭中原王朝的称谓、制度和官号，并一直以恢复辽朝为己任。就以准噶尔汗国来说，其首领噶尔丹即使在搞叛乱活动的时候，也仍然承认"向在中华皇帝道法之中"，"与中华一道同轨"，②不敢"自外于中华皇帝"③。这些政权管辖的领土，有时虽然超出传统的中国疆域范围，但他们统治的中心地区，还是大统一时期中央王朝的基本疆域。因此对于不自外于中华、暂时分裂的这类政权及其首领，应与脱离中国的政权和首领区别对待。因为前者仍维护了中华经济文化圈的共生关系，与后者阻碍或破坏祖国的统一是有一定区别的。而且一度分裂与坚持分裂出中国也是有区别的，一度脱离往往是客观发展的因素，坚持脱离出去则是人为的因素。同时还应该指出，在脱离时期，以边疆少数民族为主建立的地方政权，仍能维护中国的疆土和建设祖国边疆，使中国在以后新的大一统时期，能恢复汉代以来的固有疆域。这也是中华矛盾统一的经济文化圈生命力的表现，也正是中华经济文化圈所蕴藏的维系力、向心力的体现，使中国分裂又统一、

---

　　①安志敏：《三十年来中国的新石器时代考古学》，载《考古》，1990年第5期，王炳华：《西汉以前新疆和中原历史关系考述》以及《中国北方民族关系史》，中国社会科学出版社，1987年，4页—18页。

　　②温达等：《亲征平定朔漠方略》，第7卷，康熙二十九年七月。

　　③《清实录·圣祖实录》，第137卷，康熙二十七年十一月甲申。

再分裂还能再统一,也证明中国历史中的大一统王朝,与世界历史上经常出现的那种强行用军事行政办法联合成的帝国是不同的。这种军事帝国缺乏内在的经济、文化联系,主要靠军事力量作为维系帝国的纽带,其中有些存在的时间虽也不短,但是,当其统治者的武力一旦不足,帝国即刻土崩瓦解,烟消云散,无法再形成新的统一。我国则不然。我国的大统一是建立在内地与边疆民族地区源远流长的两种经济互补、文化交融基础之上的。因此,从西汉以后,不论是改朝换代,还是因社会矛盾尖锐而引起频繁争战、分裂割据,我们仍能一次,再次,多次形成新的统一局面。如果不是沙皇俄国恃强侵吞中国大片领土,中国基本上能保持从汉代就开始形成的原西北疆域,即比今天的西北边疆更为辽阔。这是中国边疆与中原王朝共生发展为中华经济文化圈的作用分不开的,是历史上两种经济基础和两种文化的本质所决定的。

（原载《西北边疆发展史研究》一书第三章）

弘扬和美共荣的华夏文明

—— 关于开展中华民族的"民族自信力"讨论的建议

我们受《团结报》2013 年 6 月 6 日所登吕文浩先生《吴景超、潘光旦关于"民族自信力"先天根据的论争》一文的启发,觉得当前在中华民族复兴、建设文化强国的形势下,正好以吴、潘两位前辈的讨论为基础,引发一场关于国人"民族自信力"的讨论。所以特写此文,希望能为有关问题的讨论抛砖引玉。

一、从吴、潘两位前辈对中华民族的评价说起

吴、潘两位前辈,虽对"民族特性"的先天与后天各自强调的角度和分量有所不同,但即使在潘光旦先生摘译鲍蒂斯所说"中国人的智力比不上大部分西洋人"时,他也没有肯定鲍蒂斯的观点有什么科学依据。二人实际上都认为,无论从生物基础,还是从文化基础看,"没有什么科学证据,能把中华民族列入劣等民族的行列",而吴景超先生则更明确肯定,"离开文化而谈民族,离开后天的而谈先天的,就可发现我们中华民族是一个伟大的民族,是有一个灿烂的将来的"。我们很同意,并认为"那些没有科学依据的断言,不过是西方一些无知的狂人对处于羸弱时期的中国人狭隘的偏见而已"。所以,根本不应该影响我们的民族自信力。尤其到今天,时代的发展已经证明,我们的国家成了世界第二大经济体,我们的航天技术、尖端科学的发展也不比西方落后,按当代移民国家美国对其国内各国高级知识分子贡献的统计数字看,"若以人口比例计算,华人遥遥领先,居于首位。"这

足以证明中国知识分子的优秀。当代越来越多的美国人承认：若比贡献和成就，"犹太人和华人在美国的表现是最优秀的"。再看看我们中国人：发射一个卫星，准一个进入预定轨道；发一个导弹，准绝对成功一个，从未有过一点偏差。以上种种说明我们中国人是世界上数一数二的优秀民族，我们的智慧绝不比西方人差。这难道不应该增加我们的民族自信力吗？当然，我们也承认中华民族的发展是不平衡的，也确实存在素质差的人群，如随地吐痰、坑蒙拐骗等陋习，使我们被看作是"丑陋的中国人"。这些恶劣素质，也的确让我们看到中华文化沉沦的负面影响。但由此而认为我们的民族就是"丑陋的""劣等民族"，甚至对民族的前途悲观失望，那也是很片面的。中华民族的文化沉沦也不过是近代以来的事，这对一个近万年的文明古国来说，也只是一段短短的丧痛史。

现在中国已经在重新崛起，中国共产党已经在从自身开始整顿种种陋习，这让我们看到中华民族复兴的曙光！我们不如承接吴、潘两位前辈的话题，在"中国梦号角下"振奋精神，多多研讨一下如何恢复与培养我中华民族的"民族自信力"，提高我们的民族素质，做复兴中华的逐浪人，准备好进入文明的世界公民的行列！

二、中华民族是世界唯一没有中断的古文明的文化传人

我们一般把中华早期文明称作华夏文明。总的看来，国内对华夏文明的有关研究中，争论最热烈的是关于其起源到底有多久，起源地在哪里等问题。自从20世纪90年代，以中华民族史研究会会长史式先生与一批海外华人为代表，提出中华万年文明史观点后，中华万年文明史基本得到认同。尤其是经过近十多年来的发掘、考证、研究，可确认为万年左右华夏文明遗迹的源头地分布极广，如：湖南道县玉蟾岩遗址；江西万年仙人洞和吊桶环遗址、江苏溧水神仙洞遗址；河北

徐水南庄头遗址；河北阳原于家沟遗址；广西南宁豹子头遗址和湖南
澧县城头山遗址等等，另外还有8000年文化史的甘肃大地湾遗址；
彝族万年古文字文献遗址（西南各省和英美法德等国都有收藏）以及
江南古越族七千年驾舟出海的海洋文明古迹等等，这些已经使学界
认识到：尽管黄河、长江是华夏文明典型的母亲河，但也证实了华夏
古文明起源地还同样分布在中国江南沿海地区和西北甘肃一带，所
以我们认为，可以说华夏文明的起源地是"多地多元的"。而且这些早
期遗址的内涵不仅有代表中原农耕文化的，而且还有超过了欧洲地
中海文明的古越海洋文明。追溯到史前时期，则甘肃齐家文化、辛店
文化、寺洼文化、四坝文化、沙井文化等等代表的，还有氐羌、西戎等
西部游牧族群的文化遗存，加上彝族古文字文明，又证实了华夏文明
是中华各地各民族共同创造的、具有农牧海陆多元内涵的悠久文明，
尤其她还是世界上唯一一个至今没有断绝的古文明。

　　国际社会，虽对中华文明的作用及其对世界曾经有过的影响，评
价不一，但是面对上述史前时期的出土物及其考证解读，不管到底是
五千年还是一万年，都已无法否认中华文明是世界最古老的文明之
一，也已经证明它是全球唯一一个至今没有断绝的古文明。反映中华
文明的那些远古的古文、古籍、简牍等等，不仅至今有遗存，到处被发
现，而且我们中国人至今还能够对这些遗存出土物进行识别、释义。
这种奇迹般的文明传承现象，世界上还没有任何其他文明能够做到，
无论是埃及古文明、印度古文明、希腊古文明，不是古史中断，就是证
据消亡，唯有中华文明能数千年源源不断地传承发展至今，与世长
存，一枝独秀。当然，我们也不会忘记维护这支世界文明之花的许多
外国学者，如200多年前，法国汉学家德·吉涅通过研究《梁书·诸夷
传·扶桑》，于1761年发表了《中国人沿美洲海岸航行及居住亚洲极
东部几个民族的研究》一文，首先提出中国僧人慧深于齐·永元元年

(499)到达过美洲墨西哥,比哥伦布到达美洲早一千年的论断。1863年法国学者阿贝尔·雷米萨将中国僧人法显(337—422)所著《法显传》(又名《佛国记》)翻译成法文出版,到1900年前后,法国史学界研究认定,法显的确比哥伦布早1000年已经到达美洲。再如,中国古籍《山海经》的"世界舆地图"在中国已经佚亡,但在法国却幸存着其宋版舆图,朝鲜还有唐版"世界舆地图",1936年前后美国享莉埃特·墨茨博士经过十多年潜心研究,并在美洲实地考察,得以证实这地图位置和实际"对得上号",更惊人的是该图上的亚洲、欧洲、非洲、澳洲等的位置竟然与当今世界地图基本吻合。她不禁渭然感叹,说:"对于4000年前,就为白雪皑皑的峻峭山峰绘制地图的刚毅无畏的中国人,我们只有顶礼膜拜!"只不过我们这些中国先人没有像所谓"哥伦布发现新大陆"那样,之后带给土著民族的,是掠夺、屠杀的灾难,中国人留下的只是和平的文明记录。这样的民族,谁能说不伟大,谁又能阻止我们有更灿烂而神奇的未来!

三、弘扬当代世界需要的和美共荣的中华文明

综上所述,我们认为,前述中华各地的出土物,已经证明黄河文明源、长江文明源、渭水文明源、古越民族海洋文明源、彝族古文字文明源等等,都是中华大地"各民族农牧海陆多元古文明"的实证。如果深入研究华夏文明近万年源远流长中表现的"和美"特色,会更充分证明中华文明是一种以"多元共融""和谐优美"为特色的文明,所以可以立论为"中华多元共融、和美文明论"。

这种"和美共荣"特色的形成,是各民族共同铸造的,特别是春秋战国、魏晋南北朝等历史时期各少数民族大力吸收汉文化,促进了各民族和多元华夏文明的共融发展,形成了诸子百家文化互相吸收、南北各民族地方政权轮番交替的民族大融合的局面,从而也诞生了多

元共荣和美文明的特色。

而促进华夏文明交融发展的交融枢纽地,起作用最早、最明显的莫过于今甘肃。甘肃自古是祖国边陲与中原内地的交汇地。不仅在远古,甘肃东部地区是周人崛起和周文化的重要发祥地;到秦人先祖西迁陇右,历经十四代,在渭河流域和西汉水上游定居,就以中原文化为基础,与西戎、北狄等周边诸族交融,形成了以农牧并举、华戎交汇为特征的早期秦文化。从西北多民族共同融合和发展的文化史看,农耕文化和游牧文化正是在这里开始交融互动,形成了多族群与多元文化得以汇聚融合、取长补短、和美共生的格局,所以甘肃自古就是典型的、为华夏文明和美互动、不断注入新鲜血液的创新性枢纽地,如果没有交流互补注入新元素,尤其是像盛唐时期,如果中原农耕文化,没有来自西北的马文化的注入,没有突厥回鹘民族帮助平定安史之乱,没有游牧民族远播大唐文化,何来中华文明古国和源远流长的当今唯一流传于世的中华文明,没有交流,不注入有生命力的新文化,任何文化难以长存。所以中央批准甘肃为华夏文明传承创新区,意在深远,需要培育甘肃重新成为文化交汇的枢纽地。

中华"和美共荣"的平和水性文明,在当代是十分可贵的。因为现代世界不同文明的冲突遍布地球村,不同宗教的冲突,不同民族的冲突无时无刻不在威胁人类的安全。人类需要和平,人类盼望安全。世界渴望中华文明这样和谐共荣、和美相处的水性文明,去扑灭暴力充斥、相异文化互不相容的火性文明。

我们认为,任何一种文明和文化都有不同的价值内涵,复兴中华文明,传承创新华夏文明,需要首先认识我们的文明、文化中最有价值的内涵。为此我们在理论方面提倡重点研究"文明的价值",提出"文化价值论"。美国亨廷顿说,世界上五分之三的冲突来自伊斯兰文化与其他文化的冲突,这理论影响到美国政府把伊斯兰文化看作是西方文化的敌人，不同宗教在当今时代的确冲突不断，几乎席卷世界。关键在于世界多数文化内涵竞争有余，平和不足，属于火文化，战火不断，应该吸收平和文化的和平内涵。而中华文明源于水，被称为水文化，素有中庸平和、和合共生、天人合一的传统，虽然也需要吸收竞争文化的优点，但在多民族中国，数千年来民族间分分合合，最终几十个民族共同保护了中华文明与和美中国成为世界唯一一个文明没有断绝的国家，这种文化价值在当代就更有价值，是世界所需要的，我们必须创新弘扬，以保障地球村与人类的和平发展。

所以，我们认为，复兴华夏文明，建设文化强国，让中华文明占领世界文明的制高点，重点不应在国内比何省文明时间最长，何地文明起源最早，而是更应该把视野聚焦在文明和文化的价值发掘上，打起精神，恢复民族自信力，关注"挖掘中华文化优秀的价值内涵，让我们的文化载着中国梦重新起航"，文化先进性的重要表现之一就是其对他文化的影响，也即其开放性和强势传播性。中华文明曾经的辉煌就是无可否认她对世界有过重大影响，如，日本等国学者至今在研究日本文字时，不能不承认汉字对日本文字的产生、对日本文化的发展有过重大影响；古代中国的四大发明远播国外，尤其后来丝绸之路传播的丝绸、茶叶，影响巨大，从较近的罗斯上流社会到遥远的罗马宫廷，无不以身穿中国丝绸为荣；现已成为世界三大饮料的茶文化最早也产于中国，公元5世纪时也还是由丝绸之路经新疆传入中亚、西亚的，然后又传入罗马及欧洲进而遍及全球。茶叶到清代还是我国出口产品中占半数的支柱产业，而现在中国的茶产量和茶道却被其他国家超越了，那就是我国传承创新的失败和文化沉沦的表现；直到郑和下西洋，我国航海的规模仍然远远超过了虚名噪过一时的哥伦布。中华文明的衰弱也不过是300多年前海上和陆上丝路先后被统治阶级封闭之后的事，原因就是他们放弃了开放政策，其实也就扼杀了中华文明世界行的发展道路和文化强国的财源，可见文化开放与经济强国是密不可分的。现在随着我国国际地位的上升，孔子学院走向世界，中医中药（包括蒙藏药）、针灸等优秀文化的价值正在逐渐被世人发掘，这是无法取代的国宝，核心问题是广泛地发掘这类优秀文化使之世界行，同时在走向世界中吸收世界优秀文化，以丰富自身的文化，使中华文明更优秀，而能为世界共享，世代长存。

（原载《团结报》2013 年 8 月 1 日）

从成吉思汗经略西北边疆的成败
看文化力的作用

　　成吉思汗崛起于中国北疆，然后以统一中国西北边疆为基础通过扩张形成了威震欧亚的帝国，而成就了他一代天骄的辉煌。但后来，也正是他在经略西北边疆中的失误，埋下了其子孙在西北边疆无休止争战的悲剧性后果。真可谓：成也西北边疆，败也西北边疆。因此，研究成吉思汗在经略西北边疆中的成功与失误的表现及原因，要解开世人所说，"成吉思汗所开创的从东亚到西亚以至欧洲的庞大帝国"在数十年间便分崩离析。蒙古帝国的兴起与衰落，是一个令人难解的谜[①]是十分关键的。虽然，我们认为，蒙古帝国"在数十年间便分崩离析之说"不十分确切[②]，但毕竟帝国在几十年后，以阿里不哥与忽必烈开始的不断争战，在西北边疆演绎了连绵不断的悲剧。

一、成吉思汗取得辉煌的原因剖析

　　成吉思汗是一位毁誉纷纭的历史巨人。笔者认为，无论是毁是誉，是褒是贬，都无法否认一个事实：他从一个走投无路的少年，历尽

　　[①]巴拉吉尼玛等：《世界名人眼中的成吉思汗——千年风云第一人》，24页，民族出版社，2003年。

　　[②]引自同上书，293页。有认为蒙古崛起于12世纪，至16世纪以后始告衰落。在此五六百年之中，既建大帝国五：成吉思汗帝国、忽必烈大元帝国、帖木儿帝国、昔班帝国、蒙兀儿帝国，又建大汗国五：东钦察汗国、西钦察汗国、察合台汗国、窝阔台汗国、伊儿汗国。

坎坷的人生道路,终于奋斗成一位蜚声中外的人物,并使原来谁也不注意的、连名称也没有的蒙古族迅猛崛起,震惊世界。我们认为,不应该不加分析地把成吉思汗的超过中国西北边疆侵略扩张来的领土,看作他的成绩,我们是着眼于他促使蒙元帝国得以将东亚、中亚、西亚以至欧洲如此大片领土纳入其疆域之内,从而开创了"人类之间最广大而开放的一次握手"①,也从而形成了亚欧50多个民族壮观的大流动格局,促进了人类不同文化空前范围的相互交流。而其中最典型的就是使蒙古族,包括卫拉特等众多林木中部落,都走出了封闭状态,实际是进行了民族结构重塑。所以,也可以说是成吉思汗赋予了蒙古族以新的文明和生命力,因此在世界文明史上烙下了特有的痕迹。以蒙古族为成分组成了许多新民族,更是其独特的痕迹。另外,也正是其民族格局与文化的重塑,才会至今在我国西北、云南,甚至国外的阿富汗、俄罗斯等等都留有蒙古族系的后裔子孙,并使其至今仍是蒙古草原的主人和一个世界性的现代民族。它终于区别于许多销声匿迹的游牧民族而与世长存,表现出特有的生命力。13世纪初,处于原始社会末期封闭的斡亦剌惕(卫拉特)因被成吉思汗收服,流动出了"森林中百姓"的环境,而当时成吉思汗时期的蒙古已经基本上步入了早期封建社会,与其交融,影响了卫拉特蒙古多方面的发展,使卫拉特早期蒙古社会文化出现了第一次跳跃发展,融入了早期封建社会。例如,"森林百姓"斡亦剌惕具有的狩猎为主的经济形态,较快发展成了游牧畜牧经济形态的状况。随着这种发展演变,他们有了相当规模的农牧业封建领主经济。

①《世界名人眼中的成吉思汗——千年风云第一人》,民族出版社,2003年,293页。

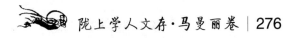

　　人们投靠成吉思汗，因为他们看到成吉思汗更能保证他们的切身利益。成吉思汗虽然对擅自抢掠牲畜和财物有严格的规定,但他对部下的物质利益充分重视,战后慷慨论功行赏。《史集》记述成吉思汗(铁木真)的敌部泰亦赤兀部百姓反映:"泰亦赤列的异密无端压迫和虐待我们,而这位君主铁木真把自己的衣服脱下来给人穿;下了自己的马把它给人骑。他是能照顾地方,关心军队,把兀鲁思管得好的人。"这类敌部的大部分人,便纷纷归附了铁木真①。

　　成吉思汗在建国后的西征等战争中,虽然掠夺战俘为奴的现象仍然大量存在,但是世袭奴隶制的基础,却由于他不论门第等级的用人激励机制而已经动摇了。像世袭奴隶巴牙兀惕部因成吉思汗奖赏该部出身的汪古儿而不再是世袭奴隶②;海都以来的世袭奴隶札剌亦惕部,"(他们中间有许多人)……成为异密和受敬人的"③。如其中,按功从札剌亦惕部中封了木华黎为万户及许多千户,无怪乎拉施特称这些世袭奴隶传到成吉思汗是"最后"一代④;再如王罕克烈部的奴隶董合亦惕部⑤和兀良哈部的"普通奴隶"兀答赤氏族等奴隶部落的许多人,都因投靠成吉思汗而解除了奴隶地位,成了他的那可儿战士,

---

　　①[伊朗]拉施特著、余大均、周建奇译:《史集》第 1 卷,第 2 分册。商务印书馆,1983 年,117 页。

　　②《蒙古秘史》第 14—16 节说到,巴牙兀惕部祖先是成吉思汗祖朵奔蔑儿干来的奴隶。该部出身的汪古儿受赏时要求"收集"本族"散在各部落里"的人,被允许。可见,战争中实际已有机会各自投奔不同的新主人,所以,散在各部,已经改变了不得逃离主人的地位。

　　③《史集》第 1 卷,第 1 分册,159 页。

　　④《史集》第 1 卷,第 1 分册,149 页。

　　⑤《蒙古社会制度史》第 145 页称,拉施特说该部"始终是客列亦惕部首领们的奴仆和战士,……后来全体都来为成吉思汗服务"。

或千户,或答儿罕。这类例子不胜枚举。成吉思汗在统一蒙古高原的战争中,促进了奴隶逃离主人,这种现象不是个别的,而是大规模地,成批、成部落地解除了奴隶地位,许多人还成了新贵族,使蒙古向封建社会迅速过渡。其激励机制的这种特性,动员了千千万万群众,去为摆脱奴隶地位或取得世袭高官厚禄,冒死为蒙古而战,其势如火山爆发,势不可挡。

到后来,那可儿这支核心力量是成吉思汗南征北战的依靠。其中多是他破格提拔的一批赤胆忠心屡立战功的伴当。也由于他的这种激励机制,他的那可儿队伍如滚雪球般迅速壮大,并造就了大量精兵强将。

成吉思汗不论出身门第重用有功者的激励机制也使探马赤军迅速壮大,战功赫赫。据《元史·兵志》记载:"国初,木华黎奉太祖命,收札剌儿、兀鲁、忙兀、纳海四投下,以按察儿、孛罗、笑乃歹、不里海拔都儿、阔阔不花五人领探马赤军。既平金,随处镇守。中统三年,始祖以五投下探马赤军立蒙古探马赤军总管府……"①由此可确定,探马赤军是成吉思汗指令木华黎收集札剌儿(即札剌亦惕世袭奴隶部落)等这类出身较低微的部落民组建的。从探马赤军的领导人按察儿、笑乃歹、阔阔不花等人出身于拓跋氏、秃伯怯烈氏(客列亦惕)和按摊脱脱里氏(塔塔儿)的情况看,探马赤并不像怯薛要求高贵的身份这是明显的。先锋军的要求是勇敢,于是大批平民、奴隶为了改变命运,争取世袭为官,敢于冒死作战。探马赤军后来为迅速灭金立下显赫战功,其出身并不高贵的领导人则都受封百户以上,而其子孙很多为千户②,这也说明成吉思汗在组建探马赤军中不论出身门第均论功受封

---

① 《元史》卷99《兵志》。
② 《元史》卷122《按扎儿传》,卷120《肖乃台传》,卷123《阔阔不花传》等。

赏的激励机制和重赏制度是很有成效的。

虽然,最初的探马赤军是为1217年木华黎国王为伐金,而组成的五个打先锋的小军团,但以后迅速壮大,"在征服中亚、西亚的战争中",在朝鲜、西藏、阿塞拜疆等地也同样实现了像探马赤军那样的编制。而且他们的任务原是先锋军,以后则也作镇守军。这里不仅反映了成吉思汗的建军思想,是从战争实际需要出发建立某种军队或发挥其作用的,更反映了敢死队似的"先锋小军团",以后几年中竟扩大成在中亚、西亚、朝鲜等等如此广大地区作战与镇守之大军,这不能不认为是成吉思汗激励机制的成功,而使大批出身低微者愿冒死应召并勇争战功之结果①。

应该说,蒙元时期民族结构的重塑既不算十分成功,也不是完全自觉的,由于它没有完全摆脱游牧文化传统的分封制,对帝国的分裂埋下了矛盾之种;强制移民虽然促进了经济发展,但伤亡惨重。不过,总体而论,以大流动为特征的蒙元时期民族格局的重塑,最终使蒙古族走出了封闭模式,并造成了欧亚多元文化空前的交流互融和空前的涵化变迁这种特殊的时代文化变迁景观。

我们认为,蒙、元时代民族结构方面人为重塑特点表现得相当明显,它至少体现在三个方面:一是实施具有明确目标的人为强制措施。如:以武力从战败地区成千上万地将西方工匠俘虏签发到中国西北和漠北,以达到吸收工业文化、发展蒙古手工业之目的;二是政策引导措施。如制定商法、优待斡脱商人等政策,鼓励商队和贸易交往,吸引西域商人纷纷东来;分封诸子是推行旨在维护蒙元帝国统治及

---

① [日]荻原淳平:《再论木华黎国王下的探马赤军》,载《蒙古研究》,1982年第13期;[美]保罗·布尔勒《蒙古帝国探马赤军的社会作用》,载美国《蒙古研究》1980年,第6册。

其蒙古皇室经济地位的一系列制度。蒙古诸王分封领地驻守制,分封属民及民族四等级制,以及与自愿降服的领主的政治通婚制,甚至驿站制、屯田制等等,均造成一种自觉或不自觉的民族结构性重塑的内涵。我们认为,即使成吉思汗时对诸子诸王的分封制,与一般游牧民族传统的领地分封、进行各自分割性侵略有相当的继承性,但其自觉的治国目标和政策导向还是有很大区别的。如:强调以札撒维护大汗权力的大一统目标导向,以原当地税额为参照的税赋制和驿站制,保障中央集权和中西交通的大通畅等制度,都不仅是以单纯侵略为目标的。

1251 年蒙古大汗位由窝阔台系转入拖雷系蒙哥之手,蒙古领地进行了再分封。拖雷妻子唆儿忽墨塔尼借势将自己所属阿尔泰山领地和兀良合惕、乞儿吉斯领地赠给儿子阿里不哥。斡亦剌部脱劣勒赤驸马也将两个女儿分别嫁给阿里不哥和察合台汗孙喝剌旭烈为妻。这种姻亲关系使斡亦剌惕系以后卷入了阿里不哥系反叛大汗的活动。蒙哥汗死后,忽必烈 1260 年在开平登汗位,阿里不哥也在合剌和林被拥戴为汗,互争汗位。1262 年阿里不哥战败,率属民将根据地退至察合台汗国境内伊犁河流域。

接着窝阔台之孙海都继承阿里不哥的立场,又以乞儿吉斯与斡亦剌惕“直属部落”为依靠,进行了 30 年左右的反忽必烈系元皇室的斗争。海都死后,1305 年,其子察伯匀在额尔齐斯河流域及阿尔泰山一带同元朝军作战时,背后突遭原与海都结盟的察合台汗系笃哇的袭击,后背受敌而战败。海都辖区及其属民又大都重新并入察合台汗国。作为反元主力的斡亦剌惕部连遭此类重创,伤亡惨重。留下的,有的归降元朝,有的散逃金帐汗国境内钦察草原。以后,称为饮察——乞儿吉斯的部落便开始了对比他们人口少的这些蒙古——突厥部落的同化①。其中自然包括与乞儿吉斯长期共处的斡亦剌惕人的突厥化。我们认为，随着斡亦剌惕人这几十年两个阶段大战的溃败，成吉思汗时正宗的斡亦剌惕系卫拉特蒙古人作为反元的主力军实际已退出了历史舞台，造成了斡亦剌惕人突厥化与开始涵化的重大文化变异的结果。在这方面过去没有明确的研究结论。我们的依据是什么呢？首先，除了上述情况证明斡亦剌惕主力是在西方察合台汗国方向活动外，也可考察在中原内地，13世纪中叶以后，直到整个元代，几乎未见斡亦剌惕活动记载，如在中原木华黎的骑兵中确实是没有斡亦剌惕军队的，13世纪中叶以后旭烈兀西征波斯时，成吉思汗的公主扯扯干却组织了斡亦剌惕军队；在整个忽必烈大元朝域内活动的人物中，也几乎没有斡亦剌惕人的专传。其次，到元亡明初时，又出现了瓦剌、卫拉特人的活动，但其中除了少数部落尚属"林木中百姓"的姓氏外，原斡亦剌惕姓氏已经难以找到了，这也是前述斡亦剌惕涵化的例证。

蒙元王朝虽比中国历史上一些汉族大统一王朝短暂，但与以征服王朝为特征的霸权帝国相比，却是当之无愧的佼佼者。

论扩张规模，在历史上没有出现过能与成吉思汗帝国相比的国家，它远远超过了亚历山大大帝马其顿的铁蹄、罗马军的利剑、拿破仑的大炮所达到的地域；论帝国的后继发展，成吉思汗也比另一位与他可媲美的天才君主——亚历山大马其顿更为成功。马其顿曾以密集队形等飞速的军事行动侵入东方诸国，在这里又使希腊文明广为

---

① [苏联]彼得罗夫:《吉儿吉斯人起源简史》1963年，伏龙芝版，第四章及其论文《13—15世纪吉儿吉斯人向天山的迁徙及其与卫拉特人的关系》，92—94页。转引自马曼丽:《叶尼塞吉儿吉斯的西迁与中亚吉儿吉斯民族的形成》，《西北史地》，1984年4期。

发展。可是这位征服者死后的历史却难以与成吉思汗相比了:亚历山大大帝刚死,他的高官都奢望帝王宝座而相互斗争,帝国立即分裂,这位大帝的儿子不得不落到了逃亡的处境;而成吉思汗死后,没有任何高官、权臣背叛他或企图谋害其儿孙来推翻帝国。后来只是由于其后代自身之间的相互争斗,和文化底蕴未能彻底改变,才导致帝国元气大衰,但他的一个比一个能力强的子孙,至少也曾分别在不同地区前后直接统治过半个世界达一个多世纪。这也启发我们去研究成吉思汗超越众多世界征服者的成功背后所蕴藏的思想文化因素。显然,并不是所有具有军事实力的人,都能达到成吉思汗这种成功的。史实证明,成吉思汗在内政、外交、治国、用人等不少方面所取得的突出功业,有的即使现在看来,也是很不平凡的。这些都与他的思想、人生经历有关。

其中也产生了许多值得研讨的问题, 特别是如何认识民族结构重塑与文化发展的关系, 如何认识蒙元时期这方面有关的经验教训等等,这类问题对当代有重大借鉴意义。众所周知,当代世界许多民族问题都出于民族结构的不合理,或重塑得不合理。如苏联将某民族整族迁徙的人为重塑,造成许多民族问题;又如南斯拉夫的原塞族发祥地,后来阿族陆续迁入长期占科索沃人口90%以上,这与引发分裂紧密相关;又如当代中亚某些国家曾一度以政策迫使俄罗斯族大量外迁而造成国家经济与科技人才的危机等等,无不与民族结构是否合理重塑有关。笔者一向重视结构的功能,从历史上蒙元时期民族分裂、斗争、兴亡的种种史实,也可以看出,结构对多民族国家的稳定根基,对民族的兴衰存亡,发展速度,以致对一个国家未来是分裂还是统一的前景,都有重大的决定性作用。而且证明了,合理进行民族结构调整与塑造,是任何一个多民族国家必须认真对待的重大问题之一。

另外，斡亦剌惕与后来的新卫拉特西蒙古都出现过几次重大快速的政治文化变迁。斡亦剌惕蒙古在成吉思汗时期，被东蒙古统一，政治文化呈现了溶入东蒙古的趋同态势；到忽必烈时则背叛了元王朝。而到了1399年，四卫拉特杀东蒙古宗主，与东蒙古分裂，又呈现政治文化背叛性发展。到后来新四卫拉特中的土尔扈特回归中国以及苏联卡尔梅克民族心理的离心倾向又引发重大变迁。虽然这几次最剧烈的文化变迁原因也很复杂，但十分明显的是，与统治阶层和国家结构重塑的政策导向、文化底蕴有重大的关系。如，成吉思汗通过东、西蒙古之间的通婚、分封，在政治上采取了一系列的优惠政策，从而在心理与文化上取得了斡亦剌惕的文化认同态度。而北元时期，东蒙古汗室本身腐败，且发生霸占卫拉特浩海达裕妃子等失误事件，导致东、西蒙古政治文化的分裂。直到近现代，沙俄封建帝国强烈的专制主义文化底蕴以及苏联的民族政策，也曾使卫拉特后裔卡尔梅克人整族迁往中亚，而产生过整体离心倾向和政治认同的一度变迁。这种政策与文化底蕴作用造成同一族群的政治文化认同变迁的史例[1]，留给我们的启迪应该是十分深刻的，它反映出执政者的政策对属民的政治文化认同以至国家统一，有密切关系。它也教导我们关注民族政治文化的易变性，审慎研究民族政策，重视边疆民族地区文化维系作用的培育，认真研究如何建设具有凝聚力的现代中华文化。特别是当代，基于不同民族文化的民族排斥、民族冲突、民族仇恨、民族极端主义的狂热与偏执等等，已经成了与国家稳定、世界和平相悖的逆流，应认真研究与之相关的主、客观因素。因此，从历史民族学视角总结历史文化演绎的经验，结合当代问题，从政策范畴以及如何缓解不

---

①马曼丽:《关于边疆跨国民族地缘冲突的动因与和平跨居条件的思索》，载《中国边疆史地研究》，2003年2期。

同族群价值观念碰撞的因素等等，不仅是关系国家长治久安的重大问题，也是有益于世界和平，值得深入研究的问题。

按照一般文化变迁理论，"人是文化变迁的中介体，一切文化的变迁都必须经过人的传达才能得以实现。""尽管人的认同可以在一定程度上左右文化的变迁，但人类文化的很多因素也可以强制性地或在人们不自觉的情况下引起文化的变迁。……但不否认人的主动性，即人们的作用是巨大的。因此对于这种主动性，即人们的认同对于文化变迁的影响的研究具有特殊意义"。我们知道，文化认同是一个体系，是由对不同文化层面及构成要素的认同而构成的，人类社会除了文化在不断变迁外，也在不断实现新的构建，所以，应特别重视国家精神疆域认同的塑造。重视精英人物在改变文化认同中的作用，培养各民族的骨干人物，使之具有中华文化的凝聚观念、统一观念，对本国与本民族的统一的爱国爱乡观念。需要指出的是，国家精神疆域这类文化认同的构建是在原有认同基础上通过新的因素的注入进而使人们达到量变到质变、从局部到全面的新认同，但不能要求完全放弃原民族自己的文化认同，那就等于文化的丧失。已经丧失的文化进行恢复也可以被看作是一种文化构建。而如果不吸收先进文化或拒绝新的构建，文化即会封闭或步入狭隘民族主义误区。实现文化认同的最佳手段莫过于引导性新文化和先进异文化的传播。而一个社会越流动、开放，通过社会文化的传播改变文化认同的速度也越迅速。这也是东、西蒙古族历史发展中几个特点给当代的历史民族学的深刻启迪。

（原载《中国边疆史地研究》，2005 年第 3 期）

从成吉思汗的成功看蒙古族的
优秀思想文化传统

一、谜一般的成功奇迹

关于成吉思汗的成功,过去一般认为是环境造成的,即时势造英雄论,或者认为仅仅是武力取得的胜利。而札奇斯钦在全面阐述了成吉思汗种种优秀的个人素质后,认为他超越他人的个人素质是成功的主要因素。他说:"在那一个时代的游牧社会中,他的确是一位典型的人物。他敬天至诚,事母至孝,交友至忠,不用权术,信守诺言,恩仇必报,公正严明。这些德行就是到了20世纪的今天,也不能说完全变成历史上的陈迹。"①

我们认为,这种看法比时势造英雄论或武力论深刻了许多,挖掘到了成吉思汗成功的内在因素。本文要着重论述的是思想文化因素与成吉思汗成功的关系。众所周知,亚洲的历史上,形成过不少强盛一时的游牧民族的国家,其人民活动的根据地,多在漠南北的广阔草原;其首领武力均不可一世,往往是拥有百万雄师的一代枭雄。如匈奴单于国、突厥汗国、回纥汗国等等。可它们多半是迅起迅落,充其量是对中国边疆地区有过直接的影响,而对中原本土则影响不大。有的游牧民族也曾进入长城内部建立国家,如鲜卑建北魏、契丹建辽国、

---

①扎奇斯钦:《谈成吉思可汗的言行和他成功的因素》,载《蒙古史论丛》(上册),台北学海出版社,1980年。

女真建金朝,但这些古代民族既没有能统一中国,也谈不上对世界有多大影响。他建的"渗透王朝""征服王朝"①,后来都销声匿迹,连同其本族都退出了历史舞台。唯有成吉思汗能使原来谁也不注意的、连固定名称也没有的蒙古族突然崛起,震惊世界。蒙古帝国不仅没有迅起迅落,而且由于成吉思汗赋予了蒙古族以新的文明和生命力,为蒙古的优秀思想文化传统奠定了基础,蒙古族才在世界文明史上烙下了痕迹,至今仍是蒙古草原的主人和一个庞大的现代民族,它终于与史长存,而成了世界"征服王朝"中的佼佼者。这也只能解释为成吉思汗的成功。

成吉思汗和他的后代竟能将亚洲和欧洲的大片领土收入自己的国土。成吉思汗的孙子忽必烈汗曾是统辖了亚洲的五分之四和欧洲的大片土地的皇帝。蒙古的征服战争很快席卷了除日本、印度、阿拉伯以外的全部亚洲后,锋刃便指向欧洲,蒙古骑兵的兵锋直达亚德利亚海岸。这样,蒙古帝国的广大地域从多瑙河口、匈牙利、波兰、大诺沃格勒一直延伸到太平洋沿岸;更从北冰洋到亚德利亚海、阿拉伯沙漠、喜马拉雅山脉及印度山脉到中国中原大地。

这个帝国论规模,从历史上没有出现过能与它相比的国家,它远远超过了亚力山大大帝马其顿的铁蹄、罗马军队的剑、拿破仑军队的大炮所到的地域;论对帝国的后继人的培养,成吉思汗也比另一位与

---

①国外不少学者承认,德裔美籍汉学家 K.A.维特夫盖尔的征服王朝论是文化人类学的新研究成果。他力图把中国北方民族的斗争和共生现象看作是文化形态不同的民族之间在文化上的冲突或融合,以此分析历史现象。他认为鲜卑之北魏为优秀的汉文化所吸引,终于同化与渗透在汉人社会中,故命名这类王朝为"渗透王朝";契丹之辽国虽也被汉文化所吸引,但意识到原骑马游牧文化之价值,采取将汉文化纳入,而建立了独特的国家体制,这与金、元、清相同,均可归为"征服王朝"。

他可比美的天才的胜利者——亚历山大马其顿更为成功。马其顿曾以密集队形等飞速的军事行动侵入东方诸国，在这里使希腊文明广为发展。可是这位征服者死后的历史却难以与成吉思汗相比了。亚历山大大帝一死，他的高官都奢望帝王宝座而相斗争，分裂帝国，这位大帝的儿子落到了逃亡的处境。而成吉思汗一贯是通过各种战争实践锻炼他的子孙，这些由他亲自培养过的子孙，真可谓是一个比一个精干的文武全才。后来只由于后代们自身间的相互争斗，才使帝国灭亡，但他们也较长时期统治过半个世界。这些足以反映成吉思汗蕴藏着许多超越同类游牧帝国和众多世界征服者的成功因素。

事实证明，并不是所有具有军事实力的人，都能达到成吉思汗这种成功的。史实证明他在内政、外交、治国、用人等不少方面也有突出的功业，即使现在看来，也是很不平凡的。

总之，成吉思汗和他的帝国，的确是恰如魔术一般使诸多史学家迷惑不解。这也正是至今吸引人们孜孜不倦去研究成吉思汗的重要原因。那么，究竟是什么因素能使成吉思汗取得如此辉煌的成功呢？笔者认为，成吉思汗的军事天才、治国思想、用人之道，无不是思想文化因素的结晶和体现，而这些又因为成吉思汗的成功，而成为蒙古族优秀思想文化传统的重要方面。

二、成吉思汗成功的三大因素

1. 苦难的磨炼与乱世的实践造就了成吉思汗

成吉思汗幼年丧父以后，一个汗室家族破落到只剩孤儿寡母，落到食不果腹，被人追杀的境地。多次九死一生的磨难和母亲诃额仑要求他成为成大业的英雄的谆谆教诲，终使成吉思汗形成了杰出的个人素质。加之，成吉思汗崛起时，金、宋、西辽、西夏分裂对峙之际，而广大蒙古地区生活着蒙古、塔塔儿、克烈、汪古、乃蛮、篾儿乞、弘吉刺、斡亦刺等大小众多部落。据《元朝秘史》及波斯拉施特《史集》所著录的统计，差不多有近 100 个部落。这些部落不仅强弱大小不一，而且语言、宗教、民族、文化也不完全相同。各部极端分散，"各有君长，不受一共主约束"①。12 世纪后，蒙古地区已普遍出现"孛斡勒"(奴隶)，后因畜牧业发展迅速，新兴"那颜"阶级因剥削的贪欲各部互相残杀，无休止的战争发展到"列国相攻，星天旋回"②，在这种时代背景下成吉思汗为恢复父、祖基业，参加争斗之实践，并取得了不少战役的胜利，才使成吉思汗有了勇气与动力，立志统一蒙古，抵抗金朝。那个时代与实践决定了他的政治抱负和政治动力的内容，提供了统一蒙古的机遇。这种乱世的实践也造就了出类拔萃的成吉思汗，终于使他完成了建立统一的蒙古的历史使命。

统一的成功，使他走上觊觎中原的第二步。而这时中原也正处在四分五裂的形势下。南北相峙的宋朝与金朝划淮河为界；河西是西夏的势力；西域地区有西辽；西南则有大理；吐蕃则小邦林立。而且金朝在处理与西夏和南宋的关系时，也恰恰是失败的。成吉思汗要南下伐金，金却不知团结西夏，反而与西夏争斗不休，因而"两国俱弊"③。而且金朝南方又开衅于宋，使成吉思汗得以施展其约宋攻金、各个击破等战略战术。正是这些实践使成吉思汗军事思想步步升华，也使知己知彼的成吉思汗认定可以乱世称雄，于是他雄心勃勃，挥戈南下。

而在遥远的西部边疆，由于乃蛮王子屈出律篡夺了西辽政权，又因以佛教压制伊斯兰教而民愤极大。善于洞察敌情的成吉思汗，便在派兵追击屈出律时宣布宗教自由政策，得到了畏兀儿、西辽等广大地

①屠寄：《蒙兀儿史记·太祖》。
②道润梯步：《新译简注〈蒙古秘史〉》，内蒙古人民出版社，1978 年，305 页。
③《金史》卷 134《西夏传》。

面的自动归降，从而也为成吉思汗开创的蒙古族一贯的宗教自由政策和这类开放性文化传统奠定了基础。同时，有了畏兀儿、西辽这些地区作为后方和跳板，成吉思汗又依靠这种时势，远征欧亚，有了与中亚花剌子模一决胜负的可能，也成为他进入世界性人物的机遇，也是他杰出的军事思想、宗教思想产生的土壤。

可以说，上述苦难与实践、时势与机遇为成吉思汗的成功提供了动力，没有那种时势下的实践，就不一定能造就出成吉思汗这种世界性历史巨人，他本人也不一定有追求统一蒙古、统一中国、追求征服世界的动力与能力。

2. 成吉思汗吸收多种文化形成了先进思想观念，培养了本身的才能与素质如果把成吉思汗的成功只归结为单纯的"时势造英雄"，就无法解释，在同一个客观时势下，为什么当时的其他枭雄没有成为威震欧亚的人物，为什么成吉思汗却能战胜远比他强大的札木合、王罕，甚至武器装备远比他先进、军队人数远比他众多的金朝和花剌子模国呢？所以，显然还有成吉思汗个人的内因。这就是成吉思汗的才能和思想素质超过了他的同时代人，我们认为，成吉思汗是靠广泛吸收各种文化和先进观念才成了超群的天才人物，这也是他成功的主要因素之一，正是这些因素使他比同时代的枭雄们更具有竞争力。

如果深入研究，就会发现成吉思汗的全面成功绝非偶然，更不能简单地认为他不过是个"文盲"，偶然地、或靠武力成了"天之骄子"。成吉思汗实际上是一个吸收和融合了多种优秀文化传统，因而具有当时较先进的思想和非凡人格素质的天才人物。他成年以后的言行与思想反映出，他敬天崇祖，讲忠孝信义，坚毅骁勇，恩仇必报；他纪律严明，执法公正，知人善任，惜人才、能纳谏。他的军事思想与战略战术，政治思想与有效的治国治军制度，随地域扩大而不断发展，堪称一代天才；他的经济思想与学习农工、商贸先进技术的措施，保证了治国治军的物质基础；他具有政治家的革新头脑；他的札撒与法律思想使社会秩序的井然为当代罕见；他的尊重与兼容各种宗教的思想与受欢迎的宗教自由政策等等，使西进大军在民族地区创造了势如破竹的进军奇迹，凡此等等，都证明这种深邃的思想和品德不是单纯蒙古式游牧文化的产物，而是不同文化荟萃的代表，即使论游牧文化传统，成吉思汗也是吸收了漠北历史上各游牧民族的共同精神遗产。而且必须认识，成吉思汗通过契丹人、穆斯林人才而对汉文化和中亚文化的吸收，虽是比较隐蔽，却并非完全排斥其精华，他绝不是只固守游牧文化的封闭式人物。

众所周知，汉民族经过历史上数次民族大融合，原来单一意义的汉族，实际上已演变为多民族融合的共同体，汉族子孙身上早已融合了许多游牧民族的血统。文化本身更是一个在吸收与移植异文化过程中、在冲突与融合中发展的精神财富，汉文化到南北朝时不仅其内容已包容有丰富多彩的不同民族的优秀文化，并已正式形成了各种文化因素融合、释儒道三教合流互补的文化格局；而且在汉文化形成发展的漫长历史长河中，它一直向周边各民族地区进行着文化的辐射，战争、贸易、人口移动都导致了文化的相互传播，尤其是丝绸之路的绿洲道、草原道使文化传播辐射面日广，打破了文化封闭隔绝的状态。以佛教文化为例，其传播交融就是纵横交错的。印度佛教文化东渐，在西域和西北与中华文化结合成为藏传佛教文化，藏传佛教由西藏传播至青海、甘肃、宁夏并北传蒙古，又东流与中原的汉传佛教结合，于是类型略异的佛教文化辐射到中华各地。悠久的汉文化的辐射影响的深度与广度自然超过了佛教文化，成吉思汗时又与中亚、西域广通交通，与深受汉文化影响的契丹、女真文化人频繁交往，所以，成吉思汗自幼除骁勇善骑、重视复仇等游牧文化的一些烙印外，也曾学习汉族与中亚民族的思想观念与科学技术，忠义崇祖，孝遵母训，提

倡务商学农。由于主动吸收了各种先进文化,使他的思想观念达到了
当时中外先进文化精华荟萃的水平。金哀宗曾指出成吉思汗成功的一
个原因:"北兵所以常取全胜者,恃北方之马力,就中国之技巧耳"①。这
话也反映南北文化结合是成吉思汗胜利的原因之一,有一定道理。成
吉思汗看到蒙古除了畜牧、狩猎的简单手工业外,技术及有关人才极
为缺乏,所以他千方百计从中原和中亚等地搜集大批工业技术人才,
如造弓的、造甲的、造火炮的、造云梯的等等②。他曾从中原引入了造
桥、造船技术与驿站制度,命木海、张荣建了炮兵、水兵等其他各兵种③,
大大改进了兵力及交通状况。成吉思汗除了吸收中原兵种,还从金人
处学习了汉官制④。成吉思汗这种对待异族宗教和异族文化的政策,
在蒙古族的传统文化中打下了深深的烙印,他的后继人尤其至忽必
烈时,基本上都是继承了这种传统的。

　　成吉思汗主动吸收先进的观念与思想主张的积极性是非同一般
的,任何先进的东西他都不放过,如成吉思汗伐金时,每得一位契丹
人、汉人或女真人的降将,都一定要亲自召见,细询金国虚实及取金
之策。而先进的思想观念,在变革时代,与实践结合,又与骁勇善战的

---

①《金史》卷119《完颜娄室传》。

②《元史》卷149《郭侃、石天应传》。

③史载:"木海……与父孛合出俱事太祖,征伐有功。帝尝问攻城略地,兵仗
何先,对曰:'攻城以炮石为先,力重而能及远故也'。帝悦,即命为炮手。岁甲戌,
太师国王木华黎南伐,帝谕之曰:'木海言,攻城用炮之策甚善,汝能任之,何城不
破'。即授金符,使为随路炮手达鲁花赤。木海选五百余人教习之,后征诸国,多赖
其力(《元史》卷122《木海传》)。"张荣是归降汉将,当出征花剌子模,"至西域莫兰
河,不能涉"时,太祖召问济河之策,荣请造舟。后"造船百艘,遂济河(《元史》卷
151《张荣传》)"。

④《蒙鞑备录》载:"鞑人袭金虏之制,亦置导录尚书令、左右丞相、左右平章
官等,亦置太师、元帅等","皆金虏儿臣教之"。

游牧民族优秀传统精神结合,便转化为巨大的生产力和扭转乾坤的力量,正因此,成吉思汗能所向披靡,取得"灭国四十"的"奇勋伟迹"①。

3. 各族奇才在成吉思汗麾下大展宏图

成吉思汗具有各族奇才组成的人才核心,作用巨大。即使是具有非凡雄才大略的杰出人物,如果只依靠一个人的力量,仍不可能取得成吉思汗那种军事上所向披靡、政治上曾统治半个地球的空前成功。所以成吉思汗成功的第三个重要因素,是他善于使用与爱惜各族人才,并通过他们吸收各族优秀文化,从而在他周围形成了一个体现多元文化内涵的、在当时可称为一流的、精华荟萃的智囊团,史称"猛将如云,谋臣如雨"②,形成了辅佐他的万马奔腾式的促进力,也完全弥补了成吉思汗本人作为"文盲"的缺陷。历史上国家的兴衰多半与使用人才息息相关,如果深刻掌握了成吉思汗的用人思想,即使在今天加以借鉴,仍是十分难能可贵的,何况在当时,使他创出威震欧亚的成功奇迹,是完全可以理解的。

成吉思汗用人思想的特色,是不分族属、不看亲疏关系,甚至不论原来是敌是友,他唯才是用,唯忠是用,在那个时代发挥出了巨大的威力。他千方百计对人才广加网罗的结果,可以说是创建了世界上罕见的高级人才核心,一个第一流的辅佐大汗的智囊团。

他曾制定量才用人的原则:"智勇兼备者,使之典兵;活泼骁捷者,使之看守辎重;愚纯之人则付之以鞭,使之看守牲畜。"③从这里可以看出他选贤任能的思想。鉴于当时蒙古地区文化尚较落后,自身拥有人才数量有限,对域外事物的认识水平和判断能力不够成熟,成吉

---

①《元史》卷 1《太祖本纪》。

②《元文类》卷 23。

③《元文类》卷 23。

思汗采取了明智的引进人才的政策。他在征战中广泛对各民族的有识之士千方百计网罗，引为己用。在成吉思汗人才政策感召下，忠心耿耿，与他共同创业的，有大量的中亚人、契丹人、西夏人，也有汉人。他们为蒙古汗国的政治、经济、军事、文化等方面作出了杰出的贡献，这在今天，也有很大的研究价值。在成吉思汗战功卓著的文臣武将中，塔塔统阿、阿剌瓦而思、哈剌亦哈赤儿鲁、燕真、塔本、巴而术阿尔忒的斤、札八儿火者、曷思麦里、岳王帖穆尔等人是中亚人；耶律阿海、耶律留哥、石抹也先、高奴、耶律秃花、耶律楚材等是契丹人；郭宝玉、张柔、史天倪、刘伯林、石天应、张荣、谢睦欢等是汉人；昔里钤部、察罕、也蒲甘卜、小丑等是西夏人；还有拓跋人按札儿；女真粘合重山等，均很著名，称成吉思汗时"猛将如云"，"谋臣如雨"确不过分。

这三个主要因素如同三大合力，结合到一点，产生了巨大的推进力与前进的惯性，使成吉思汗的事业势如破竹，一往直前。

任何一个重大历史事件的背后，都包含着极其复杂而又深刻的原因，从大的方面讲，包括物质文化层面和精神文化层面两方面的原因。忽视任何一个方面，都将有损于结论的全面性、正确性。如果我们从精神方面深入探讨，就会发现，根植于蒙古文化深层的成吉思汗的思想观念，已经在吸收异文化的过程中升华而发生了飞跃，所以成吉思汗绝不是纯粹"野蛮人"的代表，而是留有这种烙印的、融合荟萃型文化的代表，这同蒙古帝国的不断壮大与扩张有着内在的、密切的联系。

一般来讲，思想根植于当时的时代，但成吉思汗却吸收了他那个时代所能产生的最高层次的其他民族的思想观念，使他的思想既适应于他本民族群众的一般愿望、习惯和要求，而又超越了他周围本族民众的思想观念，从而使他的思想成为能够动员民众、驾驭民众、引导民众不断前进，以实现其宏伟目标的巨大物质力量。所以，成吉思汗本人也就被列为我国古代二百位杰出的思想家之一。

笔者认为，有关成吉思汗的思想研究是对整个成吉思汗时期以及蒙元时期历史与文化研究的重要组成部分：其一，成吉思汗的思想观念是指导蒙古民众四处征战、创建帝国的精神武器，他的思想、观念、行为准则代表着该时期蒙古社会思想意识进步的主流，并深刻影响着蒙古社会与蒙古文化的发展进程。因而，这方面的研究是我们认识蒙古传统文化发展的突破口；其二，成吉思汗的思想观念形成于蒙古民族由氏族制、奴隶制向封建制突变和向外发展的伟大历史变革时期，是中西交通开通、文化交流发达的开创时期，在蒙古族思想文化交流史上占有重要的历史地位，因而，这方面的研究对推进蒙古族思想史、文化史的研究有着特别重要的意义；其三，成吉思汗的思想理论也是我国北方少数民族，特别是游牧民族思想宝库中的重要一章，因而，这方面的研究也有助于我们探讨我国北方游牧民族思想的形成、发展、变化的规律，及其在中华传统文化中的地位。

三、蒙古族优秀思想文化与中华文化

中国优秀传统思想文化是中华各族在漫长历史过程中共同创造的。各民族文化之中有进步积极的方面，也有落后消极的方面。民族文化内部所包含的进步的思想意识是民族向前发展的内在契机，这种民族文化的精华，亦即民族文化的生命力之所在。而一定历史阶段中创新的思想意识和民族文化的生命力与活力，又往往是与当时的历史事件和历史人物的重大功绩不可分的，需要人们去发掘，去认识，才能发扬传统文化的精华。这位中国蒙古族的传主——叱咤风云的成吉思汗就以他的杰出的业绩证明了：中国少数民族也曾以其思想文化的精华丰富了中华传统文化。只是历史上由于种种原因，对少数民族的思想文化，包括其代表人物的思想记载很少，因此要挖掘出少数民族代表人物留给我们的精神财富及代表其民族文化的思想精粹，就有相当的难度。只能通过他的思想脉络和业绩，反映出中国少数民族在塑造中华民族优秀思想文化中的功勋。应该说，成吉思汗天才的治军、治国、治法思想，用人思想、宗教思想等一系列思想观念丰富了中华优秀文化宝库，这是毋庸置疑的。

按历史唯物主义的观点，人无完人，人生无时无刻不在犯大大小小的错误，只不过碌碌无为者的过错，往往因其默默无闻而无人过问，而名位显赫或执掌大权的人物，其错误必然影响巨大，后果严重。但是有错误的人物，并不排斥他们可能是功业卓著、值得研究的重要人物。以成吉思汗为例，自古至今他一直是一个毁誉纷纭的历史巨人。

笔者以为，无论是毁是誉，是褒是贬，都无法否认一个事实：一个带有奴隶社会甚至氏族社会烙印的蛮人，竟能从一个走投无路的少年，历尽无比坎坷的人生道路，终于奋斗成一位蜚声中外的人物，一位世界征服者。仅凭他这种奇迹般的成功史就对人们有无法抗拒的魔力。虽然，这里也确实有值得探讨的思想精华，确实存在谱写人类胜利史的奥秘。为了搜集人类可以借鉴的精神财富，我们以为，发掘那蕴藏在成功者非凡业绩中的精思睿智，以及这中间所体现的思想文化的精粹，可能比无休止地争论他们的历史功罪更为重要。成吉思汗的成功是与其思想紧密不可分的，而他的超前的思想观念，不仅仅是根植于蒙古文化的深层之中，而且吸收了当时邻族和邻国一些先进的思想观念，从而使他不仅能驾驭本族群众，谱写胜利史篇，取得成功，而且由于其威望而流传于以后的蒙古族，丰富了中华文化。

中华民族文化传统是一个枝叶扶疏的宏大体系。在它的优秀传统形成过程中，都发生过对各族文化以至外国文化的批判吸收、相辅相成的关系。成吉思汗时期，促进了这种关系的发展。他为元朝成为我国历史上武功、文治俱强的多民族大一统的封建集权国家,奠定了基础。他扶助多种经济,开辟驿站交通,驿站多达万外,最大的驿站所备马匹达 400 匹。这不仅保证了通讯和行旅安全,而且对东西方经济文化交流起了积极的作用,使唐朝以来的丝绸之路得以全线恢复,欧亚两洲的商贸往来与使节互访也因此逐渐频繁。加之,在成吉思汗周围,中亚各族的汉、女真、契丹、维吾尔等各族的人才济济。他们代表着当时东西方文明的先进水平,推动了蒙古民族发展的飞跃进程,也促进了其世界性胜利的进程,体现了优秀文化的巨大威力。如果深入探讨各民族的代表人物的成功,就会发现,他们功业的背后,一般都包含有各族文化对中华传统文化的丰富与缔造。成吉思汗根植于游牧文化而又吸收了异族文化的天才治国治军的思想观念,使中华优秀思想文化得以注入新血液,得以丰富、升华。

透过这类少数民族杰出人物的成功史,能帮助我们认识中华各族多元文化的精华,就在于吸收与荟萃了国际与族际的先进文化,是各种文化融合、互补、共同发展的结果。

(原载《西北史地》1999 年 1 期,2006 年《成吉思汗文化论集》全文重载)

附录

马曼丽主要论著目录

一、著 作

1. ［苏联］伊亚·兹拉特金著，余太山编，马曼丽译：《准噶尔汗国史》，商务印书馆，1980 年 1 版，2013 年重版（兰州大学出版社），获甘肃省社科优秀成果三等奖。

2. 马曼丽著：《一代天骄》，河南人民出版社，1981 年 1 版，1982、1984 年重版。

3. 马曼丽著：《秘而不宣的使命》，商务印书馆，1982 年。

4. 杨建新、马曼丽著：《外国考察家在中国西北》，河南人民出版社，1983 年。

5. 马曼丽、樊保良：《古代开拓家西行足迹》，陕西人民出版社，1987 年版，获甘肃省社科优秀成果二等奖。

6. 马曼丽著：《甘肃民族史入门》，青海人民出版社，1988 年。

7. 杨建新、马曼丽主编：《西北民族关系史》，民族出版社，1990 年，获甘肃省社科优秀成果一等奖。

8. 马曼丽著：《中亚研究——中亚与中国同源跨国民族研究》，民族出版社，1995 年，获甘肃省社科优秀成果二等奖。

9. 马曼丽主编：《中国西北边疆发展史研究》，黑龙江教育出版社，2001 年，获甘肃省社科优秀成果二等奖。

10. 杨建新、马曼丽著：《成吉思汗、忽必烈评传》，南京大学出版社,2003年1版,2009年重版。

11. 马曼丽、安俭、艾买提著:《中国西北跨国民族文化变异研究》,民族出版社,2003年1版,2011年重版。

12. 马曼丽、张树青著:《跨国民族理论问题综论》,民族出版社,2005年1版,2011年重版。

13. 马曼丽、切排著:《中国西北少数民族通史——蒙、元卷》,民族出版社,2009年1版,2011年重版。

14. 马曼丽、胡尚哲著:《俄蒙关系历史档案文献集》(译著),兰州大学出版社,2014年。

15. 马曼丽著:《塞外文论——马曼丽内陆欧亚研究自选集》,"欧亚历史文化文库"兰州大学出版社,2014年。

二、论 文

1.《我国蒙古族土尔扈特部的西迁及其重返祖国的斗争》,见《新疆历史论文集》,新疆出版社,1978年。

2.《从乌梁海问题看沙俄对中国的侵略》,见《中俄关系史论文集》,甘肃人民出版社,1979年。

3.《准噶尔边区居民考》(俄译文),载《新疆大学学报》,1980年第3期。

4.《巴图尔珲台吉与俄国》,载《民族研究》,1980年第4期。

5.《浅议蒙古·卫拉特法典的性质与宗旨》,载《西北史地》,1982年第1期。

6.《评噶尔丹与俄国的关系》,载《内蒙古社会科学》,1980年第4期。

7.《巴尔喀什湖以东以南地区归属的变迁》,载《历史知识》,1981年第3期。

8.《沙俄派往帕米尔的侦察队》,载《西北史地》,1982年第1期。

9.《四卫拉特联盟初探》,载《民族研究》,1982 年第 2 期。

10.《大谷探险队与敦煌、吐鲁番文化》,载《新疆大学学报》,1983 年第 4 期。

11.《科兹洛夫与哈拉浩特文化》,载《西北史地》,1983 年第 1 期。

12.《明代瓦剌与西域》,载《西北史地》,1984 年第 1 期。

13.《蒙古人的萨满教》(英译本),载《蒙古学》,1984 年第 2 期。

14.《中亚考察家波塔宁坎坷而勤奋的一生》,载《历史知识》,1984 年第 3 期。

15.《蒙古名将速不台》,载《文史知识》,1984 年第 4 期。

16.《叶尼塞吉尔吉斯人的西迁与中亚吉尔吉斯族的形成》,载《西北史地》,1984 年第 3 期。

17.《谈谈玄奘的成才之路》,载《兰州学刊》,1985 年第 5 期。

18.《宋云丝路之行初探》,载《青海社会科学》,1985 年第 4 期。

19.《成吉思汗暮年思想探幽》,载《西北史地》,1986 年第 4 期。

20.《论吐谷浑与周邻的关系》,载《甘肃社会科学》,1987 年第 4 期。

21.《魏晋时期鲜卑的西进》,载《新疆社会科学》,1988 年第 5 期。

22.《关于吐谷浑游牧经济商业化的几个问题》,载《西北民族研究》,1988 年第 1 期。

23.《关于乌孙西迁葱岭的几个问题》,载《西北史地》,1990 年第 2 期。

24.《成吉思汗的政治观及对事业的影响》,载《兰州学刊》,1990 年第 5 期。

25.《蒙古族的西进及其与西北各族的关系》,载《西北史地》,1990 年第 3 期。

26.《试论卫拉特与东蒙古的分离》,载《西北民族研究》,1990 年第 2 期。

27.《从成吉思汗的成功看蒙古族的优秀文化传统》,载《西北史地》,1999 年第 1 期。

28.《关于继续开拓卫拉特蒙古史的研究领域问题》,载《西北民族研究》,1991 年第 2 期。

29.《试论魏晋南北朝时期民族关系的特点》,载《西北史地》,1991 年第 4 期。

30.《从汉简看汉代西北边塞守卫制度》,载《中国边疆史地研究》,1992 年。

31.《论丝绸之路的形成与开发利用》,载《西北史地》,1993 年第第 2 期。

32.《评外国考察家对中国的考察》,见《西域考察与研究》,新疆人民出版社,1994 年。

33.《论跨国民族的特征及主要类型》,见《甘肃民族研究》,1999 年第 4 期。

34.《论西域文化的重大变异及其对建设中华文化的启迪》,载《民族研究》,2000 年 1 期。(获国际优秀论文奖—第 5055 号)

35.《论成吉思汗的奖惩机制》,载《民族研究》,2001 年第 4 期。

36.《发扬西藏社会优秀文化传统》,载《人民日报》2001 年 5 月 19 日。

37.《全球化特征与中国影视人类学的发展趋势》,载《兰州 2002 国际影视人类学研讨会论文集》,2003 年。

38.《论成吉思汗时代蒙古社会的性质与特点》,载《内蒙古社会科学》,2002 年第 1 期。

39.《论发展中国西北跨国民族的和平跨居模式》,载《新疆大学学报》,2003 年第 4 期。

40.《关于边疆跨国民族地缘冲突的动因与和平跨居条件思索》,

载《中国边疆史地研究》,2003 年第 2 期。

41.《统一所依,振兴所托——中华经济文化圈漫谈》,载《中国民族报》,2003 年 1 月 22 日。

42.《从历史民族学视角论蒙古族历史发展的特点及其启示》,载《卫拉特研究》,2004 年第 3 期。

43.《从成吉思汗经略西北边疆的成败看文化力的作用》,载《中国边疆史地研究》,2005 年第 3 期。

44.《论构建中国发展民族学的理论框架与视角特色》,载《民族研究》,2005 年第 4 期。

45.《论民族关系的实质与当代民族关系的核心问题》,载《烟台大学学报》,2005 年第 4 期。

46.《论当代跨国族体中凸显的非传统安全威胁》,载《云南师范大学学报》,2009 年第 6 期。

47.《论跨国族体问题的发展及其对中国边疆安全的威胁与对策》,载《中南民族大学学报》,2010 年第 1 期。

48.《论西北边疆长治久安跨越式发展急需推行的三大变革》,见《边疆发展中国论坛文集》(第一届论坛),中央民族大学出版社,2012 年。

49.《关于库俄国民发展道路的三论》,载《广西民族大学学报》,2013 年第 1 期。

50.《弘扬华夏文明,恢复民族自信力》,载《团结报》,2013 年 8 月 1 日。

《陇上学人文存》已出版书目

第一辑

《马　通卷》马亚萍编选　　《支克坚卷》刘春生编选

《王沂暖卷》张广裕编选　　《刘文英卷》孔　敏编选

《吴文翰卷》杨文德编选　　《段文杰卷》杜琪　赵声良编选

《赵俪生卷》王玉祥编选　　《赵逵夫卷》韩高年编选

《洪毅然卷》李　骅编选　　《颜廷亮卷》巨　虹编选

第二辑

《史苇湘卷》马　德编选　　《齐陈骏卷》买小英编选

《李秉德卷》李瑾瑜编选　　《杨建新卷》杨文炯编选

《金宝祥卷》杨秀清编选　　《郑　文卷》尹占华编选

《黄伯荣卷》马小萍编选　　《郭晋稀卷》赵逵夫编选

《喻博文卷》颜华东编选　　《穆纪光卷》孔　敏编选

第三辑

《刘让言卷》王尚寿编选　　《刘家声卷》何　苑编选

《刘瑞明卷》马步升编选　　《匡　扶卷》张　堡编选

《李鼎文卷》伏俊琏编选　　《林径一卷》颜华东编选

《胡德海卷》张永祥编选　　《彭　铎卷》韩高年编选

《樊锦诗卷》赵声良编选　　《郝苏民卷》马东平编选

第四辑

《刘天怡卷》赵　伟编选　　　《韩学本卷》孔　敏编选
《吴小美卷》魏韶华编选　　　《初世宾卷》李勇锋编选
《张鸿勋卷》伏俊琏编选　　　《陈　涌卷》郭国昌编选
《柯　杨卷》马步升编选　　　《赵荫棠卷》周玉秀编选
《多识·洛桑图丹琼排卷》杨士宏编选
《才旦夏茸卷》杨士宏编选

第五辑

《丁汉儒卷》虎有泽编选　　　《王步贵卷》孔　敏编选
《杨子明卷》史玉成编选　　　《尤炳圻卷》李晓卫编选
《张文熊卷》李敬国编选　　　《李　恭卷》莫　超编选
《郑汝中卷》马　德编选　　　《陶景侃卷》颜华东　闫晓勇编选
《张学军卷》李朝东编选　　　《刘光华卷》郝树声　侯宗辉编选

第六辑

《胡大浚卷》王志鹏编选　　　《李国香卷》艾买提编选
《孙克恒卷》孙　强编选　　　《范汉森卷》李君才　刘银军编选
《唐　祈卷》郭国昌编选　　　《林家英卷》杨许波　庆振轩编选
《霍旭东卷》丁宏武编选　　　《张孟伦卷》汪受宽　赵梅春编选
《李定仁卷》李瑾瑜编选　　　《赛仓·罗桑华丹卷》丹　曲编选

第七辑

《常书鸿卷》杜　琪编选　　《李焰平卷》杨光祖编选
《华　侃卷》看本加编选　　《刘延寿卷》郝　军编选
《南国农卷》俞树煜编选　　《王尚寿卷》杨小兰编选
《叶　萌卷》李敬国编选　　《侯丕勋卷》黄正林　周　松编选
《周述实卷》常红军编选　　《毕可生卷》沈冯娟　易　林编选

第八辑

《李正宇卷》张先堂编选　　《武文军卷》韩晓东编选
《汪受宽卷》屈直敏编选　　《吴福熙卷》周玉秀编选
《蹇长春卷》李天保编选　　《张崇琛卷》王俊莲编选
《林　立卷》曹陇华编选　　《刘　敏卷》焦若水编选
《白玉岱卷》王光辉编选　　《李清凌卷》何玉红编选

第九辑

《李　蔚卷》姚兆余编选　　《郜慧民卷》戚晓萍编选
《任先行卷》胡　凯编选　　《何士骥卷》刘再聪编选
《王希隆卷》杨代成编选　　《李并成卷》巨　虹编选
《范　鹏卷》成兆文编选　　《包国宪卷》何文盛　王学军编选
《郑炳林卷》赵青山编选　　《马　德卷》买小英编选

第十辑

《王福生卷》孔　敏编选　　　《刘进军卷》孙文鹏编选

《辛安亭卷》卫春回编选　　　《邵国秀卷》肖学智　岳庆艳编选

《李含琳卷》邓生菊编选　　　《李仲立卷》董积生　刘治立编选

《李黑虎卷》郝希亮编选　　　《郭厚安卷》田　澍编选

《高新才卷》何　苑编选　　　《蔡文浩卷》王思文编选

第十一辑

《伏耀祖卷》王晓芳编选　　　《宁希元卷》戚晓萍编选

《施萍婷卷》王惠民编选　　　《马曼丽卷》冯　瑞编选

《祝中熹卷》刘光华编选　　　《安江林卷》陈润羊编选

《刘建丽卷》强文学编选　　　《孙晓文卷》张　帆　马大晋编选

《潘　锋卷》马继民编选　　　《陈泽奎卷》韩惠言编选